KB152818

진짜 기자도
속아버린

가짜뉴스
이야기

슬기로운
뉴스읽기

슬기로운 뉴스 읽기

진짜 기자도 속아버린 가짜뉴스 이야기

ⓒ 강병철 2021

초판 1쇄	2021년 1월 27일
초판 2쇄	2021년 5월 25일

지은이	강병철

출판책임	박성규	펴낸이	이정원
편집주간	선우미정	펴낸곳	도서출판 들녘
디자인진행	김정호	등록일자	1987년 12월 12일
편집	이동하·이수연·김혜민	등록번호	10-156
디자인	한채린	주소	경기도 파주시 회동길 198
마케팅	전병우	전화	031-955-7374 (대표)
경영지원	김은주		031-955-7376 (편집)
제작관리	구법모	팩스	031-955-7393
물류관리	엄철용	이메일	dulnyouk@dulnyouk.co.kr
		홈페이지	www.dulnyouk.co.kr

ISBN   979-11-5925-602-8(43300)

인문
교양
034

진짜 기자도
속아버린

가짜뉴스
이야기

슬기로운
뉴스읽기

강병철 지음

푸른들녘

뉴스로 세상을 읽고 배울

제훈, 유나 그리고 그 친구들에게

　대학원 연구실에서 낡은 책에 머리를 파묻고 살던 아들이 기자가 되었을 때 부모님께서는 참 기뻐하셨습니다. 스스로 밥벌이만 해도 고마울 노릇인데 이른바 언론고시라는 바늘구멍을 뚫고 기자가 되었으니 앞으로 출세는 보장된 것이나 다름없다고 여기셨지요. 당시 부모님이 번갈아가며 자주 하신 말씀은 "겸손하게 사람들을 대해라" "만나는 정치인, 공무원들에게 너무 나쁘게는 하지 말라"였습니다. 칼보다 강한 펜의 힘을 믿고 너무 목에 힘을 주고 다니다가 해코지를 당할까 걱정하며 하신 말씀이었습니다. 전후에 태어나 민주화·산업화 시대를 어렵게 살아온 부모님 세대가 생각하는 기자는 그런 모습이었을 것입니다.

　그 후 지금까지 저는 13년 동안 기사 쓰는 일로 밥벌이를 하고 있습니다. 처음처럼 겸손하자 늘 마음먹지만 거만하게 굴었던 순간도 적지 않았고, 때로는 정치인·공무원들에게 가혹하게 펜대를 휘두른 적도 있었습니다. 그럼에도 기자가 가진 힘을 나쁘게 써서는 안 된다는 생각만

큼은 한결같이 잊지 않으려 했습니다. 그 덕분인지 다행히 아직까진 큰 과오 없이 기자 생활을 해나가고 있습니다.

처음 기자 일을 시작할 때와 마찬가지로 지금도 기자는 '힘있는 직업'에 속합니다. 사회가 투명해지면서 그 옛날 기자들이 누려온 부당한 특권은 거의 사라졌지만 국민의 알 권리를 보장하기 위해 기자들이 위임받은 권력은 여전히 강력합니다. 그런데 최근 몇 년 사이 기자를 바라보는 우리 사회의 시선은 상전벽해라 할 정도로 달라졌습니다. 그리 오래되지 않은 과거까지도 기자는 우리 사회에서 어느 정도 존중받는 직업이었습니다. 부패한 기자들은 어느 시대에나 있었지만 그래도 언론은 사회의 필수불가결한 요소로서 대한민국이란 공동체 안에서 언론의 역할이 중요하다는 사실을 시민들이 인정해 주었던 것입니다.

그러나 2020년 대한민국 언론의 신뢰는 바닥으로 떨어져 있습니다. 전에 없던 '기레기(기자+쓰레기)' 같은 표현이 일상적으로 쓰이고 있으며, 기자들을 불한당 집단처럼 바라보는 시각도 적지 않습니다. 어떤 사람들은 "언론이 왜 필요하냐"고 물으며 유튜브와 SNS가 언론을 대체할 것이라고 합니다. 심지어 정치인과 공무원들조차 그런 종류의 말을 거리낌 없이 뱉어냅니다. 저와 부모님은 물론이고 다른 기자들도 전에는 이런 세상이 올 줄 상상도 못했을 것입니다.

이 같은 언론에 대한 인식과 기자들의 사회적 위상의 변화에는 '가짜뉴스(Fake news)'가 상당한 영향을 미쳤습니다. 언론과 가짜뉴스의 관계는 실타래처럼 얽혀 있습니다. 가짜뉴스는 언론의 신뢰를 떨어뜨리는 주요한 원인인 동시에 언론 불신의 부산물이기도 합니다. 언론이 신뢰도 높은 정보 전달자로서 역할을 하지 못하면서 가짜뉴스의 공간은 넓어지고, 그렇게 가짜뉴스가 판을 치면서 언론의 신뢰는 더욱 악화되는 악순환이 벌어지고 있는 것이지요. 부당한 권력의 억압에 맞서 싸우는 것이 아니라 가짜뉴스와의 싸움으로 진을 빼고 있는 것이 지금 대한민국 언론의 현실입니다.

해외에서 가짜뉴스 문제는 2016년 미국 대선부터 본격화되었습니다. 2020년 미국 대선에서도 가짜뉴스라는 단어는 신문과 방송에 어김없이 오르내렸습니다. 한국에서는 2019년 조국 전 법무부 장관의 자녀 입시 비리 의혹, 2020년 제21대 국회의원 총선거의 투표 조작 의혹 등을 겪으면서 가짜뉴스가 핵심 시사 이슈로 떠올랐습니다. 학자와 언론인은 물론 정책을 세우는 사람들마저 다양한 대책을 고민하고 있고, 시민사회 일각에서는 이를 언론개혁 문제로까지 연결하며 관련 논의를 확대하고 있습니다.

가짜뉴스는 앞으로도 전 세계를 뜨겁게 달구는 이슈로 남을 것입니다. 우리나라에서는 당장 2021년 서울시장·부산시장 보궐선거, 2022년 대통령 선거와 지방선거가 예정되어 있습니다. 진영 간 대결이 뜨거워지는 선거에 가짜뉴스는 사람들의 눈과 귀를 가리기 위해 대거 동원될 것입니다. 그리고 그 후유증은 또 한참동안 우리를 괴롭히겠지요.

이 책은 한국 사회를 흔들고 있는 가짜뉴스에 대한 종합 안내서입니다. 특히 청소년들을 비롯해 뉴스 읽기에 익숙하지 않은 사람들이 언론과 가짜뉴스 전반에 대해 제대로 이해할 수 있도록 돕는 것이 목표입니다. 가짜뉴스에 대한 기존의 연구 성과와 현장 기자의 경험담을 적절하게 섞어 독자들이 가능한 한 흥미롭게 이 문제에 접근할 수 있도록 노력했습니다. 가짜뉴스의 정체와 작동 방법, 문제점, 해법 등 가짜뉴스에 관한 문제를 빠짐없이 다루고자 했습니다.

이 책에서 전하는 저의 고민은 수많은 기자들의 고민에서 크게 벗어나지 않을 것입니다. 가짜뉴스는 언론 신뢰뿐 아니라 나아가 우리 사회의 민주주의와도 직결되는 문제입니다. 따라서 앞으로 뉴스를 통해 세상을 읽고 배우며 민주공화국인 대한민국의 주인이 될 청소년들이 누구보다 이 문제를 가장 잘 알고 있어야 한다고 생각합니다. 이 책을 통해 독자들이 가짜뉴스의 심각성과 올바른 뉴스의 가치에 대해 한번쯤 진지하게 고민해준다면 저는 그것으로 충분합니다.

신문이 팔리지 않는 시대에 신문기자를 하면서 두 번째 책을 냅니다. 보잘것없는 생각과 글재주로 또 책을 내고 보니 기자가 된 덕에 출세를 한 건 맞는 듯합니다. 새로운 기회를 주고 이번에도 부족한 글을 꼼꼼히 봐주신 푸른들녘 선우미정 주간께 감사 말씀 드립니다. 쉬는 날도 적고 퇴근도 늦으면서 집에서는 또 글을 쓴다고 컴퓨터 앞에 앉아 있는 남편을 늘 응원해 준 아내에게도 미안함과 고마움을 함께 전합니다.

2021년 1월 서울 상도동에서

강병철 씀

차 례

일러두기   * 본 책의 어문 규정은 국립국어원의 표준국어대사전을 기본으로 하되 고려대학교 한
         국어대사전도 참고했습니다.

       * 내용 이해를 돕기 위한 사진들은 지은이가 직접 촬영한 것과 자유저작권 이미지 사
         이트에서 선정하여 사용했습니다.

       * 본문에 있는 설명 상자의 내용은 독자의 이해를 돕기 위해 편집부에서 작업한 것입니
         다. 간단한 용어는 국어대사전을, 전문용어와 개념어는 위키백과사전의 정보를 참고
         하여 정리했습니다.

거짓말쟁이의 신이 된 헤르메스

신과 영웅을 잇는 전령의 신 헤르메스

헤르메스라는 신이 있습니다. 그리스로마신화에 나오는 신들의 왕, 바로 제우스의 아들이죠. 그는 제우스의 명령을 신과 인간들에게 전하는 일을 담당한 '전령의 신'입니다. 날개 달린 모자와 신발, 두 마리 뱀이 휘감긴 지팡이를 지닌 모습으로 묘사되지요. 헤르메스는 신과 인간들 사이에 메시지를 충실하게 전하기 위해 신들이 사는 올림포스부터 인간 세상, 심지어 죽은 자들의 세계인 타르타로스까지 날아가지 않는 곳이 없습니다.

특히 그는 신화 속 영웅들의 모험담에서 양념처럼 빠지지 않는 '명품 조연' 역할을 합니다. 신들의 의뢰를 받거나 신이 정한 가혹한 운명에 따라 험난한 모험에 나선 영웅들에게 길을 안내하며 조언해 주고 때로는 선물도 가져다주지요.

영국 버밍엄 박물관에 전시되어 있는 헤르메스 상.

영웅 헤라클레스의 모험담에서는 저승 세계의 문을 지키는 머리가 세 개 달린 개 케르베로스를 잡으러 가는 헤라클레스에게 저승 가는 길을 안내합니다. 또 머리카락 한 올 한 올이 모두 독을 뿜는 뱀인 데다가 자기 얼굴을 본 사람을 돌로 만들어 버리는 메두사의 목을 베러 가는 영웅 페르세우스에게는 날개 달린 신발을 빌려주고 날이 휘어진 마법의 검을 전달합니다.

헤르메스는 태어날 때부터 활동적이고 민첩하며 지혜로웠다고 합니다. 신의 뜻을 빠르고도 정확하게 전해 준 전령의 신 헤르메스가 없었다면 신화 속 영웅들은 자신의 운명 앞에 놓인 과업들을 무사히 헤쳐 나갈 지혜와 용기를 발휘하지 못했을 것입니다.

헤르메스가 거짓말쟁이라면?

이런 엉뚱한 상상을 한번 해 보면 어떨까요. 만약 영웅들 앞에 나타난 헤르메스가 가짜 전령이고, 이 가짜가 영웅들에게 온통 거짓말만 늘어놓는다면요? 그럼 신화 속 영웅들의 모험담은 엔딩이 완전히 바뀔 것입니다.

가짜 헤르메스가 전하는 메시지를 진짜 신의 뜻이라고 믿고 가짜가 이끄는 대로 모험을 떠난 영웅들은 십중팔구 대혼란을 겪겠지요. 헤라클레스는 가짜 전령의 신이 "아니면 말고~"식으로 일러 준 길을 따라가다가 케르베로스는 만나 보지도 못하고 지쳐 쓰러질 것입니다. 가짜 전령이 페르세우스에게 "메두사는 사실 무서운 괴물이 아니라 힘없는 늙은 마녀일 뿐입니다. 싸울 것이 아니라 대화로 문제를 해결할 수 있습니다"라고 조언했다면 어떨까요? 엉뚱한 조언을 철석같이 믿고 따른 페르세우스는 메두사를 무찌르기는커녕 그 자리에서 돌이 되었을 테지요.

영웅들뿐 아닙니다. 신과 신, 신과 인간 사이를 가짜 전령이 오가며 쉴 없이 거짓말을 전파한다면 올림포스의 신들 사이에는 불화가 커질 것이고 신을 향한 인간들의 믿음은 약해질 것입니다. 그러다 결국 인간들은 신을 따르지 않고 신은 인간들을 미워하게 되겠지요. 그 정도가 되면 헤르메스는 신과 신, 신과 인간 사이를 연결해 주는 충실한 전령이 아니라 신과 인간 사회에 불화를 조장하는 거짓말쟁이의 신이라는 취급을 받게 될 것입니다.

이 책에서 앞으로 하려는 이야기는 이 같은 '가짜 헤르메스'와 그 가짜가 퍼뜨리는 거짓말에 관한 것들입니다. 거짓말은 가짜뉴스와 관련성이 깊다는 것은 알겠는데, 수많은 신들 중 하필 왜 헤르메스냐고요?

혹시 '헤럴드(herald)'라는 단어를 들어 본 적이 있나요? 이 영어 단어는 동사로는 무엇인가를 '알리다' '전달하다', 명사로는 '전령' '선구자'란 뜻입니다. 그리고 하나 더, '보도(報道)하는 자'라는 뜻을 가지고 있지요. 〈보스턴헤럴드〉〈마이애미헤럴드〉〈뉴욕헤럴드트리뷴〉처럼 전세계 여러 나라에서 신문 매체의 이름으로 흔히 쓰이고 있습니다. 우리나라에는 제가 다니는 서울신문처럼 'OO신문' 또는 'OO일보'라는 이름이 많긴 하지만 〈코리아헤럴드〉〈헤럴드경제〉처럼 역시 헤럴드라는 단어를 쓰는 언론 매체들이 존재합니다.

이 헤럴드라는 단어의 어원이 바로 헤르메스입니다. 헤르메스가 들고 다니는 두 마리 뱀이 감긴 지팡이는 의술의 상징으로 지금도 널리 쓰이고 있는데요, 이를 영어로는 '헤럴드의 지팡이'라고 부릅니다. 신문의 이름에 쓰인 헤럴드라는 단어에는 헤르메스처럼 중요한 메시지와 정보를 독자들에게 빠르고 충실하게 전하겠다는 언론사의 굳은 각오가 담겨 있다고 할 수 있습니다.

헤럴드 스태프.

기자들은 여러 면에서 헤르메스와 닮았습니다. 날개 달린 신발이 없어서 하늘을 날 수는 없지만 대형 사건사고가 발생하면 '날아가듯' 현장으로 달려갑니다. 대통령이 있는 청와대부터 국회, 정부부처, 기업, 대학, 시민단체, 문화계, 체육계, 종교계, 심지어 노숙자 쉼터에 이르기까지 기자들의 활약은 장소를 가리지 않습니다. 정부의 중요한 발표를 국민들에게 전달하고 여론의 목소리를 권력자들에게 전하는 메신저 역할을 한다는 점도 닮았습니다. 헤르메스가 가진 민첩함, 활동성, 적극성도 기자에게 중요한 자질입니다. 오죽했으면 뛰어난 기자를 지칭하는 말로 '민완(敏腕) 기자'라는 표현까지 쓸까요. 민완 기자는 일을 솜씨 있고[腕] 빠르게[敏] 처리하는 기자라는 뜻입니다.

그러나 불행하게도 지금 대한민국에는 민완 기자보다는 '가짜 기자'들이 판을 치고 있습니다. 이 가짜들은 그럴듯해 보이는 허위정보를 만들고 퍼 나르며 민완 기자들이 쌓아 온 신뢰까지 빠른 속도로 무너뜨리고 있습니다. "나는 저 뉴스를 못 믿겠어"라는 말이 주변에서 쉽게 들려옵니다. 가짜 헤르메스가 거짓을 전파하며 인간 사회에 불신을 조장하면 어떻게 될까, 했던 엉뚱한 상상이 바야흐로 현실이 되어 버린 것입니다.

"너흰 가짜야", 비난 받는 기자들

'가짜뉴스(Fake News)'는 대한민국만의 문제가 아닙니다. 최근 몇 년 사이 미국, 유럽 등 민주주의가 발전한 여러 나라들이 가짜뉴스 문제로 골머리를 앓고 있습니다. 미국에서는 2016년 대통령 선거에서 공화당 도널드 트럼프 후보가 대통령에 당선되면서 이 단어가 중요한 시사 용어로 다뤄지기 시작했습니다. 정부, 의회, 학계가 나서 가짜뉴스 문제를 연구하고 대책 마련에 나설 정도였지요.

우리나라에서도 가짜뉴스라는 단어는 2016년 미국 대선 이후부터 본격적으로 쓰이기 시작합니다. '구글 트렌드(trends.google.com)'라는 검색 사이트가 있습니다. 인터넷상에서 특정 이슈에 대한 사람들의 관심도가 어떻게 변해 왔는지를 보여 주는 도구입니다. 구글 트렌드를 이용해 '가짜뉴스'라는 단어를 분석해 보면, 대한민국에서는 2016년까지는 이 단어를 거의 사용하지 않은 것으로 나타납니다. 그러다 이후부터 조금씩 쓰이기 시작했고, 2019년 8월경에 정점을 찍습니다.

문재인 대통령은 2019년 8월, 당시 청와대 민정수석비서관이었던 조국 서울대 교수를 법무부 장관 후보자로 지명합니다. '검찰 개혁'이라는 문재인정부의 핵심 공약을 법무부 장관이 되어 완수하라는 것이었습니다. 장관 후보로 지명되면 국회에서 후보자의 자질과 능력을 검증하는 인사청문회를 개최하는데요, 보통은 청문회가 열리기 전부터 언론들이 먼저 나름의 취재를 통한 검증 작업을 진행합니다. 당시 대한민국을 온통 시끄럽게 했던 조 전 장관의 이른바 '자녀 입시 비리' 의혹도 언론이 검증 차원에서 먼저 취재하고 확대재생산한 것이었지요.

이미 그전부터 우리 사회에서도 심심찮게 쓰였던 가짜뉴스라는 단어는 이 사건을 계기로 큰 질적 변화를 겪게 됩니다. 가짜뉴스가 단순

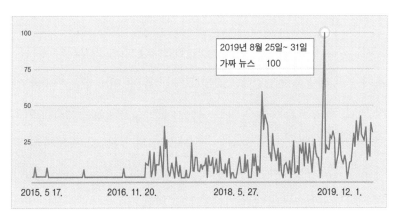

구글트렌드로 살펴본 '가짜뉴스' 단어 사용 빈도.

히 거짓 정보 확산 차원의 문제가 아니라 '언론의 본질과 역할은 무엇인가'라는 어려운 문제와 관련을 맺게 된 것입니다. 조 전 장관과 그 가족을 둘러싼 뉴스의 홍수 속에서 상당수 사람들은 무엇이 진짜이고 무엇이 가짜인지 엄청난 혼란을 겪었습니다. 그리고 조 전 장관을 지지하는 사람들과 반대하는 사람들이 완전히 갈려 매일같이 서울 서초동과 광화문에서 집회를 벌였지요.

그때를 계기로 한국 사회에서는 자신의 정치적 성향에 따라 뉴스를 선택적으로 수용하는 경향이 더욱 심해졌습니다. 더불어 언론 환경을 바꿔야 한다는 '언론 개혁' 문제도 시민들 사이에서 제기되기 시작했습니다. 기자들에게는 상처가 되는 표현이지만, 기자와 쓰레기를 합친 '기레기'라는 표현도 아주 널리 쓰이게 되었습니다. 그리고 그런 경향들은 어느 순간 우리 국민들에게 특별할 것 없는 일상처럼 받아들여지고 있습니다.

지금 기자들은 심각한 도전에 직면했습니다. 가짜 기자들의 가짜뉴스가 언론 환경을 엉망진창으로 만드는가 싶더니 어느 순간 기자와 기자 아닌 자들, 뉴스와 뉴스 아닌 것을 구분하기 어려운 지경까지 이르렀기 때문입니다. 그리고 충실한 헤르메스가 되기 위해 노력해야 할 진짜 기자들도 진짜인지 가짜인지 확실히 알 수 없는 소식들을 무책임하게 전파하고 있습니다. 그런 기자들에게 "너흰 거짓말쟁이야"라는 비난은 매일 쏟아집니다.

그런데 정말 기자들은 모두 거짓말쟁이가 된 것일까요? 오늘 여러분이 읽거나 본 뉴스들은 어디까지 믿어야 할까요? 기자인 척하며 가짜뉴스를 퍼뜨리고 있는 사람들은 누구이고 또 사람들은 대체 그런 거짓말을 왜 믿게 되는 것일까요? 가짜뉴스가 우리 사회를 어떻게 망치는지, 그리고 가짜뉴스를 이겨내고 우리 언론이 시민들의 충실한 전령으로서 신뢰를 되찾을 방법은 없는 것인지, 지금부터 하나하나 짚어 보겠습니다.

1장

진짜보다
더 진짜 같은

"카톡!" 하고 메시지가 옵니다. 친구가 보낸 뉴스 링크입니다. 제목을 슬쩍 보니 요즘 한창 인기 있는 배우에 관한 소식이네요. 반사적으로 링크를 터치합니다. 리드를 읽어 보니 드라마 촬영 현장에서 제작진에게 '갑질'을 했다는 의혹이 있다네요. '흠' 하면서 휙휙~ 빠른 속도로 뉴스 본문을 넘깁니다. 어떤 댓글이 달렸는지 볼까요? 배우의 인성과 발연기를 평가하는 글부터 드라마 제작 환경을 비판하는 글까지, 별별 반응이 다 있습니다. 그중 '어쩜 내 생각과 이렇게 똑같을까?' 싶은 댓글에 공감을 눌러줍니다.

아마 독자 여러분 중 상당수는 최근 이렇게 뉴스를 접한 적이 있을 것입니다. 한국언론진흥재단 미디어연구센터는 전국 만 19세 이상 성인 남녀 5040명을 대상으로 국민들이 언론을 어떻게 인식하고 있는지 분석하는 '2019년 언론수용자 조사'를 실시했습니다. 그 결과에 따르면, 지난 1주일 동안 메신저 서비스를 통해 뉴스를 본 적이 있다고 답한 응답자는 전체 13%였습니다. 특히 20대의 경우는 24%가 이런 식으로 뉴스를 본 적이 있다고 답했지요. 4명 중 1명꼴로 카카오톡 같은 메신저로 뉴스를 접한 것입니다.

기자들은 평소 그 누구보다 많은 뉴스를 읽습니다. 동료 기자들이 쓴 기사를 읽으면서 내가 몰랐던 정보를 알게 되고, 또 훗날 쓰는 기사의 힌트를 얻는 경우도 많습니다. 보통은 다른 신문이나 통신, 인터넷 뉴스를 찾아 읽지만 기자들도 동료 기자나 친구들이 보낸 메신저 링크를 타고 가는 경우도 많습니다.

그런데 이렇게 전달된 기사를 읽다 보면 깜짝 놀랄 때가 있습니다. 얼핏 보아도 거짓말투성이인 허위정보인데, 이런 가짜를 중요한 뉴스인 것처럼 주변 친구들이 열심히 퍼 나를 때는 황당하기까지 하지요. 이런 친구들은 종종 기자인 저에게 "이 뉴스가 사실이냐?"고 묻기도 합니다. 본인들이 보기에도 믿기지 않는 소식인 것이지요.

여러분, 지금 당장 휴대전화를 뒤져 보세요. 오늘도 이런 식으로 여러분에게 배달된 뉴스가 적지 않을 것입니다. 그러면 그 뉴스들은 모두 사실일까요? 혹시 의심해 본 적은 없나요? "뉴스가 다 뉴스지, 진짜 가짜가 어디 있어?"라고 반문한다면 그런 사람은 가짜뉴스에 넘어갈 가

리드: 뉴스의 첫 문장

공감: SNS(소셜네트워크서비스)에 올라온 링크 기사 혹은 전달자의 의견에 이용자가 자신의 반응을 '표현'하는 것. 엄지손가락(페이스북), 하트(인스타그램, 트위터) 등의 이미지를 눌러 '좋다'는 마음을 표현한다.

한국언론진흥재단 (Korea Press Foundation): 대한민국에서 신문 등 오래된 언론 산업이 새로운 디지털 혁명 속에서 새로운 언론 매체로 발전할 수 있도록 기존 신문발전위원회, 한국언론재단, 신문유통원을 통합하여 2009년 12월에 설립되어 2010년 2월 출범한 문화체육관광부 산하 기금관리형 준정부기관이다.

능성이 상당히 크다고 할 수 있습니다. 현재 가짜뉴스는 진짜 뉴스보다 더 진짜처럼 유통되고 있는 데다 우리도 모르는 사이 이미 우리의 일상 깊숙이 침투해 있기 때문입니다.

우선 국내외에 널리 퍼졌던 가짜뉴스의 대표적인 사례들을 살펴보도록 하겠습니다.

"21대 총선은 조작되었다!"

2020년 4월 15일, 앞으로 4년간 일할 국회의원 300명을 뽑는 21대 국회의원 총선거가 실시되었습니다. 결과는 여당인 더불어민주당의 압승. 더불어민주당은 비례대표 의석까지 포함해 총 180석을 차지했고, 제1야당인 미래통합당(현재 국민의힘)은 103석을 얻는 데 그쳤습니다. 180석이면 헌법을 바꾸는 개헌과 대통령 탄핵 말고는, 마음만 먹으면 법에 규정된 국회의 모든 권한을 한 정당의 뜻대로 행사할 수 있는 어마어마한 의석입니다.

총선에서 참패하자 미래통합당의 일부 후보들과 보수 지지자들은 반발하기 시작했습니다. 이렇게까지 '비현실적인 선거 결과'는 도저히 수용할 수 없다는 것이었지요. 그리고 몇몇 보수 성향 유튜버들은 '선거 조작 의혹'까지 제기하기 시작했습니다.

선거에 진 쪽이 현실을 받아들이지 못하고 한동안 조작을 주장하며 선거 결과에 불복하는 모습은 과거에도 반복되었던 행태입니다. 2012년 제18대 대통령 선거에서 새누리당(현재 국민의힘) 박근혜 후보가 당선되자 민주통합당(현재 더불어민주당) 문재인 후보를 지지했던 쪽에서는 부정 선거 의혹을 제기했습니다. 하지만 문재인 후보가 선거 패배를 깨끗하게 인정하자 지지자들도 얼마 지나지 않아서부터는 부정 선거라는 주장을 더는 하지 않았지요.

그런데 21대 총선은 조금 달랐습니다. 미래통합당 지도부는 선거 패배를 인정하고 보수 정당 개혁에 나서겠다고 약속했지만 한쪽에서는 여전히 "선거가 조작되었다"는 주장이 계속 튀어 나왔습니다. 특히 인천 연수을 지역구에 출마했다가 낙선한 미래통합당 민경욱 의원은 국회에서 기자회견까지 열어가며 앞장서서 총선 조작설을 퍼뜨렸습니다. 민 의원은 더불어민주당 정일영 후보에게 2893표 차로 패배했습니다. 민 의원이 4만 9913표(39.49%), 정 후보가 5만 2806표(41.78%)를 얻었으니 간발의 차이긴 합니다.

그의 주장을 요약하면 이렇습니다. '4월 15일 총선 당일 본투표에서는 내가 더 많은 표를 얻었다. 그런데 사전 투표에서 정일영 후보에게 몰표가 쏟아지며 결국 내가 졌다. 같은 지역의 본투표와 사전 투표 표심이 이렇게 차이가 난다는 것은 말이 안 된다. 그러므로 사전 투표가 조작된 것이다.'

민 의원은 이후 사전 투표 조작의 근거로 수도권 일부 지역의 사전 투표에서 더불어민주당 후보와 미래통합당 후보의 득표율이 63:36으

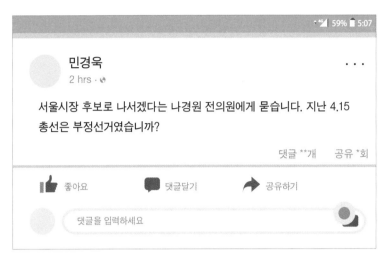

민경욱
2 hrs ·

서울시장 후보로 나서겠다는 나경원 전의원에게 묻습니다. 지난 4.15 총선은 부정선거였습니까?

댓글 **개   공유 *회

👍 좋아요   💬 댓글달기   ➡ 공유하기

댓글을 입력하세요

21대 총선 조작설을 주장하고 있는 국민의힘 민경욱 전 의원 페이스북.

로 일정하다는 점, 법적 근거가 없는 QR코드가 사전 투표용지에 인쇄되어 있다는 점, 투표지 분류기(전자개표기)에 통신장치가 달려 있어 해킹이 가능한 점 등을 들기도 했습니다. 민 의원과 지지자들은 법원에 선거 무효 소송까지 제기했습니다.

여러분에겐 민 의원의 주장이 어떻게 들리나요? 선거가 조작되었다는 주장은 지극히 신빙성이 떨어집니다. 그 주장을 하는 민 의원 자신이 진실로 그렇게 믿고 있는 것인지조차도 의심스러운 면이 있습니다. 선거가 조작되려면 선거관리위원회 직원들은 물론 투표·개표 관리에 동참한 공무원 및 공공기관 직원들, 일반 시민들, 심지어 이 과정을 감독하기 위해 각 정당에서 파견한 참관인들까지 모두 한통속이 되어야 합니다. 당연히 불가능한 일이지요.

이런 사실을 알기 때문에 미래통합당도 더 이상 선거가 조작되었다는 주장을 하지 않은 것입니다. 동료 의원들이 나서서 민 의원에게 "엉뚱한 주장은 그만 좀 하라"고 기자회견을 할 정도였습니다.

그런데 놀라운 사실은 그의 이런 주장에 동조하는 사람들이 적지 않았다는 점입니다. 그들은 그의 주장을 페이스북과 트위터, 블로그에 열심히 퍼 날랐습니다. 또 유튜버들은 연일 '충격, 21대 총선 조작 드디어 밝혀졌다'와 같은 자극적인 콘텐츠를 만들어 퍼뜨렸습니다. 여러분이 이 글을 읽고 있는 이 순간에도 이런 글과 영상은 SNS와 동영상 플랫폼 안에서 여전히 생명을 이어가고 있을 것입니다. '총선이 조작되었다'는 의혹이 일종의 집단적인 '신념'이 되어 버린 것이지요.

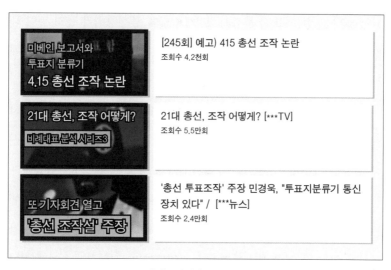

총선 조작 관련 유튜브 콘텐츠들.

죽었다던 북한 김정은의 부활

북한에 관한 뉴스는 기자들도 참 다루기 어려운 영역입니다. 남한과 북한의 특수한 관계 탓에 기자들이 직접 취재할 수가 없으니 늘 누군가에게 전해 듣는 소식을 정제해서 보도해야 합니다. 흔히 우리 정부(북한 관련 업무는 주로 통일부가 담당합니다)의 공식 발표, 〈노동신문〉이나 〈조선중앙통신〉 같은 북한 매체들의 발표 소식, 북한을 직접 취재할 수 있는 외신 기자들의 보도 등이 주요한 뉴스의 원천이 됩니다.

그리고 하나 더, 이런 공식 발표 외에 기자들이 외곽 취재를 통해 북한 소식을 보도할 때 종종 등장하는 '북한(대북) 소식통'이 있습니다. 이들은 남북한 정부가 공식적으로 발표하지 않았지만 북한 주변에서 흘러나오는 소식들을 각자의 방식으로 수집해 기자들에게 전달합니다. 그러면 기자들은 또 나름의 기준으로 제보의 신빙성을 판단해 그 내용을 기사화할지 말지 결정하지요.

북한 관련 기사에 등장하는 소식통은 북한 문제를 연구하는 교수나 연구원 외에 최근 탈북한 탈북민, 탈북민 지원 단체 관계자, 북한과 중국 경계를 오가는 밀수꾼, 국가정보원 같은 정보기관 요원 등 정체가 아주 다양합니다. 북한 관련 일을 하며 정보를 가진 사람이면 누구나 기사 속 북한 소식통이 될 수 있지요. 이들은 가끔씩 전혀 알려지지 않은, 눈이 번쩍 뜨일 만한 소식을 들려주기도 하지만 그런 이야기는 당연히 그대로 믿기 어려운 측면도 많습니다. 검증 없이 보도를 했다가는

'대형 오보'를 낼 위험성이 큽니다.

2020년 4월 전 세계의 관심을 모았던 '김정은 유고(有故·특별한 사정이나 사고가 있다는 뜻)설'도 이런 북한 소식통을 인용한 오보에서부터 시작되었습니다. 북한 김정은 국무위원장이 할아버지 김일성 주석의 생일이자 북한 최대의 명절인 태양절(4월 15일)에 공개 석상에 모습을 드러내지 않자 많은 이들이 이유를 궁금해했습니다. 김 위원장은 그 전까지는 매년 태양절이면 할아버지 김일성과 아버지 김정일의 시신이 안치되어 있는 금수산태양궁전을 참배했는데요. 태양절 행사 불참뿐만 아니라 그 후 며칠까지 포함해 거의 2주간 아무런 공개 활동을 하지 않자 세계 각국 언론들은 김 위원장의 행방에 촉각을 곤두세우기 시작했습니다.

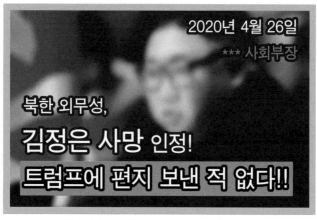

김정은 사망 소식을 썸네일에 담은 모 유튜브 채널의 한 장면.

그러다 4월 20일 미국 CNN이 미국 관리의 말을 인용해 "김 위원장이 수술 후 심각한 위험에 빠진 상태라는 정보를 미 정부가 주시하고 있다"고 보도했습니다. 전 세계에서 난리가 났습니다. 이 보도는 사실 그 전날 한국의 북한 전문 매체 데일리NK가 북한 소식통을 인용해 "김 위원장이 최근 심혈관 시술을 받았다"는 소식을 전한 것에 대해서 미국 정부 관계자가 "(사실 여부를) 주시하고 있다"고 말한 것뿐이었습니다. 하지만 세계적으로 유명한 언론사인 CNN이 이 소식을 전하자 전 세계의 관심이 쏟아진 것이지요.

CNN 보도 직후 청와대는 "북한 내부에 특이 동향이 식별되지 않고 있다"고 설명했습니다. 대한민국이 가지고 있는 대북 정보를 근거로 볼 때 김 위원장은 '별 탈 없이 잘 있다'는 의미였습니다. 하지만 청와대의

(받은글)
1. 수술실패로 김정은은 현재 뇌사상태에 준하는 심각한 상태. 아직 사망은 아닌듯 보임. 북한 내부 쿠데타나 강제연금 상황은 아니라고 함. 거동은 확실히 불가능하며 정상적인 상태로 돌아오기도 불가능으로 보임. 사망인지는 북한에서 공식 발표가 있기 전까지는 확인이 불가.
2. 김여정(김정은 여동생)이 백두혈통으로 명목상 표면에 나올 확률이 매우 높음

김정은 유고설이 제기되었을 당시에 SNS를 통해 퍼졌던 가짜뉴스 찌라시.
(출처 강병철)

설명에도 불구하고 이후 SNS 등에서는 온갖 형태의 김정은 유고설이 돌았습니다. '혼수상태다' '사실 벌써 죽었다' '화장까지 했다'는 뜬소문을 비롯해 동생 김여정이 공식 후계자가 되었다는 소식까지 돌았습니다. 북한 지도자에게 갑자기 문제가 생겼다고 하니 우리나라 주식시장까지 들썩였지요.

그런데 웬걸, 죽었다던 김 위원장은 며칠 뒤 북한의 한 비료공장 준공식에 참석했습니다. 그것도 아주 멀쩡한 모습으로 말입니다. 전 세계 언론이 자신에게 큰 문제가 있는 것처럼 떠들어대고 있던 참에 사람들 앞에 '짜잔~' 하고 나타났으니 그는 속으로 얼마나 웃었을까요. 가짜뉴스 하나에 국제사회가 들썩들썩 했던 웃지 못할 사건이었습니다.

참전용사보다 무슬림이 먼저라고?

이 외에도 최근 몇 년 사이 대한민국에 널리 퍼졌던 가짜뉴스의 예는 많습니다. 난민 문제가 발생하는 국가에서는 어김없이 난민을 둘러싼 가짜뉴스가 확산되기 마련인데, 우리나라도 이런 현상을 피해갈 수 없었습니다.

2018년 예멘인 500여 명이 제주도로 단체로 입국해 난민 신청을 한 적이 있습니다. 그전까지도 물론 우리나라에도 난민이 있었지만 이렇게 대규모 인원이 난민 지위를 인정해 달라고 요청한 것은 처음이었지요.

이들을 수용할지 말지를 두고 논쟁하는 과정에서 대한민국에서도 본격적으로 난민 문제가 주요한 사회 이슈로 떠올랐습니다.

난민을 바라보는 시선은 사람마다 다를 수 있습니다. 인도적 차원에서 난민을 적극 수용해야 한다는 의견이 있을 수 있고, 또 사회적 갈등과 난민을 지원하는 재원 부담 등을 이유로 수용을 반대한다는 주장을 펼칠 수도 있습니다. 어느 쪽이 맞다, 틀리다의 문제는 아닙니다. 그러나 어느 한쪽이 여론의 지지를 얻기 위해 가짜뉴스를 퍼뜨리는 것은 전혀 다른 차원의 문제가 됩니다.

제주 예멘 난민 사태가 벌어졌을 때 우리나라에서도 수많은 가짜뉴스가 유통되었습니다. 정부가 나서서 시중에 돌고 있는 난민 관련 루머들에 대해서 공식 해명을 내놓을 정도였습니다.

예를 들어 '6·25 참전용사 연금보다 난민 지원 생계비가 더 많다'는 소문이 돌자 정부는 "사실과 다르다"며 참전용사 연금과 난민 지원 체계를 하나하나 설명했습니다. '미국은 난민보호협회를 탈퇴했는데 우리가 난민을 받을 필요가 있느냐?'는 주장도 사실이 아니라고 해명하면서 "미국은 2017년 한 해 동안 2만 3000명가량에게 난민 지위를 부여했다"고 자료를 제시하기도 했습니다.

정부가 난민에 대한 모든 가짜뉴스에 일일이 대응하기는 어려웠습니다. 인도적 가치를 중시하는 진보 성향의 언론들은 무차별적 난민 혐오를 우려하는 목소리를 계속 냈지만 가짜뉴스는 꿋꿋하게 퍼져 갔습니다. '한국에 취업하기 위해 온 위장 난민이다' '100만 원만 주면 난민으로 만들어 주는 브로커가 있다' '난민 중에 극단적인 성향의 무슬림 무장반군이 섞여 있다' '정부가 난민들에게는 집을 한 채씩 주었다'는 등 일일이 나열하기 어려울 정도입니다.

심지어 "무슬림은 성폭행을 놀이처럼 즐긴다" "꾸란(코란)에는 강간을 증명하기 위해서는 4명의 남성이 필요하다는 교리가 있다"는 등 상식적으로 이해할 수 없는 허위정보까지 인터넷을 통해 퍼졌지요. 모두가 난민 수용에 대한 반대 여론을 퍼뜨리고, 또 무슬림에 대한 나쁜 인식을 확산시키기 위해 만들어진 것들이었습니다.

지금까지 다룬 '소식'들 중에 여러분도 들어 본 적이 있는 내용이 있

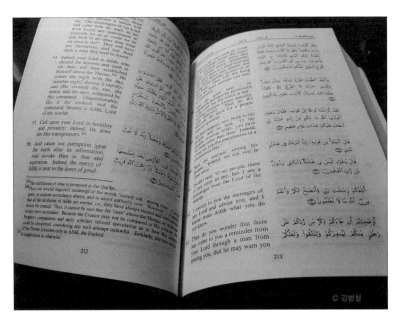

이슬람교의 경전인 꾸란의 영어 번역본.

나요? 그렇다면 한번 곰곰이 생각해 봅시다. 이 소식을 어디서 보았는지 말입니다. 그 소식의 출처가 종이신문이나 TV 또는 라디오 뉴스였나요, 아니면 누군가 보내준 SNS 링크였나요?

가짜뉴스가 탄생시킨 대통령

가짜뉴스의 확산은 우리나라뿐 아니라 전 세계적인 문제입니다. 미국, 유럽처럼 우리보다 먼저 민주주의와 언론 제도가 자리 잡은 나라들도 우리와 비슷하게 가짜뉴스에 몸살을 앓고 있는 상황이지요. 가짜뉴스의 전파와 그에 따른 피해 범위는 한 국가의 경계 안으로만 제한되는 것도 아닙니다. A국가에서 만든 가짜뉴스가 B국가로 퍼질 수 있고 C국가에 더 큰 혼란을 불러올 수 있습니다. 때로는 전 세계에 영향을 미칠 수도 있지요. 뉴스의 힘이 엄청난 것처럼 가짜뉴스의 영향력도 얼마든지 커질 수 있습니다.

해외 가짜뉴스의 대표적인 사례로 2016년 미국 대선에서 큰 논란을 일으켰던 '피자게이트' 사건을 들 수 있습니다. 가짜뉴스를 연구하는 학자들이 빼먹지 않고 다루는 사건이지요.

미국의 제45대 대선은 공화당 도널드 트럼프 후보와 민주당 힐러리 클린턴 후보의 대결이었습니다. 국제사회에 막강한 영향력을 행사하는 미국 대통령을 뽑는 선거인만큼 전 세계의 관심이 집중되었습니다. 어느 나라나 그렇지만 선거 때는 후보들에 대한 도덕성 검증과 마타도어가 혼탁하게 뒤섞여 온갖 비방과 선전선동이 난무합니다. 당시 미국 대선에서 클린턴을 둘러싸고 제기된 의혹 중 하나가 피자게이트였습니다.

이 의혹은 요약하자면 클린턴의 최측근이자 대선 선거대책본부장인 존 포데스타가 수도 워싱턴 DC에 있는 한 피자가게에서 몰래 아동성매매 조직을 운영하고 있다는 내용이었습니다. 여러분 생각에는 믿을 만한 소식처럼 들리나요? 당연히 말도 안 되는 가짜뉴스였습니다. 존 포데스타는 그저 그런 정체 모를 사람이 아니라 제42대 미국 대통령이자 힐러리 클린턴 후보의 남편인 빌 클린턴 전 대통령의 비서실장까지 지냈던, 미국 사회에서 상당한 영향력을 가진 인물이었습니다.

하지만 이 믿기 힘든 소식은 페이스북과 트위터를 통해 널리널리 퍼졌습니다. 그러다 이 가짜뉴스를 접하고 흥분한 한 남성이 직접 의혹의 실체를 밝히겠다며 피자집에 침입, 총기를 난사하는 사건이 벌어졌습니다. 이 일을 계기로 피자게이트는 전 세계에 널리 알려지게 되었지요.

네이버 등 우리나라 포털 사이트에서는 지금도 여전히 피자게이트를 검색하면 클린턴을 둘러싼 이 말도 안 되는 가짜뉴스를 읽어 볼 수 있습니다. 미국은 말할 것도 없고 다른 나라 사정도 비슷하지 않을까요?

아직 전 세계의 인터넷 사이트나 SNS 구석구석에 이런 글들이 남아 있다고 생각하면 등골이 오싹합니다.

클린턴은 2016년에 패배한 뒤 다시 대선에 나오지는 못했습니다. 하지만 대선뿐 아니라 언젠가 다른 이유로 다시 여론의 주목을 받는 날이 온다면 인터넷 세계 곳곳에 지뢰처럼 묻혀 있던 이 글들이 갑자기 '펑~' 하고 폭발하듯 무서운 속도로 다시 자기복제를 시작할 것입니다.

이 외에도 2016년 미국 대선 때에는 전 세계인들이 속아 넘어간 유명한 가짜뉴스들이 여럿 만들어졌습니다. 가톨릭 지도자인 프란치스코 교황이 트럼프 후보를 지지하는 성명을 발표했다거나(당연히 그럴 리가 없습니다. 교황은 이 가짜뉴스가 퍼지자 "선거와 관련된 어떤 언급을 한 적이 없다"고 해명까지 냈습니다), 클린턴 후보가 국무장관 재직 시절 이슬람 극단주의 무장테러단체인 ISIS에 무기를 팔았다거나(그럴 리가요!), 클린턴 후보의 이메일 유출을 수사하던 미연방수사국(FBI) 요원이 시신으로 발견되었다(역시 거짓말입니다)는 등 셀 수도 없이 많습니다.

당시 미국 대선은 가짜뉴스의 대결이라고 해도 과언이 아닐 정도였습니다. 미국 뉴욕대학교 알콧 교수 등의 2017년 연구에 따르면 당시 SNS에는 트럼프 후보에 우호적인 가짜뉴스가 약 30만 회 공유되었다고 합니다. 클린턴 후보에 우호적인 가짜뉴스 공유량은 그 4분의 1 수준이었습니다.

미국 대선 직후 몇몇 언론과 학자들은 "트럼프 대통령은 가짜뉴스 덕분에 당선되었다"는 분석까지 내놓았습니다. 현재 전 세계에서 '가

미국 45대 대통령 도널드 트럼프.

민경욱 ✅ @minkyungwook · 5h

Don't tell me that I didn't warn you. I told you to be alert or be next! South Korea was a test bed for fraud election.

도널드 트럼프 ✅ @realDonaldTrump · 7h

How come every time they count Mail-In ballot dumps they are so devastating in their percentage and power of destruction?

2020년 미국 대선에서 개표 부정 의혹을 제기한
미국 도널드 대통령의 메시지를 리트윗한 민경욱 전 의원의 트위터.

짜뉴스'라는 단어를 가장 자주, 그것도 아주 자의적으로 사용하는 대표적인 인물이 트럼프 대통령이라는 점을 떠올려보면 참 아이러니한 현실이지요.

그리고 트럼프 대통령은 2020년 11월에 있었던 미국 대선에서 조 바이든 민주당 후보에게 패배하고 재선에 실패합니다. 개표 과정에서 패색이 짙어지자 트럼프 후보는 패배를 인정하는 대신에 "선거가 조작되었다"고 주장하며 미국 사회를 뒤집어 놓습니다. 어디선가 많이 본 장면 같지 않나요?

이번엔 유럽의 사정을 간단히 살펴보겠습니다. 프랑스의 엠마뉴엘 마크롱 대통령은 우리나라에도 이름이 제법 알려져 있습니다. 39세 나이에 대통령이 된 마크롱은 대선 내내 '동성 애인과 바람을 피우고 있다' '사우디아라비아가 뒤에서 대선 자금을 지원하고 있다'는 가짜뉴스에 시달렸습니다.

국제정치와 경제에 큰 충격을 주었던 영국의 EU(유럽연합) 탈퇴, 즉 브렉시트(Brexit·British exit)에도 가짜뉴스가 한몫했습니다. 2016년 6월 23일, 영국은 국민투표로 EU 탈퇴를 결정했습니다. 찬성 51.9%, 반대 48.1%의 근소한 차이였지요. 국민투표 직전 브렉시트 찬성 진영에서는 매일같이 '영국 국민에게 쓸 돈이 EU로 흘러가고 있다' '이민자들이 우리의 일자리를 뺏고 있다'고 여론전

브렉시트: 영국(British)이 유럽 연합(EU)을 탈퇴(exit)한다는 의미로 영국과 탈퇴를 합쳐서 만든 합성어다. 2016년 영국은 유럽 연합 회원국 국민투표를 통해 다시 한 번 유럽 연합에서 탈퇴해야 하는지 여부를 물었고 51.9% 찬성, 반대 48.1%라는 결과에 따라 2020년 1월 31일 23시부로 유럽 연합에서 정식으로 탈퇴했다.

을 펼쳤습니다. 이런 주장은 다소 과격하긴 하지만 완전한 거짓이라고까지는 보기 힘듭니다. 하지만 이런 목소리에 '이민자 자녀 교육에만 연간 약 5조 원이 들어간다'는 식의 가짜뉴스까지 섞여들면서 사람들의 판단을 흐리게 만들었지요.

어떤가요? 이 정도면 정말 언론의 자유와 뉴스 유통 시스템이 발달한 나라 중에 '가짜뉴스 청정 국가' 같은 곳은 없다고 해도 되지 않을까요? '역사에 가정은 없다'고 하지만 만약 이런 가짜뉴스들이 퍼지지 않았다면 세상은 지금과 많이 다른 모습일지도 모릅니다. 트럼프와 클린턴의 운명이 뒤바뀌고 그에 따른 국제정치 구도가 완전히 달라졌을 수도 있으니 말이지요. 그렇게 보면 가짜뉴스가 역사의 흐름에도 어떤 영향을 미친다는 이야기가 되니 더더욱 모골이 송연해집니다.

미국과 유럽을 뒤흔든 가짜뉴스

2016년 미국 대선: 클린턴의 선거대책본부장 존 포데스타가 워싱턴DC에 있는 한 피자가게에서 몰래 아동성매매 조직을 운영하고 있다! 프란치스코 교황이 트럼프 후보를 지지하는 성명을 발표했다! 클린턴 후보가 국무장관 재직 시절 이슬람 극단주의 무장테러단체인 ISIS에 무기를 팔았다! 클린턴 후보의 이메일 유출을 수사하던 미연방수사국(FBI) 요원이 시신으로 발견되었다!

프랑스의 엠마뉘엘 마크롱 대통령: 동성 애인과 바람을 피우고 있다! 사우디아라비아가 뒤에서 대선 자금을 지원하고 있다!

영국의 EU 탈퇴 찬성 진영: 이민자 자녀 교육에만 연간 약 5조 원이 들어간다!

브렉시트 관련
시위대의 모습.

브렉시트 소식을
담은 영국 신문.

'오늘도 낚였네' 일상이 된 가짜뉴스

우리나라 총선과 미국 대선, 북한 지도자의 건강, 난민 문제 등을 예로 들었지만 우리 생활에서 가짜뉴스는 더 이상 특별한 것이 아닙니다. 가짜뉴스는 거대한 정치 이벤트나 유명 연예인의 삶뿐 아니라 평범한 우리들의 일상 깊숙한 곳까지 이미 들어와 있습니다. 그것도 부지불식간에 말입니다.

더불어민주당의 허위조작정보대책특별위원회 위원장인 박광온 의원은 코로나19가 한창 퍼지고 있던 2020년 3월, 코로나19와 관련해 총 280건의 허위조작정보를 확인했다고 발표했습니다. 박 의원은 이 중에 183건은 경찰에 고발하고, 97건은 방송통신심의위원회에 심의를 요청할 계획이라고 설명했지요. 방송통신심의위원회는 방송 프로그램이나 정보통신망에서 유통되는 콘텐츠가 법적으로 문제가 없는지 살펴보는 기구입니다.

박 의원이 공개한 코로나19 관련 허위조작정보 사례들은 양상이 아주 다양했습니다. 집단 감염이 발생했던 신천지교회의 이만희 총회장과 문재인 대통령 사이에 커넥션이 있다거나 정부가 특정 마스크 업체에 특혜를 줬다는 식으로 정부를 겨냥한 것이 주를 이루었지만 전부는 아니었습니다. 마늘을 많이 먹거나 수액주사(링거)를 맞으면 코로나19를 막을 수 있다는 식의 잘못된 감염 예방 정보, 그리고 심지어 의료진에 대한 혐오를 조장하는 가짜뉴스까지 있었다고 합니다. 감염병을 막기 위해 국민들이 고생스러운 거리두기를 하고 의료진이 땀을 흘리고 있을 때, 한쪽에서는 누군가 열심히 가짜뉴스를 만들어 퍼뜨리고 있었던 것이지요.

가짜뉴스는 누구나 만들고 퍼뜨릴 수 있습니다. 꼭 세상을 혼란에 빠뜨리겠다는 엄청난 계획에 따라서가 아니라 단순한 장난에서 시작될 수도 있지요. 흔히들 4월 1일 만우절에는 친구나 가족, 학교 선생님을 상대로 이런저런 장난을 칩니다. 금세 탄로가 나는 악의 없는, 그러면서도 기발한 만우절 거짓말들은 인간관계에 소소한 재미를 주기도 합니다. 물론 지나치면 독이 되지만요.

몇 년 전에는 이런 만우절 거짓말을 뉴스 형식으로 만들어 인터넷 홈페이지에 게재하고 SNS로 공유할 수 있게 해 주는 서비스까지 생겼습니다. 데일리파닥(www.dailypadak.com)에서는 누구나 제목, 사진 등을 넣어 그럴듯한 가짜뉴스 링크를 만들 수 있었습니다. 아래는 이 사이트에서 만들어진 몇몇 가짜뉴스의 제목들입니다.

[속보] 문재인 대통령 피살

(속보) 북한, 쿠데타 발생…김정은 사살당해

〈속보〉 교육부, 오는 4월 6일 정상등교로 긴급 변경

어린이날 휴일 폐지

(긴급속보) 오늘 오후8시 강남구 규모5.5 대지진 예고

(주)오픈놀, 해외 300억원 투자 유치 "글로벌IT서비스 시동"

속보) 막 내린 삼각김밥? 전국에 삼각김밥 6월부터 판매중지!

지드래곤, 12살 연하의 일반인 여성과 열애중?♥

진짜라면 하나하나 폭발력이 엄청난 뉴스들입니다. 이 사이트를 잘 알고 있는 사람들 사이에서는 이런 제목의 가짜뉴스를 만들어 뉴스 링크를 전달하는 행위가 만우절 거짓말처럼 재미난 장난일 수 있습니다. 친구들끼리는 그저 "끙… 이번에는 내가 낚였지만 반드시 복수를 해주지"라며 넘어갈 수 있을 것입니다.

그러나 몇 단계를 건너 이 가짜뉴스를 SNS로 전달받거나 포털사이트 카페 및 블로그에서 처음 접한 사람들은 어떨까요? 대부분이 실제로 일어났다고 해도 쉽게 믿을 수 없는 초대형 뉴스인지라 최소한 의구심을 품기는 하겠지만 상당한 혼란을 겪을 게 분명합니다. 개중에는 이를 사실로 받아들이는 사람도 당연히 있을 것입니다. 앞에서 언급한 피자게이트처럼 말이에요.

가짜뉴스는 텍스트 기반 뉴스에 한정된 것도 아닙니다. 사진 조작도 흔합니다. 2012년 대선 당시 새누리당 박근혜 후보의 서울 광화문광장 유세 현장을 담은 사진이 논란이 된 적이 있었습니다. 한 통신사 이름으로 SNS를 통해 널리 퍼졌던 이 사진에는 박 후보를 보기 위해 그야말로 발 디딜 틈 없을 정도로 수많은 사람들이 광장을 메우고 있는 모습이 담겨 있었지요. 그런데 알고 보니 합성을 통해 유세에 몰린 인파를 2배가량이나 부풀린 조작 사진이었습니다. 자기 세력의 인기를 사람들에게 각인시키기 위해 선거 때 반복하는 '세력 과시' 작업에 합성 사진을 활용한 사례입니다.

또 마크롱 대통령이 당선되었던 프랑스 대선 과정에서 '극좌 돌풍'을 일으켰던 좌파연합의 장 뤽 멜랑숑 후보는 2000만 원이 넘는 롤렉스시계를 찬 모습이 찍힌 사진이 퍼지면서 곤욕을 치렀습니다. 노동자의 권리, 부의 재분배, 약자를 위한 복지 등을 강조했던 진보 진영의 대통령 후보가 엄청나게 사치스러운 시계를 차고 있었으니 사람들은 표리부동하다고 생각을 했겠지요. 하지만 그건 합성사진이고 사실 멜랑숑은 12만 원짜리 시계를 차고 있었다는 사실이 곧 밝혀졌습니다.

지금은 인터뷰 영상까지 조작이 가능한 시대입니다. 딥페이크(deepfake)라는 인공지능(AI) 기술을 활용하면 합성사진뿐 아니라 합성영상을 만들 수도 있습니다. 어떤 인물의 사진에서 얼굴만 바꿔 합성사진을 만들듯, AI가 동영상을 프레임 단위로 나눠 합성하면 다른 사람의 얼굴을 넣은 합성영상

> **딥페이크**: 인공지능을 기반으로 이미지를 합성하는 기술. 어떤 사진이나 영상을 원본 사진이나 영상에 겹쳐서 만들어낸다. 유명인의 가짜 사진이나 동영상, 가짜 뉴스나 악의적 기사를 만드는 데 사용된다.

이 탄생합니다. 예를 들어 어떤 배우가 대통령 성대모사를 하며 영상을 찍고 거기에 대통령 얼굴을 합성하면 '가짜 대통령 인터뷰 영상'이 만들어지는 것이지요. 눈으로 보고 있는 것조차 그대로 믿을 수 없는 세상이 된 것입니다.

진짜보다 가짜가 더 많다고?

이처럼 우리는 내가 가짜뉴스에 속고 있지나 않을까 매순간 걱정해야 하는 시대에 살고 있습니다. 스파이들이 나오는 첩보 영화를 본적이 있나요? 스파이들은 주어진 임무를 수행하기 위해 자신의 신분을 숨기고 끊임없이 서로 거짓말을 합니다. 윤종빈 감독의 영화 〈공작〉(2018)을 보면 안기부(국가안전기획부, 지금의 국가정보원) 스파이 흑금성은 사업가로 위장해 북한 고위급에게 접근한 뒤 결국 북한으로 들어가 최고지도자까지 만납니다. 서로의 진짜 속내를 알 수 없기에 모든 과정에서 인물들 사이의 긴장감은 느슨해질 겨를이 없습니다. 서로를 철저히 의심하고 속이면서도 또 서로가 원하는 것들을 조금씩 얻어내지요.

우리도 그런 첩보전에 나선 스파이처럼 내가 보고 듣는 것들이 과연 사실일까 끝없이 의심해야만 하는 처지에 놓여 있습니다. 넋 놓고 있다가는 우리를 속이기 위해 끝없이 무서운 공작을 펼치고 있는 자들에게 속수무책으로 당하게 됩니다. 이 말은 결코 과장이 아닙니다.

학자들에 따르면 가짜뉴스는 진짜 뉴스보다 훨씬 더 많이, 더 빠르게 퍼진다고 합니다. 2018년 미국 MIT 연구진은 2006년부터 2017년까지 트위터 이용자 300만 명이 공유한 뉴스 12만 6000개를 추렸습니다. 그리고 이를 6개 언론기관의 도움을 받아 진짜와 가짜로 분류해 봤더니, 진짜 뉴스보다 오히려 가짜뉴스가 70% 이상 더 많이 공유된 것으로 나타났습니다. 전파 속도도 가짜뉴스가 6배나 빨랐다고 합니다. 진짜 뉴스를 보도하기 위해 매일 땀 흘리는 기자들 입장에서는 힘이 빠지는 연구 결과이지요.

미국의 인터넷 매체 버즈피드(Buzz Feed)의 선임기자 크레이그 실버먼은 45대 미국 대선 당시 페이스북에서 가장 많이 퍼진 진짜 뉴스와 가짜뉴스 각 20개씩을 골라 추적 조사했습니다. 그 결과 선거일이던 2016년 11월을 한참 앞두고서는 진짜 뉴스가 가짜뉴스보다 3~4배가량 더 많이 확산되었지만, 선거에 임박하면서 가짜뉴스의 확산 속도가 급속히 빨라지더니 8월 이후부터는 진짜 뉴스를 압도하기 시작했다고 합니다. 대선 직전 3개월 동안 페이스북에서 반응이 가장 좋았던 가짜뉴스와 진짜 뉴스를 각각 20개씩 추려 정리해 보니 가짜뉴스의 공유 및 댓글 수는 871만 건, 진짜 뉴스의 공유 및 댓글 수는 763만 건이었다고 합니다.

언론학자들은 가짜뉴스가 진짜보다 더 빨리 퍼지는 이유를 '가짜뉴스가 더 새롭고 자극적인 정보를 많이 가지고 있기 때문'이라고 설명합니다. 당연히 사람들은 처음 듣는 소식, 더 놀라운 소식에 끌립니다. 위에서 예로 든 데일리파닥의 가짜뉴스 제목들을 다시 볼까요? 하나하나가 오늘 아침 신문 1면 뉴스와 비교할 수 없을 정도로 새롭고 충격적인 소식들입니다. 이런 소식들을 접했으니 당연히 친구나 동료들에게 얼른 알려 주고 싶은 마음이 들겠지요. 그런 걸 두고 인지상정(人之常情)이라고 하잖아요.

안타까운 점은 이런 연구 결과들이 사실이라면 우리가 SNS를 통해 전달받는 뉴스는 진짜보다는 가짜일 확률이 높다고 볼 수 있다는 것입니다. 그 뉴스가 신문이나 TV, 적어도 인터넷 포털 사이트에서도 본 적이 없는 새롭고 충격적인 뉴스라면 가짜일 가능성은 훨씬 더 커집니다.

그럼에도 그런 믿을 수 없는 소식은 더 빨리 더 멀리 퍼지며 영향력을 계속 키웁니다. 가짜뉴스에 반복적으로 노출된 사람들은 결국 가짜와 진짜를 구분할 수 없게 됩니다. 오히려 진짜 뉴스를 가짜라고 여기는 지경에까지 이르게 되지요.

친구도 못 믿겠고 언론도 못 믿겠다

학교에서 시험을 며칠 앞두지 않은 상황을 가정해 봅시다. 제한된 시간에 공부해야 할 과목은 많은데, 그 과목들도 어느 하나 만만한 것이 없습니다. 한국사 하나만 두고 생각해 볼까요? 평소 충실히 공부하지 않았다면 당장 시험을 코앞에 두고 선사시대부터 고대, 중세, 근세를 지나 근현대까지, 이걸 다 어떻게 공부하나 막막할 것입니다. 그때 누군가가 교실 안으로 뛰어들더니 이렇게 외칩니다. "엄청난 소식이야! 이번 한국사 시험은 조선시대 범위에서만 출제돼!"라고. 교실 안은 온통 술렁거립니다. 사실이라면 정말 대단한 '단독 보도'이지요.

그런데 이 말을 그대로 믿고 정말 조선시대만 공부해도 되는 걸까요? 이 말이 사실이라면 한국사 과목은 조선시대 공부에만 집중하고 남은 시간을 다른 과목에 쓸 수 있을 것입니다. 그러나 만약 거짓말이라면? 한국사 시험 당일 문제지를 받아드는 순간 마음속으로 비명을 질러야 하겠지요.

관건은 그 엄청난 소식을 전한 '누군가'가 누구냐는 것입니다. 그 전령이 이런 정보에 접근할 아무런 권한도 능력도 없는 평범한 옆 반 친구라면 소식의 신뢰도는 떨어집니다. 반대로 시험을 출제하는 한국사 선생님 본인이 말했다면 더 의심할 필요조차 없을 것입니다.

정작 문제를 출제하는 선생님은 이런 말을 한 적이 없는데, 자꾸 반 친구들 사이에서 이런 소문이 퍼지는 상황이라면 어떨까요? 심지어 우리 반 1등까지 같은 이야기를 하면서 "나는 조선시대만 공부할 거야"라고 말합니다. 혼란이 가중되자 한국사 선생님이 직접 나서 시험범위는 선사부터 현대까지 전부라고 바로잡습니다. 출제자가 공식 입장을 발표했으니 이제 모두 열심히 공부에만 매진하면 좋겠지만 그럼에도 혼란은 계속 이어집니다. 누군가 "공식적으로는 그렇지만 실은 조선시대에서만 낸다고 선생님이 친한 학생들한테만 따로 말씀하셨대"라고 말하고, 여기저기서 "나도 그 얘기 들었어. 옆 반 반장도 그러더라"라고 나오면 상당수 친구들은 혼란에 빠질 수 있습니다.

이런 경우 아마 벼락치기를 해야 하는 친구들은 다른 부분보다 조선시대에 훨씬 더 마음을 쓰게 될 가능성이 높습니다. 미리부터 시험을 준비한 친구들 중에도 혹시나 하는 마음으로 조선시대를 한 번 더 공부하는 경우가 있을 수 있겠지요. 어느 쪽이든 결국 한국사 선생님의 공식 발표를 그대로 믿지 못하고 출처도 알 수 없는 소문에 크든 작든 영향을 받은 것이라 할 수 있습니다. 공식 발표대로라면 특별히 조선시대를 더 공부할 이유가 전혀 없습니다. 모든 범위를 균형 있게 공부하는 것이 합리적이지요.

가짜뉴스는 이런 식으로 사람들의 마음을 파고듭니다. 가짜가 목소리를 키우고 널리 퍼지면 사람들은 '가짜가 진짜일 수 있지 않을까' '진짜는 과연 진짜일까' 같은 불필요한 의심을 하며 결국 진짜와 가짜를 혼동하게 됩니다.

2017년 한국언론진흥재단이 발표한 '일반 국민의 가짜뉴스에 관한 인식 보고서'에 따르면 설문조사 응답자 중 76%가 "가짜뉴스 때문에 진짜 뉴스를 볼 때도 가짜로 의심하게 된다"고 대답했습니다. 가짜뉴스가 확산되면서 뉴스 보도라는 정보전달 행위 자체에 대한 국민들의 신뢰도가 떨어져 진짜 뉴스까지 믿지 못하는 상황이 된 것입니다.

신뢰는 모든 관계 형성의 기본이지만 특히 언론에 대한 신뢰는 민주주의 사회를 건전하게 유지해 나가는 근간이기에 더없이 중요합니다. 언론에 대한 신뢰와 신뢰 받는 언론이 없다면 건강한 민주주의 공동체를 유지하기가 어렵습니다. 이런 점에서 가짜뉴스는 언론 환경을 망치고 나아가 우리 공동체를 망가뜨리는 주범이라고 볼 수 있지요.

가짜뉴스를 제대로 이해하려면 진짜 뉴스를 만들어 내는 언론에 대해 먼저 알아야 합니다. 진짜 뉴스를 흉내 낸 것이 가짜뉴스이니, 가짜뉴스에 대한 공부도 결국은 언론의 본질이 무엇이냐 하는 것부터 시작해야 합니다.

2장

언론이 하는 일
언론이 해야 할 일

언론은 우리에게 공기와 같습니다. 저 같은 기자뿐 아니라 국민 누구에게나 그렇습니다. 어디에나 있는 그 공기를 양껏 들이마시는 사람도 있고 생존에 문제가 없을 만큼 최소한만 마시는 사람도 있습니다. 하지만 정도의 차이가 있을 뿐, 언론이라는 공기 없이 의미 있는 사회적 존재로 살아갈 수 있는 사람은 없습니다.

지금은 휴대전화만 누르면 누구나 실시간으로 뉴스를 볼 수 있어요. 더 알고 싶은 정보가 있으면 포털 사이트로 들어가 뉴스 검색을 하면 됩니다. 다 읽지도 못할 만큼 많은 기사들이 있을 테니까요.

기자들은 거의 모든 영역에서 뉴스를 만들어 내고 있습니다. 대통령의 담화나 국회의원 선거 같은 정치 영역부터 재벌 3세에 대한 경찰 수사나 아동학대, 산업재해 등 사건사고 및 사회 문제, 부동산 정책이나 주식시장 동향과 같은 경제 뉴스, 또 아이돌 가수나 스포츠 스타의 근황을 다룬 뉴스도 있습니다.

첫 번째 기사

서울신문

2020년 12월 10일
01면 (종합)

野 필리버스터에도 공수처법 오늘 처리… 경제3법 통과

민생법안 등 115개 본회의서 가결
5·18특별법·사참법·경찰청법 처리
與 임시국회서 국정원법 등도 강행

국회가 9일 정기국회 마지막 본회의를 열고 이른바 공정경제 3법(상법·공정거래법·금융복합기업집단법안)을 처리했다. 최대 쟁점 법안인 고위공직자범죄수사처(공수처)법 개정안은 국민의힘이 이 법안에 대해 필리버스터(무제한 토론)로 응수해 이날 국회 문턱을 넘지 못했지만, 10일 바로 이어질 임시국회에서 더불어민주당이 단독 처리할 예정이다.

본회의에 올라온 안건은 총 131건이었다. 당초 국민의힘은 2건으로 정해졌던 공수처법 개정안부터 필리버스터를 진행할 계획이었지만, 여야 원내대표가 오후에 긴급 회동해 비

쟁점 안건 및 민생법안은 우선 표결 처리하기로 했다. 이에 따라 공정경제 3법, 세월호참사 조사위원회의 활동 기간을 연장하는 사회적참사진상규명법, 5·18 민주화운동을 왜곡하는 행위를 처벌하는 5·18특별법(역사왜곡처벌법), 경찰 기능을 국가경찰과 자치경찰, 국가수사본부로 분리하는 경찰청법 등 115개 법안이 본회의를 통과했다. 상법은 감사위원 선출 시 최대주주의 의결권을 제한하는 '3%룰'이 완화된 채 통과됐으며, 공정거래법도 공정거래위원회의 전속고발권을 유지하도록 했다. 공수처법 연계 법안 등은 여야 합의로 처리가 보류됐다.

표결 처리 이후 국민의힘 김기현 의원은 공수처법 개정안에 대한 필리버스터에 나서 약 3시간 동안 법안 처리의 부당함을 역설했다. 국민의힘은 대북 전단 살포 행위를 처벌하는

남북관계발전법, 대공수사권을 국가정보원에서 경찰로 넘기는 국정원법에 대해서도 필리버스터를 신청했다.

국회법에 따라 회기가 끝나면 필리버스터는 자동 종료되기 때문에 공수처법 개정안에 대한 필리버스터는 정기국회가 문을 닫는 10일 0시 종료됐다. 민주당이 이미 10일부터 30일간 임시국회를 소집한 만큼 10일 본회의의 공수처법은 단독 처리될 전망이다. 남북관계발전법과 국정원법도 각각 24시간씩 필리버스터를 거친 뒤 차례로 처리될 것으로 보인다. 재적의원 5분의 3(180석)이 동의하면 필리버스터를 강제 종결할 수 있다. 현재 민주당은 173석을 보유하고 있어 민주당에 호의적인 야당 및 무소속 의원 7명을 끌어들이면 180석을 채울 수 있다.

이근홍 기자 lkh2011@seoul.co.kr
▶ 관련기사 4·5면

(19.3×10.9)cm

경성뉴스의 사례. 국회 본회의의 법안 처리 소식을 다룬 신문 1면 뉴스.

두 번째 기사

서울신문

2020년 12월 10일
24면 (방송)

랜선 타고 우리 집으로… 팝스타가 몰려온다

내한공연 대신 온라인 협연 봇물

빅히트·할시 31일 라이브 콘서트
랑랑·샘 스미스 13일 유튜브 공개

전 세계를 덮친 코로나19 팬데믹으로 올해 대형 팝스타들의 내한 공연도 줄줄이 무산됐다. 대신 화려한 단독 콘서트와 합동 무대를 비대면 유료 공연으로 선보이며 팬들의 아쉬움을 달래고 있다.

국내외에서는 온라인을 활용한 글로벌 협업이 펼쳐진다. 라우브·DJ 스티브 아오키가 '글로벌 커넥트 스테이지'(Global Connect Stage)를 꾸민다.

이들은 방탄소년단과 작업한 경험이 있어 국내 팬들에게도 익숙하다. 라우브는 '메이크 잇 라이트'(Make It Right)를 피처링했고, 아오키는 '마이크 드롭'(Mic Drop)을 리믹스했다. 2019년 '작은 것들을 위한 시'에 참여한 할시는 지난 5월 내한 공연을 계획했다가 취소했다.

빅히트 측은 "음악을 연결 고리로 전 세계 팬들에게 위로와 희망을 전하고자 한다"며 "당초 오프라인 공연을 기

팝스타들이 '온라인 월드 투어'를 속속 선보이고 있다. 두아 리파❶는 지난달 27일 영국의 한 공장을 개조한 콘서트장에서 파티 느낌의 콘서트를 했고, 피아니스트 랑랑❷과 샘 스미스❸ 등은 오는 13일 합동 공연을 유튜브에 공개한다. 오는 31일에는 저스틴 비버❹가 단독 공연을, 할시❺가 빅히트엔터테인먼트 레이블 콘서트를 통해 국내 팬을 만난다.
유니버설뮤직·워너뮤직코리아·위너·팀 Pike Levinson·유니 비버 페이스북 제공

획할 때부터 계획한 협업"이라고 밝혔다. 다만 시작 등을 고려해 실시간 라이브 대신 사전 제작 방식을 활용할 것으로 보인다.

팝스타 샘 스미스와 래퍼 와이클프 진은 피아니스트 랑랑이 주최하는 '음악으로 주는 꿈'에 동참한다. 랑랑의 유튜브 채널에서 공개하는 이 온라인 공연에는 영화배우 돈 치들, 재즈 뮤지션 존 바티스트, 재즈 보컬리스트 다이

애나 크롤, 발레 무용수 미스티 코플랜드, 오페라 가수 르네 플레밍, 뉴욕 청년 합창단과 랑랑국제음악재단의 청소년 장학생들도 대거 참여했다. 한국에서는 오는 13일 오전 5시부터 볼 수 있다.

화려한 무대와 퍼포먼스를 내세운 단독 콘서트도 펼친다. '세계에서 가장 성공한 가상 밴드'로 불리는 고릴라즈는 2018년 이후 첫 라이브를 오는 12~13일 온라인 중계 플랫폼 '라이브 나우'에서 진행한다. 캐나다 밴드 베어네이키드 레이디스는 스트리밍 플랫폼 '세션스 라이브'(18일)에서, 저스틴 비버는 라이브 플랫폼 '모먼트 하우스'(31일)에서 각각 관객과 만난다.

앞서 정상급 팝스타들은 아시아를 포함한 온라인 월드 투어를 성공적으로 마쳤다. 올 3월 2일 '퓨처 노스탤지아'(Future Nostalgia)를 크게 히트시킨 두아 리파는 지난달 27일 북미, 유럽, 아시아 등 각 지역 시간에 맞춘 '스튜디오2054'로 유료 관객 500만명을 끌어모았다. 월드 투어를 두 차례 연기하던 그는 1960년대 느낌의 롤러스케이트장, 클럽, 녹음실 콘셉트의 세트에 파워풀한 안무와 음악으로 70분을 가득 채웠다. 특히 자신의 히트곡을 블론디·엘튼 존, 마일리 사이러스 등 특급 게스트와 깜짝 무대로 공개했다.

김지예 기자 jiye@seoul.co.kr

(22.0×17.8)cm

연성뉴스의 사례. 팝스타들의 온라인 공연 소식을 다룬 문화면 뉴스.

정치, 사회, 경제 뉴스처럼 우리 사회에 미치는 영향력이 큰 뉴스를 '경성 뉴스(hard news)'라고 합니다. 말 그대로 딱딱한 소식들이죠. 문화와 연예, 스포츠, 취미 등 크게 심각할 것이 없는 흥미 위주의 소식을 '연성 뉴스(soft news)'라고 합니다. 2020년 12월 10일자 서울신문을 예로 들면(62쪽 참조), 고위공직자범죄수사처라는 수사 기관과 경제 관련 법안이 국회 본회의를 통과했다는 소식을 다룬 1면 기사 '野 필리버스터에도 공수처법 오늘 처리…경제3법 통과'는 전형적인 경성 뉴스입니다. 같은 날 24면에는 팝스타들의 온라인 라이브 콘서트 소식을 다룬 '랜선 타고 우리 집으로…팝스타가 몰려온다'라는 기사가 실렸습니다. 어때요? 연성 뉴스라는 말뜻 그대로 말랑말랑한 느낌의 소식이죠? 경성 뉴스와 연성 뉴스는 서로 분야가 다를 뿐, 새롭고 유익한 사실을 찾아 사람들에게 충실하게 전한다는 기사의 본질에서는 차이가 없습니다.

사람들은 신문이나 TV, 라디오, 인터넷 등 여러 매체를 통해 뉴스를 접할 수 있습니다. 텍스트뿐만 아니라 사진, 동영상, 음성 등 다양한 형태로요. 뉴스와 만나는 시간도 정해져 있지 않습니다. 예전에는 조간신문 석간신문, 아침 뉴스 저녁뉴스 등으로 새로운 소식을 접하는 시간대가 분명했지만 이제 그런 이야기를 꺼내면 구석기시대 사람 취급을 받을 겁니다. 요즘은 하루 종일 뉴스를 보거나 들을 수 있는 시대니까요. 어디 그뿐인가요? 기사 내용은 물론 글을 쓴 기자까지 즉석에서 평가하는 시대입니다.

이처럼 뉴스를 읽고 보고 듣고, 댓글을 달거나 '공감' '비공감'을 누르는 뉴스 소비 활동은 우리의 일상이 된 지 오랩니다. 한국언론재단의 2019년 언론수용자 조사 결과를 보면 인터넷 포털을 통한 뉴스 이용률은 91.8%, 특히 20대의 모바일 뉴스 이용률은 95.4%에 달합니다. 종이신문으로 뉴스를 읽는 신문 열독률은 매년 바닥을 향해 가지만 스마트폰이 일반화되면서 거의 전 국민이 뉴스를 소비하고 있는 것입니다. '신문'기자로서는 다소 서글픈 상황이지만 기자로서는 어깨가 더 무거워진 것이지요. 신문 구독자로 독자가 한정되어 있던 과거와는 달리 이제는 본인이 쓴 기사를 전 국민이 볼 수도 있으니 말입니다.

언론은 신속하고 충실한 정보전달 외에도 다양한 기능을 합니다. 공동체를 건강하고 건전하게 유지하며 또 더 나은 방향으로 나아가도록 하는 데 필수적인 일들입니다. 그런데 현실에서 대한민국의 언론은 그런 역할을 충실히 하고 있을까요? 가끔은 가장 기본적인 정보전달 역할조차 제대로 하고 있는지 의문이 들 때가 있습니다. 과거의 사람들은 언론이라는 공기를 얻기 위해 피를 흘리며 싸우기도 했다는데, 지금 그 공기는 미세먼지가 가득 섞인 듯 답답하게 느껴집니다. 언론은 왜 이러는 것일까요?

민주주의 사회에서 언론의 역할

뉴스 없는 세상은 없습니다. 대형 사건사고가 아니라도 어떤 공동체든 구성원들이 알아야 할, 알고 싶은 일들은 생겨나게 마련입니다. 20~30명 학생들이 모인 교실 안에서도 매일매일 뉴스거리는 만들어집니다. 누가 누구와 싸웠다더라, 누가 다쳤다더라, 반장은 누가 유력하고, 모의고사 1등은 누가 했다더라 하는 것들이 다 뉴스가 될 수 있습니다. 한 교실을 같은 학년, 나아가 학교 전체로 확장해 보면 뉴스거리는 더 많아지겠지요.

조금 극단적으로 말한다면 언론이 없는 세상은 마치 뉴스가 없는 세상처럼 보일 수 있습니다. 크고 작은 사건사고는 물론이고 권력자의 부정부패가 횡횡하고 국가 경제가 파탄 나고 온갖 사회부조리가 만연해도 이를 국민들에게 전달하고 날카롭게 비판하는 언론이 없다면 그 사실은 오직 극소수의 사람들만 알 수 있을 테니까요. 권력자들이 입맛에 따라 국민들에게 알리고 싶은 사실만 알리며 거짓말을 일삼는다 한들 평범한 사람들은 실체를 알 길이 없을 겁니다. 물론 이런 공동체가 천년만년 유지될 수는 없을 것입니다. 그럼에도 언론이 없다면 이런 잘못된 세상을 바로잡아야 한다는 문제의식을 평범한 사람들이 가지고 서로 공유하는 것조차 상당한 시간이 걸릴 것입니다.

북한 사회를 생각해 봅시다. 북한에도 〈노동신문〉 〈조선중앙통신〉 〈조선중앙TV〉처럼 신문, 통신, 방송이 있습니다. 독자들 중 〈노동신문〉을 읽어 보신 분들은 거의 없겠지만 이 신문은 다른 나라의 신문들과 많이 다릅니다. 그날의 가장 중요한 뉴스를 다루는 1면은 거의 항상 '경애하는 최고령도자 김정은 동지'의 동정이나 북한을 통치하는 조선

노동당 관련 소식입니다. 〈노동신문〉은 보통 6개 면으로 발행하는데 1면부터 6면까지 샅샅이 뒤져도 정치지도자나 당 조직, 정부기관에 대한 비판을 찾아보기 힘듭니다. 남한 및 해외 소식도 제한적입니다. 그러니까 이 신문만 봐서는 세상이 정말로 어떻게 돌아가고 있는지 알 길이 없습니다.

〈노동신문〉이나 〈조선중앙TV〉는 겉으로는 신문과 방송이라는 언론의 옷을 입고 있지만 사실 진정한 의미의 언론이 아닙니다. 그래서 다른 나라의 기자나 학자들은 이들을 언론이라고 부르지 않습니다. 그저 '북한 매체'라고 칭할 뿐이지요.

언론이 언론으로서 제 기능을 발휘하려면 무엇보다 민주주의 체제가 기본으로 전제되어야 합니다. 좀 더 구체적으로 말해 민주주의 사회에서 시민의 기본 권리로 규정한 **표현의 자유**, 더 자세히는 **언론·출판의 자유**가 없다면 언론은 한갓 권력자의 나팔수에 불과하게 됩니다. 권력자가 원하는 방식으로 원하는 정보와 의견만을 표현하고 전달할 것이기 때문입니다.

표현의 자유는 유엔(UN) 총회에서 채택한 세계인권선언에도 인간의 기본적 권리의 하나(19조)로 규정돼 있습니다. 미국은 수정 헌법 1조에 신앙의 자유, 청원권과 함께 '연방 의회는 언론·출판의 자유나 국민들이 평화적으로 집회할 수 있는 권리 등을 제한

표현의 자유(freedom of speech, freedom of expression): 개인 또는 단체가 자유롭게 자신의 견해와 사상을 표출할 수 있는 기본적 권리. 민주주의는 표현의 자유를 억압하는 일체의 검열이나 처벌을 원칙적으로 금지한다. 미국 독립전쟁과 프랑스 혁명을 거치면서 표현의 자유는 박탈할 수도 양도할 수도 없는 핵심적인 인권의 하나로서 천명되었다. 세계인권선언은 제19조에서 표현의 자유가 국경에 관계없는 공통된 인권임을 선언하였고, 대한민국은 헌법 제21조에서 표현의 자유를 보장하고 있다.(붙임 자료2 참조)

하는 법률을 제정해서는 안 된다'며 미국 시민의 보편적이고 우월한 권리로서 표현의 자유를 명시하고 있습니다.

대한민국 헌법은 19조에서 양심의 자유를, 21조에서 언론·출판과 집회·결사의 자유를 규정하고 있습니다. 모든 국민은 언론·출판의 자유를 가지며 이에 대한 허가나 검열은 인정되지 않습니다. 우리 헌법은 더 나아가 통신·방송의 시설 기준, 신문의 기능을 보장하기 위해 필요한 사항을 법률로 정하고 있습니다. 선언적으로 언론의 자유를 명시하는 데 그치지 않고 언론이 제 기능을 할 수 있도록 각종 제도를 정비하게 하는 등 적극적으로 언론의 자유를 보장하고 있는 것이지요.

우리나라도 뉴스는 있지만 진정한 의미의 언론은 사실상 없었던 시대가 있었습니다. 1896년 최초의 민간 일간 신문인 〈독립신문〉 창간 이후만 따져도 일제강점기와 군사정권하에서 언론은 제 기능을 다하지 못했습니다. 그 시절 권력에 부역한 기자들도 많았지만 언론의 자유를 얻기 위해 뜨겁게 싸운 시민과 언론인들 역시 적지 않았습니다. 대표적으로 1974년 박정희 정권의 탄압에 맞서 언론의 자유를 외치다 100여 명의 기자, PD, 아나운서들이 한꺼번에 강제 해고된 동아자유언론수호투쟁위원회(동아투위) 사건

> **언론·출판의 자유** : 인간이 아무런 제약이나 간섭을 받지 않고 표현행위를 할 수 있는 자유. '표현의 자유'라고도 하며 말로 하는 발언의 자유와 인쇄에 의한 출판의 자유를 포함하여 온갖 매체에 의한 표현의 자유를 의미하는 포괄적 개념이다. 1789년에 발표된 프랑스 인권선언 제11조에서는 "사상 및 의견의 전달은 사람의 가장 귀중한 권리 중의 하나이다. 따라서 모든 시민은 자유로이 말하고, 쓰고, 인쇄할 수 있다"라고 선언했다. 언론·출판의 자유에 대한 보장을 처음으로 헌법에 명문화한 것은 1791년에 제정된 미국헌법 개정 제1조(The First Amendment)다. 이 조항은 "연방의회는… 언론·출판의 자유를 제한하는 법률을 만들어서는 아니된다"고 규정했다.

등이 있지요.

이렇듯 앞선 세대의 시민과 언론인들이 부당한 권력에 맞서 이 땅의 민주주의와 함께 언론의 자유를 일궈냈기에, 지금 우리는 고맙게도 그 공기 안에서 맘껏 숨 쉴 수 있는 것입니다.

정보·감시·공론장·오락 그리고 교육

가장 기본적이면서도 핵심적인 언론의 기능은 정보의 전달입니다. 사람들에게 필요한 정보를 누구보다 빠르고 정확하게 전할 수 있어야 경쟁력 있는 언론이라는 평가를 받습니다. 애초에 언론이 생겨난 이유도, 사람들이 기사를 소비하는 가장 큰 이유도 세상 곳곳에서 벌어지는 일들을 빠르고 정확하게 알고 싶다는 욕구와 관련이 깊습니다. 여러분이 다양한 경로를 통해 접하는 뉴스의 대부분도 결국은 정보전달에 초점이 맞춰져 있습니다. '진짜' 기자들은 다양한 경로를 통해 신속하게 팩트(Fact · 사실)를 확인하고 가장 정확한 정보를 전하도록 훈련받으며 또 그렇게 하고자 노력합니다. 기자들은 자신의 일이 '진실을 좇는 직업'이라는 점에서 자부심을 느끼고 극한의 업무 환경도 버텨 내곤 하지요.

하지만 정보전달은 언론 기능의 일부일 뿐입니다. 언론은 그 외에도 여러 가지 역할을 합니다. 우리 사회 곳곳에서 벌어지는 일들을 다룬 뉴스들은 보통 큰 권력을 가진 사람들의 생각과 발언, 행동 등에 집중

합니다. 이런 사람들을 보통 '뉴스 메이커(News Maker)'라고 하지요. 한 나라의 대통령은 언론이 가장 중요하게 여기는 뉴스 메이커입니다. 대통령의 기자회견은 물론 입장문 발표, 회의에서의 발언, 현장 방문 일정 등은 모두 중요한 뉴스로 다뤄집니다.

언론은 뉴스 메이커들이 만들어 낸 결과물을 사람들에게 그대로 전달만 하는 것이 아니라 이를 나름의 시각에 따라 평가하고 비판하는 일도 합니다. 또 대통령이나 장관, 기업의 대표 같은 인물뿐 아니라 정부 및 공공, 민간의 기관과 단체들이 제 역할을 하는지 감시하기도 하지요. 만약 문제가 있다면 날카롭게 질타하고 잘못을 바로잡도록 이끕니다. 이 같은 비판과 감시의 기능이 언론을 언론답게 만듭니다.

2020년 1월 국회에서 열린 정세균 국무총리 후보자 인사청문회 현장.
수많은 취재진의 시선이 총리 후보자에게 쏠려 있다.

특히 언론은 이런 과정에서 '어떤 현안에 대한 사람들의 공통된 의견'인 여론을 형성하는 기능도 합니다. 정책을 결정하는 위정자들은 이런저런 여론을 참고해서 더 나은 결정이 무엇인가를 고민하지요. 예를 들면 2020년 6월에 일어난 이른바 '인국공 사태'를 한번 생각해 봅시다. 비정규직의 정규직 전환을 목표로 세웠던 문재인정부는 인천국제공항의 비정규직 보안검색요원 1900여 명을 한꺼번에 정규직으로 전환한다고 발표했습니다. 그러자 취업을 준비하고 있던 청년들은 기회를 잃었다며 이 결정은 불공정하다고 불만을 터뜨렸지요.

만약 이런 불만이 그저 단체 카카오톡 방이나 취업준비생 커뮤니티에서만 공유되었다면 어땠을까요? 직접적 이해관계가 걸린 사람들 말고는 여기에 관심을 가지지 않았을 테고, 정부도 별 고민 없이 계획한 대로 정규직 전환 정책을 밀고 나갔을 것입니다. 하지만 이 문제를 언론이 주목하고 뉴스로 다루자 당사자뿐 아니라 우리 사회 곳곳에서 청년 고용과 불공정 문제 등에 대한 다양한 의견이 분출되기 시작했습니다. 당연히 정부도 더 나은 방법을 고민하게 되었지요. 언론이 우리 사회의 나아갈 길에 대한 다양한 의견을 전하고 사회적 합의를 시도하는 공론장 기능을 한 것입니다.

언론이 골치 아픈 일만 하는 것은 아닙니다. 정서적으로 풍요로운 삶을 영위할 수 있도록 오락거리를 제공하는 것도 언론의 여러 기능 중 하나입니다. TV방송은 물론이거니와 한없이 지루해 보이는 신문에도 복잡한 이야기 외에 흥밋거리 뉴스들이 적지 않게 실려 있습니다. 앞서 언급했던 연성 뉴스가 그런 것들입니다.

이처럼 언론은 다양한 기능을 가지고 있지만 저는 언론의 본질에 맞닿아 있는 핵심은 '교육 기능'이라고 생각합니다. 교육은 단순히 지식을 전달하는 데 그치지 않습니다. 인격과 의식 형성에 큰 영향을 미치지요. 제도적으로 정해진 초등, 중등 교육 과정 이후에 '시민 교육'을 책임지는 가장 중요한 도구가 바로 언론입니다. 사람들은 언론을 통해 생활에 필요한 각종 정보와 지식을 얻고 공동체 구성원으로서 필요한 시민 의식을 형성해 나가기도 합니다. 민주주의 국가의 진짜 주인인 시민들이 성장하는 데 언론이 핵심적인 역할을 하는 것이지요.

민주주의 국가의 제4부, 기자라는 특권

출근하는 버스 안에서 뉴스 체크를 합니다. 밤사이 무슨 일이 벌어졌는지, 다른 언론사들은 어떤 기사를 썼는지, 혹시 우리가 빠뜨린 중요한 기사가 없는지 꼼꼼하게 점검을 해야 합니다. 오전 8시가 조금 넘어, 출입처인 국회에 도착합니다. 오늘은 다행히 아침 일찍 시작하는 당정청협의회(여당과 정부부처, 청와대의 고위직들이 만나 중요한 정책을 협의하는 모임)나 의원 조찬모임 일정이 없어 여유롭게 출근한 편입니다.

국회 출입기자실은 국회 본청 바로 옆에 새로 지은 건물인 소통관에 있습니다. 소통관 2층 부스에 있는 책상에 앉아 노트북을 폅니다. 오늘 일정을 확인해 보니 오전 9시에는 각 정당의 최고위원회의, 10시에는 여당의 유력한 대선 주자와 인터뷰가 잡혀 있네요. 점심시간에는 신임 국회의장이 주최하는 오찬 기자간담회에 참석해야 하고, 오후에는 한 시민단체의 기자회견을 챙겨야 합니다. 법안 처리를 위한 국회 본회의가 오후 4시에 예정돼 있으니 오늘도 한 치 앞을 알 수 없는 상황에서 기사 마감을 해야겠네요. 여야가 합의를 하지 못해 본회의가 밤늦은 시간으로 미뤄지면 가까운 국회의원과 잡아둔 저녁 약속은 취소될 가능성이 커 보입니다. 그러고는 최근 본회의가 열릴 때마다 그랬듯 밤 12시 퇴근을 각오해야겠습니다.

국회에 출입하는 정치부 기자의 하루 생활을 재구성한 것입니다. 여기서 출입처는 기자의 취재 담당 영역을, 취재원은 그 출입처에서 만나며 취재에 도움을 받는 사람들을 뜻합니다. 정치부 기자인 저의 출입처는 국회와 정당이고, 주요 취재원들은 정치인들과 국회의원실 보좌진, 국회 직원, 당직자 등이지요. 경제부 기자들은 기획재정부나 한국은행, 금융위원회 등을 출입하며 경제 관료와 금융전문가 등을 주요 취재원으로 삼고, 사회부 기자들은 경찰과 법조계를 출입하며 그 영역의 사람들을 주로 취재합니다. 문화부 기자라면 문단이나 공연예술계, 종교계 등을 맡아 문인, 배우, 가수, 종교인 등을 취재할 수 있지요.

더불어민주당 오전 최고위원회의 모습.

국회 소통관 전경.

국회 소통관 2층 기자회견장의 모습.

국회 소통관 앞 복도에 깔려 있는 신문들.

기자의 생활이라는 것은 출입처가 어디냐에 따라 천차만별이지만 대체로 그 출입처에서 영향력 있는 취재원을 만나고 파급력 있는 현안들을 취재해 마감 시간에 맞춰 기사를 쓴다는 기본 패턴은 같습니다. 요즘은 신문기자, 방송기자들도 정해진 마감 시간 외에 수시로 온라인으로 기사를 써야 한다는 점이 달라지긴 했지만 과거 오래전부터 기자들은 대부분 이런 패턴으로 생활해 왔습니다.

정치부 기자의 하루 생활을 보면 평범한 사람들은 꿈도 못 꿀 권리들을 누립니다. 일반인들이 평생 방문할 기회가 드문 국회를 자유롭게 오가며 대선주자나 여야의 유력 의원들을 비교적 어렵지 않게 만날 수 있습니다. 국회의원이나 보좌진, 주요 정당의 당직자들과 함께 식사를 하고 술잔을 기울이며 업무 외에 개인적 친분을 쌓을 기회도 얻습니다.

영역을 확대해 보면 기자들은 정부의 주요 정책에 관한 정보를 미리 알 수 있고, 해외에서 열리는 중요한 국제회의에 갈 수도 있으며, 신제품을 미리 써 보는 기회를 얻기도 합니다. 많은 팬을 지닌 유명 가수나 배우 같은 연예인과 문화예술인을 만날 수도 있지요. 이런 점만 놓고 보면 기자들은 그야말로 특권층 중의 특권층인 셈입니다.

반면 단점도 많습니다. 기자들의 업무 강도는 다른 직종에 비해 꽤

> **출입처**: 기자가 취재를 담당하는 영역. 기자는 출입처에서 일어나는 모든 일을 취재하고 보도한다. 그러나 다른 출입처에서 일어난 일에 대해서는 자신의 출입처에서 일어나는 일과 비슷한 범주에 속한다고 하더라도 취재하지 않는다. 같은 출입처를 가진 기자들이 만든 단체가 출입 기자단이고, 출입 기자단이 상주하는 공간이 기자실이다.

> **취재원**: 작품이나 기사 재료의 출처. 영어로는 '소스'라고 한다. 수원지라는 뜻으로 '소스'가 없으면 신문이나 방송 기사의 근거를 찾을 수 없다. '소스'는 대개 익명에 의해 제공되며 기자에게 정보를 건넨 정보원의 신분을 비공개할 권리를 취재원 비닉권(Protection of sources)이라고 한다.

높은 편입니다. 출근길에서 뉴스 체크를 하면서부터 상당한 스트레스를 받기 시작합니다. 내가 몰랐던 사실을 다른 매체의 기자가 먼저 보도했을 경우 기자들은 '물먹었다'는 은어를 씁니다. 정치부나 사회부처럼 **스트레이트 기사**(straight articles)를 많이 다루는 부서의 기자들은 물먹은 기사를 확인하며 속이 쓰린 상태로 출근하는 날이 많습니다. 야근 상황이 잦아 근로기준법을 어겨가며 하루 12시간 이상 일하는 경우도 적지 않지요.

> **스트레이트 기사**: 새로운 소식이나 정보의 정확한 전달에 집중하는 기사. 따라서 어떤 현상을 사실적, 객관적으로 기술한다. 누가(who), 언제(when), 어디서(where), 무엇을(what), 왜(why), 어떻게(how) 등 5W2H가 일목요연하게 드러난 기사이다.
>
> **피처 기사**(feature articles): 사건에 대한 심층 탐구에 주목한 길이가 긴 기사.

저 역시 10년이 넘게 기자생활을 했지만 여전히 어려운 점이 한두 가지가 아닙니다. 하나는 당장 몇 시간 뒤에 무슨 일이 일어날지 내가 알 수도 없고 미리 안다고 한들 어찌할 도리가 없다는 불확실성이죠. 여유로운 개인 시간을 갖기 어렵고 잠들기 전까지 나의 하루를 온전히 출입처에 벌어지고 있는 사건의 흐름 속에 던져두었다는 느낌이라 할까요. 지하철에서, 버스에서, 때로 가족들과 밥을 먹다가도 노트북을 펼쳐야 하는 순간이 다반사입니다. 또 하나는 내가 하는 일로 인해 누군가는 고통을 받게 된다는 점입니다. 원칙적으로 기자들의 말과 글은 공익을 위한 것이지만 그 기사로 인해 누군가는 크고 작은 상처를 입습니다. 비판을 받아 모욕감을 느끼고 일자리를 잃거나 소송을 당하고 심지어 삶을 비관해 극단적 선택을 하게 될 수도 있습니다. 기자는 말과 글로써 의도치 않게 남을 해칠 수 있는 직업입니다. 그럼에도 그것이

기자의 일이기 때문에 어떻게든 버텨내야 하는 것이지요.

사실 위에 열거한 기자들의 특권도 모두 기자들 좋으라고 주어진 것들은 아닙니다. 기자의 특권은 기자의 의무를 충실히 다하라는 취지에서 제도적으로 또는 관습적으로 제공되어 온 것입니다. 그런데 기자들은 일을 하다 보면 그 특권이 어마어마한 것들이며, 자신의 영달과 편익이 아니라 언론인의 의무를 충실히 이행하기 위해 주어진 것이라는 사실을 자주 잊어버립니다. 그러면 의무는 다하지 않고 특권만 누리는 부패한 기자가 되는 것이지요.

언론은 흔히 민주주의 국가의 제4부라고 불립니다. 행정부와 입법부, 사법부 중 한 곳이라도 제대로 돌아가지 않을 때 삼권분립에 기초한 민주 공화정에는 여러 가지 문제가 발생합니다. 제4부인 언론이 제대로 작동하지 않을 때도 마찬가지입니다. 흰개미처럼 우리 사회를 갉아먹는 각종 병폐에 언론이 눈을 감을 때, 우리는 튼튼한 줄만 알았던 우리 사회가 갑자기 한 번에 무너져 내리는 날을 맞이할지도 모릅니다. 모든 기자들이 의무를 게을리하고 특권에만 취해 있다면 그날도 멀지 않았다고 봐야겠지요.

삼권분립: 다른 표현으로 권력분립이라고도 한다. 국가권력의 작용을 입법·행정·사법의 셋으로 나누고, 이를 각각 별개의 독립된 기관에 분담시켜 상호간에 견제와 균형을 유지하게 함으로써 국가권력의 집중과 남용을 방지하려는 정치조직의 원리이다. 대한민국은 제헌 당시부터 이 원리를 받아들여 실시했고, 현행헌법에서도 입법권은 국회에, 행정권은 대통령을 수반으로 하는 행정부에, 그리고 사법권은 법관으로 구성된 법원에 속한다고 규정하고 있다.

굳어진 상식 vs 괴짜의 주장

이런 특권으로 무장한 기자들이 흔히 말하는 '국민의 알 권리'를 위해 뛰어다니며 만들어 내는 뉴스는 어떤 것들일까요? 기자들이 아무렇게나 글을 휘갈긴다고 해서 모두 기사가 되는 것은 아닙니다. 기자들은 하루 동안 일어나는 수많은 사건들, 출입처에 쏟아지는 말과 글의 홍수 속에서 나름의 기준에 따라 뉴스거리를 선별해 기사를 작성하는데요. 모든 언론이 공유하는 공통적인 기준도 있고 언론사마다 다른 특수한 기준도 있습니다.

파급성 이 뉴스가 '얼마나 많은 사람과 관련이 있느냐'입니다. 전국 곳곳에서는 매일 여러 건의 교통사고가 일어나지만 모두 뉴스가 되진 않습니다. 이 사고로 얼마나 많은 사람들이 죽거나 다쳤는지, 재산 피해는 얼마나 큰지 등을 따집니다. 대통령의 전쟁 결정이나 정부의 세금 인상 정책 등은 거의 전 국민의 삶에 영향을 미칩니다. 이렇게 관련 있는 사람들이 많을수록 뉴스의 가치도 올라가는 것이지요.

저명성 비슷한 사건이라도 모두가 알 만한 유명 인물이나 기관과 관련이 있다면 더 많은 사람들의 관심을 끕니다. 흔한 교통사고라도 연예인이 얽혀 있으면 뉴스가 되는 것처럼 말이지요. 요즘은 유명인의 페이스북 메시지나 인스타그램 소식까지 뉴스로 다뤄집니다. 대중적인지도에 따라 가장 극명하게 뉴스 가치가 갈리는 분야는 바로 부고(訃告)입니다. 갑남을녀의 죽음은 뉴스가 되지 않지만 전직 대통령의 죽음은 신문 1면을 장식합니다.

시의성 시간적으로 최근에 일어난 일일수록 뉴스 가치도 높습니다. 하루 동안 일어난 중요한 일을 방송은 그날 저녁에, 조간신문은 다음 날 새벽에 전합니다. 며칠 동안 아무도 알지 못했던 중요한 소식을 뒤늦게 전할 수도 있지만 보통 이미 한참 지나간 일은 뉴스 가치가 떨어집니다. 요즘은 인터넷 플랫폼을 통해 실시간으로, 또 24시간 뉴스가 보도되기 때문에 불과 몇 분 전 일어난 일까지 뉴스로 접할 수 있습니다.

근접성 공간적으로 뉴스 소비자들과 가까운 곳에서 일어난 일일수록 중요한 뉴스로 다뤄집니다. 태풍이 제주도부터 시작해 한반도를 덮칠 때 재난보도를 주관하는 KBS나 뉴스채널인 YTN 같은 방송사들은 '특별보도체제'로 돌입해 하루 종일 태풍 관련 소식을 전합니다. 집 유리창에 테이프를 붙이라거나 가게 간판을 점검하라는 등 대책을 안내하기도 합니다. 하지만 아메리카 대륙에 허리케인이 불어 닥칠 때는 엄청난 피해가 발생한다고 해도 특별보도를 하진 않습니다.

갈등성 뉴스에서 여야 국회의원들이 몸싸움, 말싸움을 하는 장면을 많이 봤을 것입니다. 사실 국회의원들이 매일 그렇게 싸우기만 하는 것은 아닙니다. 이들도 보통은 차분하게 앉아 현안을 논의하고 법안을 처리하는 일을 하지요. 하지만 언론은 여야가 첨예하게 대립하는 모습을 보도하길 좋아합니다. 갈등하는 모습이 보기 좋진 않지만 갈등이 있는 곳에는 뭔가 변화의 조짐도 있기 때문이지요.

일탈성 '개가 사람을 물면 뉴스가 안 되지만, 사람이 개를 물면 뉴스가 된다'라는 유명한 말이 있습니다. 찰스 A. 다나라는 미국 기자가 한 말인데요, 상식을 벗어난 신기한 일들에 더 많은 뉴스 가치를 부여하는 언론의 속성을 꼬집은 것입니다.

최초성 언론은 처음으로 일어난 일, '1등'에 더 높은 뉴스 가치를 부여하기도 합니다.

뉴스거리를 골라내는 기준은 매체의 종류나 각 언론사가 지향하는 이념성, 각사의 논조를 결정하는 편집국장·보도국장의 성향에 따라 달라지기도 합니다. 〈조선일보〉〈동아일보〉 같은 보수 성향 언론들은 국가안보와 경제성장 관련 소식 등을, 〈한겨레신문〉〈경향신문〉 같은 진보 성향 언론들은 노동 환경이나 인권 문제 등을 상대적으로 더 비중 있게 다루는 경향이 있습니다. 제가 있는 〈서울신문〉은 전통적으로 다른 매체에 비해 정부 정책이나 공직사회의 문제 등에 더 높은 뉴스 가치를 부여해 왔습니다.

언론이라면 대체로 이 같은 기준을 공유합니다. 평가표를 펼쳐 놓고 항목별 점수를 매겨 순서대로 기사를 지면에 배치하는 것은 아니지만, 기자들은 수습기자 시절부터 이 같은 기준으로 사안을 바라보도록 훈련을 받습니다. 거기에 경험이 더해지며 사람들이 더 흥미를 가지는 뉴스, 우리 사회에 더 큰 영향력이 있는 뉴스, 본인이 소속된 매체에서 중요하게 다뤄야 할 뉴스를 직감적으로 찾아내는 것이지요.

임무와 현실의 괴리

위에 나열한 기준들을 골고루 충족시킨다면 '좋은 소식'은 아니더라도 분명 가치 있는 뉴스일 가능성이 높습니다. 하지만 현실적으로 기자들은 이런 기준에 부합하는 소식만 다루지 않습니다. 어떤 하나의 기준에 집중하다가 다른 중요한 가치들을 간과하는 경우도 흔합니다. 뉴스 메이커의 저명성에만 치중해 우리 삶에 별다른 영향이 없는 소식을 반복해서 다루기도 하고, 일탈성만을 좇다가 상식과 거리가 먼 기괴한 사건이나 주장을 기사화하기도 합니다. 당연히 그런 것은 가치 있는 뉴스라 볼 수 없습니다.

지금은 '정보의 홍수'를 넘어 '미디어의 홍수' 시대입니다. 특히 인터넷 세상에서는 셀 수 없이 많은 언론 매체들이 말도 못할 정도로 서로 치열한 경쟁을 벌입니다. 인터넷 뉴스 세상에서 벌어지는 언론사들의 경쟁이란 '얼마나 많은 사람이 뉴스를 클릭했는가', 즉 'PV(페이지 뷰)' 싸움입니다. 저널리즘의 본령을 지키면서도 많은 독자들의 시선을 끄는 기사는 소수입니다. 대부분은 뉴스 가치를 골고루 갖추지 못한 단편적인 소식들을 자극적인 방식으로 기사화하여 클릭을 유발하지요. 정말 안타까운 일입니다.

물론 이런 '낚시질'이 생소한 이름을 가진 신생 매체들만의 전유물은 아닙니다. 저는 2008년에 처음 기자생활을 시작했는데, 그때도 선배 기자들은 입버릇처럼 '종이 신문의 위기' '인터넷 뉴스의 시대'를 말했지만, 지금에 비하면 그때는 여전히 전통 매체들의 목소리가 훨씬 클 때였습니다. 상상하기 힘들겠지만 그때만 해도 스마트폰이 널리 보급되기 이전이었고 당연히 카카오톡도 없었습니다. 우리나라에 스마트폰은 2009년 11월 아이폰3GS가 수입되고 2010년 3월 갤럭시S1이 처음 만들어지면서 비로소 일반화되기 시작했습니다. 카카오톡 서비스도 2010년 3월에야 처음 시작되었으니 저만 해도 지금과 전혀 다른 뉴스 유통 환경에서 초년 기자 시절을 보낸 것이지요.

당시에도 새로운 시대가 올 것이란 사실을 대부분의 기자들이 알고 있었지만 선제적으로 미래를 준비한 기자들은 많지 않았습니다. 그저 과거의 기준대로 뉴스거리를 찾고 자신들에게 익숙한 일간 신문과 저녁 뉴스 방식으로 하루 동안 벌어진 일을 사람들에게 전하고 있었던 것이지요. 저를 포함해 그때 그 기성 매체의 기자들도 지금은 예외 없이 온라인 플랫폼을 겨냥해 기사를 씁니다. 기록으로 남기는 '신문용

기사'와는 또 다른, 인터넷 세상에서 더 많은 사람들이 관심을 가질 그런 기사들을 말입니다. 이때 뉴스의 가치를 판단하는 기준이 신문을 만들 때와는 다를 수밖에 없다는 게 솔직한 현실인데요. 어떤 현안에 대해 진지하고 깊이 있는 분석을 추구하는 신문 기사를 그 양식 그대로, 뉴스 소비 속도가 훨씬 빠른 온라인 세상에 옮겨 놓았다가는 경쟁력을 잃을지도 모르기 때문입니다.

앞서 뉴스의 가치를 결정하는 다양한 기준들을 설명했지만 그것들은 사실 기자의 실무 단계에서 기술적인 뉴스 판단의 기준이라고 할 수 있습니다. 정작 이 모든 것을 통괄하는 궁극적인 뉴스의 가치 기준은 다른 데 있습니다. 신문, 방송, 인터넷 같은 미디어 형태와 관계없이, 그리고 진보나 보수처럼 이념 성향에도 구애받지 않는 것으로 언론이라면 당연히 가치 판단의 근본으로 삼아야 할 단 하나의 기준, 바로 공공성입니다.

언론 활동과 관련해 '국민의 알 권리'라는 말을 자주 들어 보았을 것입니다. 언론은 국민의 알 권리를 위해 존재하며, 언론의 힘도 국민이 가진 이 권리에서 나온다고 해도 과언이 아닙니다. 하지만 국민의 알 권리가 있다고 해서 국민들이 세상 모든 일을 일일이 알아야 하는 것은 아닙니다. 공공성은 국민들이 알 권리를 어디에 행사해야 하는지를 결정하는 중요한 기준이 됩니다.

알 권리: 자유롭게 정보를 수령, 수집하거나 정보공개를 청구할 수 있는 권리이다. 즉 일반적으로 접근할 수 있는 정보를 받아들이고, 받아들인 정보를 바탕으로 의사를 형성하거나 여론 형성에 필요한 정보를 적극적으로 수집할 수 있는 권리로 흔히 '정보의 자유'와 동일한 의미로 이해된다. 알 권리는 비교적 최근에 논의되기 시작한 기본권이어서 이를 헌법상 명문으로 보장하고 있는 예는 찾아보기 어렵다. 세계인권선언 제19조와 독일기본법 제5조 제1항은 알 권리를 명문으로 규정하고 있다.

이 기준에서 우리가 속한 공동체의 이익, 시민들이 주권자로서 살아가는 데 알아야 할 문제들은 국민의 알 권리를 행사할 타당한 대상이라 할 수 있습니다. 반대로 그것과 별 상관없는 것들을 국민의 알 권리로 포장해 보도하는 것은 언론의 폭력이자 직권남용에 지나지 않습니다.

예를 들어 연예인이 공인이냐 아니냐는 오래된 논쟁거리입니다. 엄밀히는 인지도가 높을 뿐 공직자가 아니기 때문에 공인이 아니라고 말할 수 있지만 사실 유명 연예인의 영향력은 웬만한 정치인을 뛰어넘습니다. 요즘은 정치권력, 자본권력에 빗대 문화권력이라는 표현까지 쓰는 시대니까요. 그들의 작품 활동은 기본적으로 대중을 겨냥한 것이며 문화예술 활동이란 것이 한 사회의 필수적인 요소인 만큼 연예인도 공공의 영역에 있다고 말할 수 있습니다. 그래서 그들이 본업 외에 선행을 펼치거나 범죄를 저지를 때, 사회 현안에 대해 어떤 발언을 할 때 기자들은 그것을 기사화합니다.

그렇다고 해서 연예인의 일거수일투족이 모두 공공성을 가지는 것은 아닙니다. 그들도 작품 활동 외에는 남들과 다르지 않은 평범한 일상생활을 하면서 사생활의 자유를 누릴 권리도 있습니다. 연예인이 누구를 만나 사귀고 결혼하고 이혼을 하거나 어디서 무슨 밥을 먹거나 잠을 어떻게 자는지는 결코 공공의 영역일 수 없습니다. 그것이 우리 사회의 이익이나 주권자로서 시민의 삶과 대체 어떤 관련이 있을까요? 이처럼 지극히 사적인 부분에 국민의 알 권리를 들이댈 때 기자들은 이른바 '기레기'가 되는 것입니다.

그런데 이 같은 파파라치 행각이 아닌 정치 보도처럼 분명한 공공 영역에서 나오는 기사들이라고 해서 모두 공공성을 가진다고 볼 수는 없습니다. 여성 국회의원의 외모나 패션에 집중하는 보도, 여야 의원 간 논쟁에서 지엽말단적인 말꼬리 잡기만 중계하는 보도, 비상식적이고 건전하지 못한 자극적 막말을 그대로 옮기는 보도 등도 가치가 없기는 마찬가지입니다. 이런 소식들이 하루 중 정치권에서 벌어지는 수많은 일들을 제쳐두고 서둘러 알아야 할 공적인 정보일 리는 없습니다.

바닥을 기어가는 뉴스 신뢰도

평균적인 능력을 갖춘 기자라면 좋은 보도가 무엇이고 나쁜 보도가 무엇인지 잘 알고 있습니다. '언론고시'라고도 불리는 경쟁률 높은 언론사 입사 시험을 준비할 때, 입사 후 수습기자 생활을 거치면서, 또 초년 기자 생활을 할 때 매일 배우고 익히는 것이 그런 것이니까요. 또 기자들은 정도의 차이는 있을지언정 저마다 가슴 속에는 좀 더 나은 사회에 대한 꿈을 품고 있습니다. 그런 직업의식 없이는 그다지 높지 않은 연봉(일부 방송사 제외)을 받으며 초고강도의 업무 환경을 매일 견뎌 낼 이유를 찾기가 힘들지요.

그러나 만만치 않은 현실의 제약들은 기자들이 매순간 정의롭게 생각하고 행동하기 힘들게 만듭니다. 일을 하다 보면 체력이 고갈되기도

하고 아무리 머리를 쥐어짜도 아이디어가 나오지 않을 때도 있습니다. 마감시간에 쫓겨 충분히 취재하고 판단할 수 없는 날도 있고, 데스크 (기사 취재와 편집을 지휘하는 각 부서의 부장 및 팀장)의 부당한 요구에 두 손을 드는 순간도 있습니다. 공들여 쓴 기사는 주목받지 못하고 별 것 아닌 뉴스에 독자들이 운집하는 김빠지는 모습을 보기도 합니다. 그리 고 그런 나날들이 반복되면 초년 기자의 정의감과 날카로운 문제의식 은 차츰 흐려지고 말지요.

이렇게 되면 기자들은 손쉽게 기사를 만들고 큰 노력 없이 사람들의 시선을 끄는 방식을 택합니다. 건설적이지 않은 낡은 언론의 관행과 기 자들의 '나쁜 기술'에 기대는 것이지요. 유명인들의 사생활이나 신변잡 기에 집중하는 '파파라치식 보도', 자극적인 발언을 무책임하게 인용하 는 '따옴표 저널리즘', 알맹이는 없이 요란한 제목으로 독자의 시선을 끄는 '낚시성 기사', 포털 실시간 검색어를 넣은 비슷한 기사를 반복 전 송하는 '어뷰징' 등으로 공공성과 거리가 먼 뉴스들을 마구 찍어내게 되는 것입니다.

저는 『나쁜 기자들의 위키피디아』에서 기자들이 나쁜 전략을 담아 서 쓰는 특별한 뉴스 언어들을 다룬 적이 있습니다. 특정 시각과 가치 관을 정상인 것처럼 포장하고, 사람들 사이에 편을 가르고, 사람들이 사안의 본질을 볼 수 없게 만들며, 결과적으로 건전한 공론이 이뤄지 지 못하게 하는 소위 기레기들이 즐겨 쓰는 단어들을 분석했는데요. 물론 그 책에서 다룬 포퓰리즘, 귀족노조, 태극전사, 묻지마범죄, 종북,

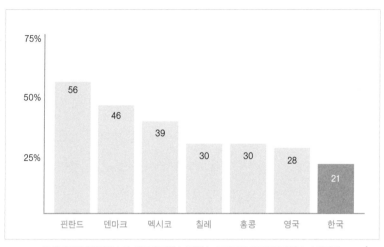

로이터저널리즘연구소가 최근 발간한 '디지털 뉴스리포트 2020' 국가별 뉴스신뢰도

적폐 같은 단어들이 모두 철저한 정략적 계산에 따라 쓰이는 것만은 아닙니다. 큰 고민 없이 기자 생활을 하다 보면 나쁘다는 사실도 깜빡 잊고, 때로는 나쁘다는 것을 알면서도 이런 단어들을 쓰게 됩니다.

우리나라 언론 신뢰도는 늘 바닥을 기고 있습니다. 세계 여러 나라의 뉴스 신뢰도를 비교 분석하는 옥스퍼드대 부설 로이터저널리즘연구소의 '디지털 뉴스 리포트 2020'에 따르면, 대한민국의 뉴스 신뢰도는 조사 대상국 중 최하위인 40위였습니다. 다른 기관에서 수행한 비슷한 조사의 결과도 비슷합니다.

기자들이 제대로 일하지 않으면 국민의 알 권리를 제대로 충족시켜 줄 수 없습니다. 국민이 알아야 할 것들은 기사화되지 않고 국민이 몰라도 될 것들은 주요 뉴스처럼 다뤄지는 현상이 반복되면, 사람들은 결국 언론을 믿을 수 없게 됩니다. 자신에게 필요한 정보를 언론이 다뤄 주지 않는다는 생각을 하게 되지요. 그리고 그 정보의 빈틈을 언론이 아닌 다른 것으로 채우게 됩니다. 이 지점을 파고드는 것이 바로 가짜뉴스입니다.

가짜뉴스는 언론 환경을 망치고 진짜 뉴스도 믿지 못하게 만들었습니다. 하지만 언론 신뢰도의 하락은 가짜뉴스라는 외부 요인뿐 아니라 이처럼 언론인들 스스로 주어진 역할을 제대로 못한 데 따른 결과이기도 합니다. 그렇게 언론 신뢰도가 추락하니 가짜뉴스가 파고들 틈이 커지고 가짜뉴스가 확산되면서 다시 언론의 신뢰도가 떨어지는 악순환이 이어지고 있는 것입니다.

사람들을 속이며 언론의 위기를 가속화하고 있는 가짜뉴스는 대체 무엇일까요? 이것들을 어디에서 왔으며, 또 진짜 뉴스와는 얼마나 다를까요?

3장

가짜뉴스의 정체

여러분은 '기자'라고 하면 어떤 모습이 떠오르나요? 숨겨진 진실을 파헤치고 부당한 권력에 맞서 싸우는 '정의의 사도'인가요, 아니면 권력에 아부하고 뒷돈을 받아 챙기며 여론을 호도하는 거짓 기사를 써대는 '부패한 권력의 시녀'인가요? 영화나 TV드라마 속에 등장하는 기자들은 정의의 사도 아니면 권력의 시녀처럼 극단적인 모습으로 그려지는 경우가 많습니다. 그리고 평소 기자를 만날 일이 없는 대부분 사람들은 이 막연한 이미지로 기자와 언론을 인식하는 경향이 강합니다.

제가 처음 기자 생활을 시작할 즈음 방송기자들의 생활을 다룬 16부작 드라마 〈스포트라이트〉가 MBC에서 방영되고 있었습니다. 배우 지진희 씨가 사건팀장인 캡으로, 손예진 씨가 정의감 가득한 입사 3년차 사회부 기자로 출연했지요. 기자들 사이 로맨스가 아니라 정말 기자라는 직업에 초점을 맞춘 일종의 전문직 드라마였는데 시청률이 그리 높게 나오진 않았습니다. 언론사 내외부의 부당한 압력에도 굴하지 않고 진실을 밝히기 위해 고군분투했던 주인공들은 정말 기자정신으로 똘똘 뭉친 사람들 같았습니다. 이 드라마 덕분에 기자 직업을 동경하는 사람이 늘어나 당시 언론사 입사시험의 경쟁률이 어마어마하게 높아졌다는 이야기가 언론계에 전설(?)처럼 남아 있지요.

같은 이름의 영화도 있습니다. 2015년 미국에서 개봉한 영화 〈스포트라이트〉는 미국 3대 일간지 중 하나인 〈보스턴 글로브〉 내 '스포트라이트'팀이 가톨릭 보스턴 교구 사제들의 아동 성추행 사건을 취재하면서 벌어지는 일을 다룹니다. 실화를 바탕으로 한 이 영화에서 기자들은 작은 단서들까지 놓치지 않고 끈질기게 추적해 결국 사제들의 추악한 민낯을 밝혀 내죠.

6월 항쟁을 다룬 장준환 감독의 영화 〈1987〉(2017), 1980년 5·18광주민주화운동을 소재로 한 장훈 감독의 〈택시운전사〉(2017)에도 권력의 압박에 굴하지 않고 진실을 세상에 알려 역사의 흐름을 바꾸는 데 일조한 기자들이 등장합니다. 이 두 영화보다는 상대적으로 덜 알려졌지만 1990년 보안사령부 민간인사찰 사건을 다룬 박인제 감독의 〈모비딕〉(2011)도 자신의 몸을 내던져 진실을 추적하고 세상을 바꿔낸 정의로운 기자들이 주인공으로 나오지요. 이들은 모두 허구의 인물이 아니라 역사 속에 실재했던 기자들입니다.

그러나 안타깝게도 대다수 드라마와 영화에 등장하는 기자들은 악역일 경우가 많습니다. 유력 정치인이나 기업, 검찰과 결탁해 권력에 유리한 기사를 써 주며 이익을 챙기고, 그러다가도 문제가 생기면 국민의 알 권리를 운운하면서 책임을 회피하는 모습으로 많이 그려지지요. 윤태호 작가의 만화를 원작으로 한 우민호 감독의 영화 〈내부자들〉(2015)에는 유력한 대통령 후보와 재벌그룹 회장, 그리고 그들을 위해 여론을 움직이는 유력 언론사의 논설주간이 악역으로 등장합니다. 특히 배우 백윤식 씨가 연기한 논설주간은 정치권력, 자본권력과 손잡고 자신의 이익을 위해 모든 판을 설계하는 '악의 축'으로 묘사되지요.

논설주간: 언론사의 논조를 정하는 논설위원실 책임자. 구체적으로 신문사, 잡지사 등에서 행정이나 편집을 책임지는 직위 또는 그 직위에 있는 사람이다. '주필'이라고도 한다. 발행인으로부터 편집에 관한 권리를 위임받아 그 신문이나 잡지의 논조와 편집 방침을 결정하고 모든 책임을 진다.

류승완 감독의 '부당거래'(2010)나 한재림 감독의 〈더 킹〉(2016)처럼 권력에 줄을 댄 검사와 경찰이 등장하는 영화에도 어김없이 부패한 기자들이 등장합니다. 이들은 권력자들에게 뇌물을 받고 그들이 원하는 방식으로 '언론플레이'를 주도합니다. 우리나라 상업영화에서 정치와 자본, 검찰, 언론의 결탁은 흥행을 위한 기본 요소로 자리 잡은 듯합니다. 정의로운 기자를 다룬 작품은 손에 꼽을 정도이지만 이처럼 부패한 기자가 등장하는 작품은 수도 없이 많습니다.

영화나 드라마를 넘어 기자들을 바라보는 사람들의 일반적인 인식도 점점 최악을 향해 가고 있는 듯합니다. 저와 가까운 한 회사 선배 기자의 이야기인데요, 고등학생인 딸이 친구들에게 "우리 아빠는 기자야"라고 했더니 다들 놀란 눈으로 "왜 그런 일을 하셔?"라고 물었다고 합니다. 제 아이들도 조금만 더 크면 기레기(기자+쓰레기), 기더기(기자+구더기) 류의 표현들을 접하게 될 것이고 저에게 "아빠, 왜 그런 직업을 골랐어요?"라고 물을지도 모릅니다. 그때는 어디서부터 무슨 얘기를 해야 할지…, 참으로 막막합니다.

물론 기자는 정의의 사도가 될 수도 있고, 부패한 권력의 시녀가 될 수도 있습니다. 그런데 모든 기자가 드라마나 영화 속 모습처럼 말 그대로 극적인 생활을 하는 것은 아닙니다. 어떤 기자들은 선 또는 악의 편에서 역사의 소용돌이 한가운데 서기도 하지만, 대부분 기자들은 그저 국민들이 알아야 할 정보를 충실히 전해야 한다는 언론의 기본 책무에 힘쓸 따름입니다. 그게 대다수 기자들의 일상생활입니다.

정의의 사도는 말할 것도 없고, 본연의 직무에 충실한 대다수 기자들의 일상은 가짜뉴스와는 무관합니다. 애초에 가짜뉴스라는 개념 자체가 사실은 진짜 기자의 보도 활동과는 정반대 편에 서 있다고 할 수 있습니다. '가짜뉴스를 아무렇게나 써 대는 기자'라는 문장은 완전히 모순입니다. 앞뒤가 맞질 않아요.

그러나 요즈음 가짜뉴스는 평범한 독자들은 물론이고 기자들의 주변에까지 침투하고 있습니다. 악의 편에 선 기자가 아니더라도 자칫하면 내 손으로 가짜뉴스를 확대재생산할 수도 있는 상황이지요. 어떤 면에서 가짜뉴스는 진짜 기자와 무관하다고 말하기도, 그렇지 않다고 말하기도 어려운 경계까지 온 듯합니다. 이렇게 가다가는 머지않아 진짜 기자들까지 가짜뉴스에 완전히 침식당해 버릴 것만 같습니다. 정의의 사도까지 자처하진 않더라도 기자라면 가짜뉴스와 처절한 싸움을 벌여야 할 때가 온 것입니다.

이처럼 기자들을 점점 옥죄고 있는 가짜뉴스는 무엇이고, 진짜 기자들이 쓰는 기사와는 어떻게 다를까요? 하루가 다르게 진화하는 가짜뉴스의 정체에 대해 본격적으로 짚어 보겠습니다.

태초에 가짜뉴스가 있었다

가짜뉴스라는 단어가 본격적으로 쓰인 것은 최근 몇 년 사이입니다. 하지만 가짜뉴스가 그 전에는 아예 없었던 것이 아닙니다. 가짜뉴스라는 표현이 없었을 뿐 지금의 가짜뉴스와 본질적으로 다르지 않은 거짓 정보들은 훨씬 전부터 존재했습니다.

가짜뉴스는 간단히 '사실이 아니면서, 사실인 것처럼 꾸며져, 사람들 사이에 퍼지는 소식'이라고 정의할 수 있습니다. 이런 정의를 따른다면 가짜뉴스는 인류가 공동체를 이룬 때와 동시에 출현했다고 말할 수 있습니다.

『삼국유사』 기이(紀異) 무왕(武王) 편에 이런 노래가 전해집니다.

선화공주님은

남몰래 사귀어 두고

맛둥 도련님을

밤에 몰래 안고 간다

고등학교 국어 시간에 배우는 삼국시대 향가 「서동요」입니다. 백제 30대 무왕은 어린 시절 산에서 마를 캐다 팔아 생활했습니다. 저잣거리에서 신라 진평왕의 셋째 딸인 선화공주가 아름답다는 소문을 듣고 무작정 신라의 수도 경주로 달려가지요. 서동은 거리에서 아이들에게 마를 나눠주며 자기편으로 만들고는 위 노래를 퍼뜨리게 합니다. 서동요가 아이들의 입에서 어른들의 입으로 옮겨가고, 저잣거리에서 궁중으로까지 퍼져 결국 왕의 귀가 들어가자 화가 난 왕은 공주를 내쫓아 버립니다. 갈 곳이 없어 헤매던 선화공주는 서동을 만나게 되고 끝내는 노래 가사처럼 함께 지내는 사이가 됩니다.

「서동요」를 국문학이나 고대사 연구의 관점이 아니라, 정보의 생산과 유통이란 관점에서 보면 이 노래는 지금의 가짜뉴스와 다를 바가 없습니다. '선화공주가 서동을 남몰래 사귀었다'는 노래 가사는 사실이 아니지만 사실인 것처럼 꾸며져 사람들 사이에 널리 퍼졌습니다. 서동은 선화공주를 배필로 맞이하겠다는 개인적 욕망을 이루기 위해 이런 허위정보를 퍼뜨렸고 결국 그 목적을 달성하지요. 선화공주 입장에서는 아무런 근거가 없는 루머 탓에 심각한 명예훼손을 입고 삶의 터전이었던 궁궐에서 쫓겨나기까지 했으니 그 억울함은 말로 다 할 수 없을 것입니다. 당시에도 가짜뉴스라는 단어가 존재했다면 선화공주는 진평왕에게 이렇게 말했을지 모릅니다. "아바마마, 이건 모두 다 가짜뉴스이옵니다"라고요.

조선 중종 시대에 벌어진 '주초위왕(走肖爲王)' 사건에도 가짜뉴스가 얽혀 있습니다. 폭군 연산군(1476~1506)을 몰아내고 중종을 왕으로 세운 사림(士林) 세력은 조선 사회를 바꿔나가는 개혁 작업을 빠르게 추진했습니다. 그 개혁 작업의 중심에 있던 인물이 조광조(1482~1519)였습니다. 사림을 등에 업고 왕이 된 중종도 처음에는 조광조의 개혁에 힘을 실어줬지만 주초위왕 사건으로 둘 사이 관계가 틀어집니다.

어느 날 후원을 거닐던 중종은 벌레가 글자 모양을 따라 갉아먹은 나뭇잎을 발견합니다. 그 나뭇잎에 새겨진 글이 바로 주초위왕, 즉 '조(趙)씨가 왕이 된다'는 메시지였습니다. 주초(走肖)는 조광조의 성인 조(趙)의 파자(破字)였던 것이지요. 이

사림: 15세기 이후 조선의 중앙 정계를 주도한 정치집단으로 고려 말, 유학자 길재(吉再)가 은퇴하여 고향에서 후진 양성에 힘쓴 결과 영남 일대에 제자가 많이 배출되어 조선 유학의 주류를 이루게 되었는데 이들을 훈구파에 대립하여 사림파(士林派)라고 불렀다(유림이라 불리기도 한다). 조광조는 사림파의 중심인물로 중종의 훈구파 견제 정책에 따라 홍문관과 사간원에서 언관 활동을 했다. 성리학적 도학 정치 이념을 구현하려 했으나 훈구 세력의 반발로 실패한다. 개혁 정책을 펼치다가 희생된 개혁가라는 시각과 급진적이고 극단적이라는 평가를 받는다.

후 중종은 조광조를 경계하다가 끝내는 그에게 사약을 내립니다. 사실 이 나뭇잎은 조광조를 견제하던 훈구파 신하들이 꿀로 글자를 써서 벌레들이 꿀을 따라 잎을 파먹으면 글자가 나타나도록 만든 것이었다고 합니다.

이 이야기는 그대로 믿기 힘든 부분도 있습니다. 정말 이런 식으로 조광조가 왕이 된다는 허위정보를 만들어 퍼뜨린 것이라면 지금으로서도 대단한 가짜뉴스 유통 기술(?)이라고 평가해야 할 것입니다. 배고픈 벌레 한 마리를 이용해 정적을 제거하고 엄청난 정치적 변화까지 몰

고 왔으니 말입니다.

일제강점기였던 1923년 일본 관동 지방에서 대지진이 일어나 사회적 혼란이 극심해지자 일본 정부는 "일본에 있는 조선인들이 폭동을 일으키고 우물에 독약을 탔다"는 말도 안 되는 헛소문을 퍼뜨립니다. 대재난으로 폭발한 일본인들의 불만을 조선인들에게 돌리도록 가짜뉴스를 퍼뜨린 것이지요. 이 소문을 이유로 어떤 일본인들은 자경단을 만들어 조선인들을 마구 죽이고 다녔습니다. 당시 학살된 조선인 수는 6000명가량으로 추산된다고 합니다. 폭발한 불만을 다른 곳으로 돌리겠다는 일본 정부의 전략이 얼마나 성공적이었는지는 알 수 없으나 분명 인류에 반하는 짓이었습니다. 거기에 가짜뉴스가 큰 역할을 한 것이지요.

조국 전 법무부 장관 사태로 가짜뉴스라는 단어의 사용이 폭발적으로 늘기 전까지 우리나라 근현대사에서도 가짜뉴스에 얽힌 사건들은 많았습니다. 해방 직후인 1945년 조선의 운명을 결정하는 모스크바 3상 회의에서 소련이 신탁통치를 주장했다고 오보를 내 남북 분단을 촉진시킨 동아일보 오보 사건, 1974년 공산주의 혁명을 꾸몄다며 학생과 재야인사 180여 명을 잡아들인 민청학련사건을 비롯한 군부·신군부 시절 간첩 조작 사건들, 지금도 일부 인터넷 사이트에서 퍼지고 있는 5·18광주민주화운동 북한군 개입설 등이 그런 사례입니다. 유구한 역사의 흐름 속에서 가짜뉴스는 결코 부정할 수 없는 하나의 변수로 작용해 온 것이지요.

해외 사례도 몇 가지 볼까요? 서기 64년 로마의 한 기름 창고에서 일어난 작은 불이 시내로 번지면서 로마제국의 수도가 불타는 엄청난 사건이 벌어집니다. 바로 '로마 대화재'입니다. 이 때문에 민심이 흉흉해지자 네로 황제는 "기독교인들이 불을 질렀다"는 허위조작정보를 퍼뜨리고는 교인들을 잡아들여 잔인한 형벌을 가합니다. 1세기 로마의 황제와 20세기 일본의 지도자가 가짜뉴스를 아주 비슷한 수법으로 활용했던 것이지요. 15~18세기 유럽 전역에서 벌어진 '마녀사냥'도 권력자들이 사람들 사이 불신을 조장하고 자신들의 힘을 유지하기 위해 허위조작정보를 퍼뜨린 사례에 해당합니다. 종교개혁의 도전, 전쟁에 대한 불만, 페스트 확산, 경제난 등 민중의 불만을 누르기 위해 무고한 여성들을 희생시켰던 것이지요.

여러분, 혹시 "빵이 없으면 케이크(과자)를 먹으면 되지"라는 말을 들어보셨나요? 1789년 프랑스 혁명 당시 왕비였던 마리 앙투아네트(1755~1793)가 "우리에게 빵을 달라"고 외치는 군중들에게 한 말로 알려져 있습니다. 이 한마디 말로 혁명의 불길이 거세져 프랑스의 왕정은 끝장이 나고 앙투아네트는 오랫동안 사치와 허영을 상징하는 인물로 기억되었지요. 하지만 훗날 역사학자들은 그녀가 실제로는 이 말을 한 적이 없다는 사실을 밝혀냈습니다. 이 말은 프랑스의 계몽사상가 루소(1712~1778)가 혁명이 발발하기 10여 년 전에 출판한 회고록에 쓰여 있던 말이었는데요, 이를 앙투아네트가 내뱉은 말로 누군가 조작했던 것이었습니다.

가짜뉴스는 1960~70년대 베트남전쟁(월남전), 2003년 발발한 이라크전쟁 등 현대사에 기록된 전쟁에서도 큰 역할을 했습니다. 미국 정부는 이런 전쟁들을 정당화하기 위해 허위조작정보를 활용해 자국민뿐 아니라 전 세계 사람들을 속이기도 했습니다.

언론학자들은 가짜뉴스의 확산은 인간의 불완전성에 기인한다고 설명하기도 합니다. 인간은 신처럼 전지전능한 존재가 아닙니다. 반대로 한없이 부족한 존재이지요. 모든 것을 알지 못하기에 어떤 경로로 습득한 단편적 정보가 진짜인지 가짜인지 정확히 판단할 수가 없습니다. 그러면서도 그 제한된 정보의 진위를 다방면으로 확인하고 한 걸음 물러나 분석하기보다는 거기에 감정적으로 반응하는 경우가 더 많습니다. 머리로는 아니라고 해도 가슴은 자꾸 어떤 결론으로 끌려가는 것이지요. 진평왕이나 중종, 관동대지진 당시의 일본인들, 혁명기의 프랑스 민중들이 모두 그랬을 것입니다.

세계적으로 가짜뉴스라는 표현은 19세기 말부터 쓰이기 시작했습니다. 1890년에 미국 신문에 하나의 단어처럼 'Fake news'라는 표현이 처음 등장하는데, 그때는 신문에 보내는 가짜 제보라는 의미였다고 합니다.

현재와 같은 의미로 쓰인 것은 잘 알려진 것처럼 2016년 미국 대선 때부터였습니다. 그리고 도널드 트럼프 후보가 대통령이 되면서 이 단어는 백악관 브리핑에서도 자주 등장하게 되었습니다. 트럼프 대통령은 심지어 "가짜뉴스는 내가 발명한 단어"라고 주장하기도 했습니다. 120

년 전 등장했다가 한참 동안 사장되었던 단어가 트럼프 대통령 덕분에 새 생명을 얻고 전 세계적으로 널리 쓰이게 되었으니 어떻게 보면 완전히 틀린 주장도 아닙니다. 물론 그 발명은 인류에게 이익보다는 해악을 더 끼쳤지만요….

헛소문, 유언비어, 루머 등 시대와 지역, 상황에 따라 각기 다른 이름으로 존재했지만, 거짓 정보를 다루는 이들의 실체는 결코 다르지 않습니다. 과거에 유언비어나 루머라고 불렸던 것들이 지금은 가짜뉴스라는 이름을 얻은 것뿐입니다. 그러고는 새로운 기술로 무장하고서 과거와 마찬가지로 사람들을 속이고 있는 것이지요.

가짜'뉴스'라는 역설

가짜뉴스는 영단어 Fake news를 번역한 것입니다. fake는 '거짓으로 꾸민'이란 뜻으로 여기에는 사기, 기만, 속임수 같은 부정적인 의미가 주로 담겨 있습니다. 우리나라에서는 이 fake를 가짜라고 번역한 것이지요.

일상적 언어생활의 수준에서 볼 때 가짜뉴스는 꽤 괜찮은 조어입니다. '가짜'와 '뉴스'라는 쉬운 단어를 합성했기 때문에 따로 긴 설명을 하지 않아도 한국어를 쓰는 사람이라면 누구나 그 의미를 쉽게 짐작할 수 있습니다. 발음도 쉬워서 입에 착착 달라붙습니다. 유언비어나 루머

같은 단어보다는 언중(言衆)이 더 쉽게 배우고 쓸 수 있는 표현입니다.

그러나 가짜뉴스의 개념을 정확히 나타내고자 할 때 이 단어는 많은 결점을 가지고 있습니다. 이미 일상생활은 물론 뉴스 보도에서도 널리 쓰이고 있지만, 가짜뉴스를 학술적으로 연구하는 언론학자들은 아직도 이 단어가 적절한가 여부를 놓고 논쟁 중입니다.

우선 '가짜'가 '뉴스'를 수식한다는 것 자체가 앞뒤가 맞지 않습니다. 뉴스는 '새로운 소식'이라는 뜻입니다. 하지만 그것이 전부가 아니라 이 새로운 소식은 사실이라는 전제가 깔려 있습니다. 그래서 뉴스 앞에 가짜를 붙이면 '가짜 새로운 사실'이라는 역설적 표현이 됩니다. 이렇게 되면 본래의 개념을 정확히 설명했다고 말하기 어렵지요.

그래서 언론학자들이나 언론기관 관계자들은 가짜뉴스 대신에 '허위조작정보(disinformation)'라는 표현을 써야 한다고 주장하기도 합니다. '정보' 역시 무언가 가치 있는 자료나 소식이란 뜻이 있지만 뉴스보다는 더 포괄적으로 쓸 수 있는 단어입니다. 여기에 '가짜'를 '허위조작'이라는 좀 더 구체적이고 뜻이 분명한 단어로 바꾼 것이지요. 학술 논문뿐 아니라 미디어 전문지 기자들이 쓴 가짜뉴스 관련 기사를 검색해 보면 허위조작정보 또는 허위정보라는 단어가 병기돼 있는 경우를 쉽게 발견할 수 있습니다. 눈치 빠른 분들은 알아챘겠지만 저도 이 책에서 가짜뉴스와 허위조작정보, 허위정보라는 표현을 섞어서 사용하고 있습니다.

하지만 모든 학자들이 허위조작정보라는 표현을 받아들인 것은 아닙니다. 어떤 학자들은 유형별로 다른 가짜뉴스의 특성을 조금 더 정확하게 설명하기 위해 오인정보(misinformation), 왜곡 정보, 거짓 정보, 날조 뉴스 같은 표현을 써야 한다고 말하기도 합니다. 가짜뉴스에 대한 연구가 좀 더 심화되고 성과가 쌓이다 보면 모두가 고개를 끄덕이는 새로운 이름이 나올지도 모릅니다.

이름뿐 아니라 가짜뉴스의 정의도 학자마다 조금씩 다릅니다. 앞서 언급했던 '사실이 아니면서, 사실인 것처럼 꾸며져, 사람들 사이에 퍼지는 소식'은 일반적이고 상식적인 수준에서 쓰는 광의(廣義)의 가짜뉴스라고 할 수 있습니다. 광의의 가짜뉴스 안에는 유언비어와 루머, 왜곡 정보, 날조 뉴스, 언론의 오보 등 모든 종류의 거짓 정보가 다 포함됩니다. 뉴스의 형식을 흉내 낸 개그 프로그램의 패러디 코너까지 가짜뉴스에 집어넣기도 합니다.

이보다 더 엄격한 정의인 협의(狹義)의 가짜뉴스는 기자가 쓴 진짜 기사가 아니면서 기사 형식을 흉내 내어 사람들을 속이는 거짓 정보를 말합니다. 앞에서 예로 들었던 데일리 파닥에서 만든 가짜 기사들이 여기에 해당합니다. 협의의 가짜뉴스는 인터넷 뉴스 보도의 시대가 열리고 SNS로 뉴스 링크를 주고받게 되면서 발생한 새로운 거짓 정보의 한 형태입니다. 과거처럼 종이신문, TV, 라디오 뉴스만 존재했던 시대에는 진짜 뉴스를 흉내

광의(廣義)의 가짜뉴스: 사실이 아니면서, 사실인 것처럼 꾸며져, 사람들 사이에 퍼지는 소식. 유언비어, 루머, 왜곡 정보, 날조 뉴스, 언론의 오보, 뉴스 형식을 흉내 낸 개그 프로그램의 패러디 코너 등도 포함된다.

협의(狹義)의 가짜뉴스: 기사 형식을 흉내 내어 일반인이 쓴 거짓 정보. 인터넷 뉴스 보도의 시대가 열리면서 SNS로 주고받는 거짓 정보들이다.

낸 가짜를 만들려고 해도 쉽지가 않았겠지요.

한국언론진흥재단에서는 가짜뉴스를 '정치·경제적 이익을 위해 누군가 의도적으로 언론 보도의 형식으로 유포한 거짓 정보'라고 정의합니다. 협의의 가짜뉴스 개념에 가깝지요. 우리가 일상적으로 흔히 말하는 가짜뉴스라는 표현에는 협의의 가짜뉴스와 광의의 가짜뉴스가 혼재돼 있습니다. 상황에 따라 진짜 뉴스의 형식을 흉내 낸 거짓 정보를 가짜뉴스라 부르기도 하고, 뉴스의 형식을 흉내 내지 않았더라도 사실과 거리가 먼 소식들을 싸잡아 가짜뉴스라 지칭하기도 합니다.

어떤 정의가 맞고 틀리다의 문제는 아닙니다. 지금 대한민국에서 가짜뉴스는 사람들을 속이기 위해 아주 다양한 모습으로 위장하고 있다는 사실, 그것만 기억하면 됩니다.

가짜뉴스의 몇 가지 형태들

가짜뉴스는 개념의 폭이 넓은 만큼 그 유형도 다양합니다. 어떤 기준을 적용하느냐에 따라 분류하는 방법도 여러 가지이지만, 대체로 형식적 측면에서는 아래와 같은 형태들로 추려 볼 수 있습니다.

날조 뉴스 아무런 근거가 없는 거짓 정보를 뉴스 보도의 형식으로 꾸민 것으로, 협의의 가짜뉴스와 같은 의미라고 생각하면 됩니다. 날조 뉴스는 철저히 누군가를 속이기 위한 목적으로 만든 것입니다. 해당 분야의 정보가 많지 않고 뉴스의 문법을 잘 알지 못하는 평범한 사람들은 진위를 구분하기가 쉽지 않습니다.

풍자와 패러디　우리나라에서는 시사 풍자나 정치 패러디를 하는 코미디 프로그램은 큰 인기가 없지만 미국 등지에서는 상당히 대중적입니다. 뉴스 스튜디오처럼 무대를 꾸미고 앵커로 분장한 코미디언이 나와 현실을 풍자한 가짜뉴스를 전달하는 SNL(Saturday Night Live) 같은 프로그램이 대표적입니다. 풍자와 패러디는 날조뉴스와 달리 평범한 사람들도 단번에 가짜임을 알아볼 수가 있지요.

광고성 기사와 협찬 기사　이 역시 가짜뉴스의 한 유형으로 분류합니다. 인터넷 공간에는 기자들이 직접 취재하고 확인해서 쓴 기사가 아니라 광고회사들이 제품이나 서비스 홍보를 위해 만든 보도자료를 그대로 언론사의 이름으로 뿌린 기사들이 있습니다. 신문 광고 지면에도 기사의 형식을 흉내 낸 상품 광고 기사, 기업으로부터 광고비를 받고 쓴 협찬 기사가 존재합니다. 이런 기사에 담긴 정보는 거짓이 아닐 수도 있지만 홍보 목적이 짙다는 점에서 진짜 뉴스와 차이가 있지요.

선전선동 목적의 허위조작정보　이는 주로 특정 세력의 정치·경제적 이익을 위해 일부 사실을 과도하게 부풀리고 왜곡하는 방식으로 만든 거짓 정보입니다. 객관적으로 사실을 전달하는 보도 기사 형식에서는 많이 벗어나 있으며, 오히려 자신의 의견을 앞세우는 칼럼과 비슷하다고도 할 수 있습니다. 정체를 알 수 없는 급조된 뉴스 사이트나 블로그, 페이스북 같은 SNS가 선전선동을 위한 주요한 무대가 될 수 있습니다.

루머와 풍문　확인되지 않은 이야기인데도 사람들 사이에 널리 퍼지는 루머와 풍문은 가장 넓은 의미의 가짜뉴스라고 할 수 있습니다. 루머와 풍문에는 완전히 근거가 없는 거짓말도 있을 수 있고, 아직 사실인지 아닌지 누구도 확인하지 않은 소식도 포함될 수 있습니다. 어떤 루머 등은 먼 훗날 사실로 확인될 수도 있는 것이지요. 이런 각종 루머와 풍문은 한때 '찌라시'를 통해 주로 퍼졌습니다. 찌라시는 정치권과 정부부처, 기업, 은행 등 각계에서 도는 단편적인 소식을 모은 증권가 정보지를 뜻하는 말이었습니다. 지금의 찌라시는 SNS를 통해 전보다 더 빠르고 광범위하게 퍼져나가고 있습니다.

조작된 사진과 동영상　가짜뉴스가 꼭 텍스트의 형식인 것은 아닙니다. 앞서 예로 들었던 사진 조작이나 동영상 조작 형식의 가짜뉴스도 있습니다. 이 유형의 가짜뉴스는 앞으로 관련 기술이 계속 발전해 나가면서 지금보다 훨씬 더 교묘한 방식으로 진화해 나갈 가능성이 큽니다. 지금도 기술적인 지식이 없는 사람들은 사진이나 동영상의 어느 부분이 조작되었는지 알아채기 힘든 것이 현실입니다.

학자들은 여기에 더해 언론의 오보와 왜곡보도를 가짜뉴스의 유형으로 분류하기도 합니다. 하지만 이 부분은 가짜뉴스의 정의와 연결해 좀 더 생각해 봐야 할 부분이 있습니다. 가짜뉴스와 오보, 왜곡보도는 어떤 점에서 같고 무엇이 다른지 조금만 더 살펴보도록 하겠습니다.

가짜뉴스와 오보, 왜곡보도

기자는 진실을 추적하고 사실을 전달하는 직업이지만 여러 가지 이유로 사실이 아닌 소식을 전하는 경우가 종종 있습니다. 인간은 불완전한 존재이고, 기자도 한 명의 인간일 따름이기에 온전히 100% 진실에만 접근할 수는 없습니다. 기자가 나름의 확인 과정을 거친 뒤 분명한 사실이라고 믿고 기사를 썼으나 보도 이후 사실과 다르다고 판별될 수도 있습니다. 이를 오보(誤報)라고 하지요.

기자들은 자신이 쓴 기사가 오보라고 판명되는 것을 상당히 수치스러워 합니다. 사실이 아닌 정보를 유통시켰으니 기자로서 당연히 부끄러운 일이지요. 그런데 현직 기자 입장에서 변명을 하자면 '공격적 취재'를 하는 경우, 오보의 위험성은 늘 존재합니다. 정부가 발표하는 것, 뉴스 메이커가 말하는 것만 그대로 옮겨 쓰는 수동적인 기자는 오보를 낼 가능성이 희박합니다. 기상청의 잘못된 일기예보를 그대로 전달해 오보를 내는 정도이지요.

하지만 정부나 권력자가 공식적으로 말하지 않는 것, 일부러 숨기고 있는 것, 그래서 세상 사람들이 모르고 있는 사실을 파헤쳐 기사를 쓸 경우에는 오보를 낼 가능성이 훨씬 높아집니다. 진실에 한 걸음 더 접근하기 위해 조각난 정보들을 여기저기서 하나하나 모아 가며 마치 퍼즐 맞추기 같은 작업을 해야 하기 때문입니다.

물론 기자들은 이런 취재 기사를 쓸 때 확인에 확인을 거듭합니다. 믿을 만한 복수의 취재원을 통해 사실 여부를 확인하는 크로스 체크(cross check)는 기본입니다. 아무리 믿을 만한 사람이라도 한 사람의 말만 듣고 기사를 쓸 수는 없기 때문입니다. 그래서 기자들은 나만의 단독 기사를 쓸 때는 보통 최소한 둘 이상 취재원의 확인을 거칩니다. 하지만 그래도 늘 한계는 있습니다.

아마 어느 정도 경력이 쌓인 기자 중에 오보를 한 번도 쓰지 않은 기자는 거의 없을 겁니다. 오보를 한 번도 내지 않았다는 것은 매번 엄청나게 꼼꼼한 취재를 했거나, 사실 확인이 어려운 기사를 파고들어간 적이 없거나, 둘 중 하나라는 뜻이니까요.

물론 저도 기자생활을 하면서 몇 번의 오보를 낸 적이 있습니다. 2014년, 박근혜 대통령 시절 여당이던 새누리당의 새 대표로 김무성 의원이 뽑

오보: 어떠한 사건이나 소식을 그릇되게 전하여 알려 줌. 또는 그 사건이나 소식. 기자가 나름의 확인 과정을 거친 뒤 기사를 썼으나 보도 이후 사실과 다르다고 판별되는 경우도 있다. 보통 오보가 확인된 뒤에는 정정보도를 낸다. 언론기관의 잘못된 보도 때문에 피해를 받은 사람이나 그 대리인은 언론기관에 정정 보도를 청구할 수 있는 권리가 있다.

크로스 체크: 사전적 정의는 정보 수치 등을 다른 방법으로 대조, 검토하는 것이다. 한쪽의 말만 듣고 기사를 쓰지 않고 상대방의 입장도 꼭 들어봐야 한다는 것으로 기본적으로 최소한 둘 이상의 확인을 거쳐야 함을 의미한다.

했습니다. 훗날 부산에서 6선까지 지낸 김 의원은 여당 내 비박근혜계 (비박계) 의원들을 대표하는 인물로 '무대'(무성 대장)라는 별명을 가지고 있었습니다. 현직 대통령과 긴장·견제 관계에 있는 인물이 여당 대표가 된 것이지요. 실제로 김 의원은 2년 뒤 박 대통령을 탄핵할 때 새누리당에서 중심 역할을 합니다.

당시 기자들이 공들여 취재했던 내용 중 하나는 신임 대표가 당을 함께 이끌 지명직 최고위원에 누구를 임명하느냐였습니다. 비박계가 대표가 되었지만 지명직 최고위원에 친박계(친박근혜계) 인물을 임명한다면 '박 대통령과 협력을 잘 하겠다'는 의지의 표현이 될 수 있었기 때문이지요.

그때 서울신문의 여당 말진(막내) 출입기자였던 저는, 이곳저곳을 취재하다 새누리당의 한 핵심관계자로부터 "김무성 대표가 최고위원으로 비박계 정몽준 전 의원을 지명했으며 내부에서 회의까지 끝냈다"는 제보를 들었습니다. 정 전 의원은 비박계일 뿐 아니라 대통령 후보로도 거론되던 사람입니다. 그를 지도부에 넣는다는 것은 여당에서 박 대통령과는 선을 완전히 긋고 다음 정권 창출을 위한 준비에 힘쓰겠다는 뜻으로 해석이 가능합니다.

가슴이 막 뛰었지요. 기자들은 동료 기자들이 알지 못하는 사실을 혼자 취재해 냈을 때 성취감과 불안감을 동시에 느낍니다. 새로운 정보를 제일 먼저 알아낸 것이 기쁘고 설레기도 하지만, 한편으로는 이러는 사이나 말고 다른 기자가 먼저 기사를 쓰면 어쩌나 하는 초조함도 느낍니다.

저는 곧바로 크로스 체크를 시작했습니다. 인사에 관련된 예민한 문제이다 보니 모두가 '맞다' '틀리다'조차 확인해주지 않는 상황. 결국 데스크와 상의 끝에 그 사실을 처음 말해준 핵심관계자를 믿고 기사를 쓰기로 했습니다. 다음 날 조간 정치면 톱에 커다란 단독 기사가 나가자 국회는 시끌시끌했습니다. 물먹은 동료 기자들은 사실 관계를 확인하고자 국회 본관에 있는 새누리당 대표실 앞에 진을 치고 김 대표를 기다렸습니다. 뿌듯한 장면이었지요. 출근하던 그의 답은 짤막했습니다. "나는 모른다."

지명 권한이 있는 김 대표가 모른다고 했으니 그 기사는 오보가 되었습니다. 실제로 그가 정 전 의원을 최고위원으로 임명하겠다며 내부 논의를 했는지 안 했는지는 사실 알 수 없습니다. 논의를 하고도 "모른

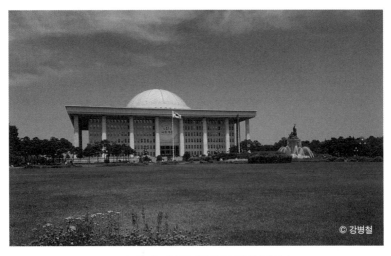

2020년 5월 제21대 국회 개원 직후 국회 본관의 전경.

다"고 했을 수 있고, 정말 그는 모르는 검토안 중 하나를 여론의 반응을 보고자 핵심관계자가 슬쩍 흘려 본 것일 수도 있습니다. 어쨌든 오보가 되었지만 저는 아니라고 믿고 싶습니다. 김 대표의 임기가 끝날 때까지 그 최고위원 자리는 공석으로 남아 있었거든요.

이 같은 기자의 오보도 사실은 아니기 때문에 광의의 가짜뉴스로 분류할 수 있습니다. 하지만 한국언론진흥재단이 규정한 엄밀한 의미의 가짜뉴스 정의에 비춰 보면 가짜뉴스와 오보 사이에는 분명 차이가 있습니다. 한국언론진흥재단의 가짜뉴스에 대한 정의를 한번 뜯어볼까요?

'정치·경제적 이익을 위해(목적) / 누군가 의도적으로(주체) /

언론 보도의 형식으로 유포한(형식) / 거짓 정보(내용)'

여기에는 작성의 목적, 주체, 형식, 내용 등 가짜뉴스의 기준이 분명히 제시돼 있습니다. 오보는 내용상 거짓 정보이고 형식도 언론보도의 형식이지만 기자의 임무 수행이라는 측면 외에 뭔가 다른 이익을 얻겠다는 목적은 없습니다. 당연히 제대로 된 기자라면 틀린 사실을 전파하겠다는 의도를 가지고 일부러 오보를 쓰지도 않습니다. 어떤 기자가 아무리 치명적인 오보를 냈더라도 사실 확인의 의무를 충실히 했고 의도를 가진 것이 아니라면 엄밀한 의미의 가짜뉴스라고는 할 수 없는 것이지요. 진짜 기자와 가짜뉴스는 서로 별 상관이 없다는 말은 바로 이런 뜻입니다.

그런데 이렇게 의심을 해 볼 수도 있습니다. 어떤 기자들은 정치·경제적 이익을 얻기 위해 완전히 거짓으로 기사를 쓰고서는 문제가 생기면 "어쩔 수 없이 오보를 냈다"고 우길 수 있지 않을까요? 기자가 사실확인 노력을 충분히 했고 뭔가 남들 모르게 얻은 이익이 없다고 누가확신할 수 있나요? 맞습니다. 답하기 어려운 문제입니다. 그 기자의 마음속에 들어가 보지 않고서는 정말 어떤 과정을 거쳐 오보가 난 것인지 누구도 정확히 알 수는 없습니다.

기자가 나쁜 마음을 먹고 정치·경제적 이익을 얻기 위해 일부러 쓴거짓 기사는 따로 '왜곡보도'라고 부릅니다. 왜곡보도는 언론의 신뢰를 떨어뜨리는 대표적인 악행입니다. 대한민국 언론은 일제강점기와정부 수립 후 독재 정권들을 거쳐 오며 수없이 많은 왜곡보도를 해 왔습니다.

왜곡보도 사례1　3·1운동 이듬해인 1920년 창간한 〈조선일보〉와 〈동아일보〉는 '민족지'를 표방했지만 사실 일제강점기 동안 민족의 요구보다는 조선총독부의 정책에 맞춰 신문을 제작한 기간이 더 길었습니다. 1932년 1월 이봉창(1901~1932) 의사가 일왕에게 폭탄을 던졌을 때 〈동아일보〉가 이 사건을 어떻게 보도했는지 아시나요? 이 신문은 1면에 '대불경(大不敬·대단히 무례한) 사건'이 발생했다며 이 의사를'대역죄인'이라고 썼습니다. 그해 4월 윤봉길(1908~1932) 의사가 중국상하이 훙커우공원에서 일으킨 의거를 〈조선일보〉는 '흉행(凶行·흉악

한 짓)'이라고 보도했지요.

왜곡보도 사례2 〈서울신문〉은 일제 강점기에는 조선총독부 기관지 역할을 했고 이후 신군부에서는 전두환 대통령을 찬양하는 데에 앞장섰습니다. '새 시대를 여는 새 지도자 전두환 장군' 같은 낯 뜨거운 제목의 기사를 시리즈로 내보내기도 했습니다. 〈KBS〉〈MBC〉 같은 대형 방송사들도 오후 9시가 '땡~' 하면 '전두환 대통령 각하'의 그날 하루 동정을 전하는 보도로 9시 뉴스를 시작했습니다. 이를 비꼬아 '땡전뉴스'라는 단어까지 생겼지요. 하지만 기자의 의무를 저버리고 권력에 빌붙은 기자들은 그 대가로 풍족하고 평안한 생활을 향유할 수 있었습니다.

그러면 거짓 정보를 다룬 어떤 기사가 진짜 오보인지 의도된 왜곡보도인지는 그 기자의 마음속에 들어가지 않고서는 알 길이 없는 것일까요? 정말 그렇다면 멀쩡한 언론사의 기자도 마음만 먹으면 가짜뉴스를 써 댈 수 있는 것 아닐까요? 물론 그렇지는 않습니다. 언론사에는 어떤 기자가 나쁜 마음을 먹더라도 가짜뉴스를 마구 보도할 수 없도록 하는 시스템이 존재합니다. 바로 '게이트 키핑(gate keeping)'이란 것입니다.

골키퍼가 너무 많다

축구장에서 기사라는 공을 몰고 적진으로 향해 가는 공격수를 생각해 봅시다. 공을 끝까지 잘 몰고 가 골대에 넣으면 그 기사가 신문과 TV에서 보도되어 많은 사람들에게 전파됩니다. 그런데 골인이 쉽지 않습니다. 골대 앞을 지키는 골키퍼가 한 명이 아니라 한 다섯 명쯤 있습니다. 요리조리 빈틈을 노리다 힘껏 슛을 했지만 어김없이 골키퍼 중 한 명이 공을 걷어차 버립니다. 한 번 골키퍼에 막힌 공은 고치고 다듬지 않은 한 다시 찰 수 없습니다. 이런 규칙을 가진 축구장이 바로 언론사입니다.

신문사든 방송사든, 역사가 길든 짧든 대부분 언론사는 이런 게이트 키핑 시스템을 유지하고 있습니다. 게이트 키핑이란 언론사에서 수많은 뉴스거리 중 어떤 것을 더욱 가치 있게 보도하고 어떤 것을 기사로 다루지 않을지 결정하는 과정을 뜻합니다. 신문사라면 어떤 뉴스를 1면 톱이나 사회면의 주요 뉴스로 다룰지, 방송사라면 어떤 시간대 뉴스 프로그램의 몇 번째 꼭지로 다룰지를 결정하는 과정입니다. 이 과정에서는 앞서 설명했던 좋은 뉴스의 기준들이 작동합니다.

> 게이트 키핑: 신문이나 방송 등의 뉴스 미디어에서 뉴스 결정권자가 뉴스를 취사선택하는 과정을 의미한다. 여러 가지 뉴스 중에서 어떤 것을 대중에게 노출할지, 어떤 것을 노출하지 않을지 결정하는 것을 의미한다. 게이트키핑은 뉴스 결정권자의 가치관과 세계관, 뉴스 결정권자가 속한 조직의 신념과 가치, 전통, 규범 등의 다양한 요인에 의해 결정된다. 이러한 게이트키핑을 하는 사람을 게이트키퍼라고 한다.

어떤 뉴스 아이템이 이런 관문에서 걸러져 기사화되지 못하는 것을 기자들은 '킬(kill)'이라고 부릅니다. 자신이 내민 아이템이 킬 되면 머리를 긁적이며 추가 취재를 하든지 완전히 다른 기삿거리를 발굴해야만 합니다.

보통 언론사의 게이트 키핑 과정은 한 번으로 끝나지 않습니다. 기자가 내놓은 아이템이 신문에 인쇄되기까지는 수차례 게이트 키핑을 거칩니다. 예를 들어 국회 출입 기자가 내놓은 아이템은 국회반장과 정치부장의 검토를 차례로 거치고 편집국장을 비롯한 국장단, 각 부서 부장들이 참석하는 제작회의에서 어떤 무게로 다뤄질지, 또는 킬이 될지 결정됩니다. 다행히 기사 형식으로 출고되면 교열기자와 편집기자의 손을 지나 신문에 배치되지요. 인쇄된다고 끝이 아닙니다. 신문 초판(처음 찍은 판)으로 찍혀 나온 기사는 다시 평가회의와 심의위원회 심의 등을 거칩니다. 여기서 나온 지적사항을 밤늦게까지 보완해야 하지요.

만약 제가 지금 이 책을 홍보할 목적으로 '국민 작가 강병철 기자 신작, 출간과 동시에 베스트셀러 등극' 같은 기사 아이템을 냈다고 가정해 봅시다. 당연히 가짜뉴스입니다. 정치부 기자인 저는 주로 국내정치, 국회, 정당, 선거 등에 관한 기사를 씁니다. 작가나 신간 소개 같은 출판 분야는 문화부 기자의 소관이지요. 정치부 기자가 이런 아이템을 낸다면 당장 국회반장부터 어이없는 표정으로 이게 뭐냐고 물어올 것입니다. 공략 지점을 바꿔 문화부 기자를 매수한다고 해도 이런 어이없는 가짜뉴스가 출판팀장, 문화부장이란 관문을 넘을 가능성은 0%입니다. 문화부 전원을 매수한다고 해도 문화 담당 부국장이나 편집기자가 "강 기자가 국민 작가라는 말은 처음 듣는데 근거가 뭡니까?" "베스트셀러라는데 어떤 기준이지요?"라고 따져들겠지요. 그리고 저는 '요주의 인물'로 찍히고 말 것입니다.

게이트 키핑은 평기자 ⇨ 팀장 ⇨ 부장 ⇨ 국장의 방향뿐 아니라 반대 방향으로도 작동할 수 있습니다. 기자 사회는 자신의 기사에 관련해서는 초년 기자가 팀장, 부장, 심지어 국장에게도 문제제기를 할 수 있고 즉석에서 토론이 붙을 수 있는 곳입니다. 뉴스 제작을 총괄하는 편집국장·보도국장이라고 해도 마음대로 신문과 9시 뉴스를 만들 수 없습니다. 국장단의 뉴스 제작 방향에 반발해 후배 기자들이 집단 성명을 발표하는 일도 언론계에서는 드물지 않습니다.

여기에 더해 대부분 언론사는 옴부즈맨(감시인)을 통한 사후 평가 시스템도 갖추고 있습니다. 기사가 나간 뒤에도 보도의 적절성 여부를 주기적으로 평가 받는 것이지요. 제가 몸담고 있는 서울신문은 노사 합의로 공정보도위원회를 두어 외부 권력이나 경영진이 부당하게 신문 제작에 영향력을 행사하지 않는지, 제작 방향이 보도윤리를 훼손하지 않는지 지켜봅니다. 외부 위원으로 구성된 독자권익위원회의 평가도 받습니다.

요즘에는 미디어 전문 매체들도 활발히 활동하며 언론사들을 감시합니다. 〈기자협회보〉〈미디어오늘〉〈미디어스〉 같은 전문 매체 소속 기자들은 일반 언론사의 기자들이 오보나 왜곡보도를 냈을 때 가차 없

기자협회보와 신문협회보.

이 비판을 가합니다. 전국언론노조 민주언론실천위원회나 민주언론시민연합 같은 노동조합 기구와 시민단체들도 언론이 제대로 활동하는지 두 눈을 부릅뜨고 지켜보고 있지요.

언론사 안팎의 이 모든 체계는 오직 한 가지를 위해서 존재합니다. 바로 공정하고 객관적인 뉴스 말입니다. 기자와 언론사, 또 우리 사회가 뉴스를 어떠한 무게로 다루는지 감이 오시나요?

사실 누군가 조직적으로 무엇을 숨기려고 할 때 기자가 그 너머에 있는 진실을 알아내기까지는 상당한 시간과 노력이 필요합니다. 기자는 경찰이나 검찰처럼 강제 수사 권한이 있는 것이 아니기에 아주 제한된 방식으로만 취재가 가능합니다. 그 과정에서 사실과 다른 정보가 보도되는 경우도 생기지요. 위에 열거한 언론의 다단계 게이트 키핑 시스템이 반드시 진실을 보증하는 것은 아닙니다. 하지만 사실이 아닌 기사가 보도될 가능성을 줄여주는 것은 분명합니다.

특히 아무런 근거 없이 기자가 마음대로 왜곡보도를 할 여지를 거의 원천적으로 차단한다고 할 수 있지요. 이 시스템이 제대로 작동한다면 어떤 기자가 나쁜 마음을 먹고 가짜뉴스를 퍼뜨리려 아무리 발버둥쳐도 수많은 골키퍼 중 누군가에게는 반드시 걸리게 될 것입니다.

골키퍼 없는 홈그라운드, SNS

자랑처럼 언론의 게이트 키핑 시스템에 대해 설명했지만 이런 반발심 섞인 의문이 들 수 있습니다. '게이트 키핑 시스템이 그렇게 훌륭한데 왜 가짜뉴스는 퍼지는 걸까?'라고 말입니다.

사실 뉴스가 예전처럼 신문이나 9시 뉴스, 라디오 방송으로만 전파되었다면, 또 언론사의 게이트 키핑 시스템이 제대로 작동했다면 대부분의 가짜뉴스는 걸러졌을 것입니다. 하지만 지금은 신문, TV, 라디오보다 인터넷 포털, SNS, 유튜브를 통해 더 많은 뉴스를 접하는 시대가 되었습니다. 언론이 자랑하는 게이트 키핑 시스템과 무관하게 유통되는 정보들이 넘쳐나는 세상이 온 것이지요.

　기존 뉴스 매체와 SNS를 포함한 뉴미디어 사이의 차이점은 여러 가지입니다. 그중 가짜뉴스의 유통 측면에서 가장 주목해야 할 차이점이 게이트 키핑 시스템의 유무입니다. 게이트 키핑 과정이 없거나 극히 미미한 온라인 중심의 뉴스 생산과 유통 방식이 일반화되면서 가짜뉴스가 뿌리내릴 영토 역시 한없이 확장되고 있습니다.

　오늘 아침 친구에게 카카오톡으로 받은 뉴스 링크를 생각해 봅시다. 링크만 전달 받은 우리로서는 이 뉴스가 어떤 과정으로 생산되어 어떤 뉴스 사이트, 또는 인터넷 게시판에 올라와 있던 것인지 모릅니다. 글쓴이는 믿을 만한 사람인지, 취재원은 신뢰와 권위를 갖춘 사람인지, 사실에 접근하기 위해 어떤 노력을 했는지, 크로스 체크는 했는지 등을 알 길이 없지요.

　이 링크가 게이트 키핑 시스템을 제대로 갖추고 있는 기존 언론사의 뉴스 사이트로 연결된다면 가짜뉴스일 가능성은 확연히 줄어듭니다. 그런데 언론사 홈페이지와 비슷한 모양을 갖추고는 있는데 생전에 처음 듣는 이름의 매체라면 어떨까요? 이 뉴스가 과연 충분한 검증 과정을 거친 것인지 쉽게 확신할 수 없을 것입니다.

　지금 대한민국에 언론사는 넘쳐납니다. 과거 신군부는 언로(言路)를 제한하고 언론을 장악하기 위해 '언론 통폐합' 같은 극단적 조치도 서슴지 않았지요. 반대로 지금은 누구나 등록만 하면 인터넷 언론사를 만들 수 있는 세상입니다. 다매체 시대가 되면서 언론계에 대한 깊은 이해가 있는 사람이 아니고서는 어떤 언론사가 제대로 된 시스템을 갖춘 역사 있는 곳인지, 어떤 언론사가 취재 기반이 부족한 곳인지 판단하기가 쉽지 않게 되었습니다. 이것이 현실입니다.

여러분이 알고 있는 언론사는 몇 개나 되나요? 유튜브 시대에도 TV는 여전히 대중적인 매체이기 때문에 〈KBS〉와 〈MBC〉 같은 대형 방송사는 잘 알고 있을 것입니다. TV 채널을 열심히 돌리는 편이라면 〈TV조선〉이나 〈JTBC〉 〈채널A〉 〈MBN〉 같은 종합편성채널도 알고 있을 것입니다. 물론 지상파 방송과 종합편성채널의 차이를 이해하는 것은 또 다른 차원의 문제입니다. 여기에 〈연합뉴스TV〉나 〈YTN〉 같은 보도전문채널도 있고 〈SBS〉 〈KNN〉 〈JTV〉 등 지역민영방송사도 있습니다.

신문으로 들어가면 더 복잡합니다. 하루 동안 일어난 정치, 경제, 사회, 문화, 국제 등 전 분야의 뉴스를 모은 '종합일간지' 중 구독자가 가장 많은 〈조선일보〉는 집에서 구독하지 않더라도 한 번쯤 이름을 들어봤을 것입니다. 대한민국 언론 지형에 대한 이해도가 제법 높은 사람이라면 보수 여론을 대표하는 〈조선일보〉 〈중앙일보〉 〈동아일보〉(이른바 조중동)와 진보 여론을 대표하는 〈한겨레신문〉 〈경향신문〉이란 이름을 알고 있을 테고요. 제가 몸담고 있는 〈서울신문〉은 대한민국 신문사 중 가장 역사가 오래됐고(1904년 창간), 〈한국일보〉와 함께 중도 여론을 대표합니다. 이런 종합일간지 외에 경제 뉴스를 중점적으로 다루는 경제지, 각 지역 여론을 대표하는 지역지 등도 있습니다.

뭐가 뭔지 헷갈리지 시작하지요? 여기에 따로 분류조차 어려운 인터넷 매체들이 수없이 많습니다. 한국언론진흥재단의 언론산업 종사자 현황 조사를 보면 2018년 말 기준으로 전국의 신문, 방송, 인터넷 신문 사업체는 총 4459개입니다. 어떤 언론사가 게이트 키핑 시스템을 제대로 갖추고 있는지, 소속 기자들의 역량은 어떠한지, 그래서 보도는 믿을 만한 곳인지 여부를 하나하나 판단하기는 불가능한 상황인 것이지요.

게다가 인터넷 포털과 SNS를 통해 뉴스가 유통되기 시작하면서도 사람들은 뉴스의 출처에 큰 관심을 두지 않게 되었습니다. 어느 정도 언론 환경을 이해하고 있는 독자들은 그 뉴스를 보도한 매체가 어떤 성향인지, 정부에 대한 평소 논조는 어떤지를 따집니다. 안타깝게도 저는 해당 사항이 없지만 요즘은 '스타 기자'들도 존재합니다. 어떤 언론사 소속인가와 무관하게 포털 사이트에서는 특정 기자 개인을 '구독'하는 것도 가능합니다.

받은글) 한국일보 매각

동화기업은 그룹 지배구조 단순화 및 경영효율성 증대 목적으로 주식회사 한국일보사(대한민국) 지분 전량(618,968주)을 492.51억원에 처분하기로 결정했다고 공시했다. 이는 자기자본 대비 7.27%에 해당하는 금액이며, 처분 예정일은 2020-10-30이다.

기업 관련 소식을 짧게 담은 증권가 소식지 형식의 찌라시. (출처 강병철)

밭/태구민(태영호) 당선 이후 대형 건설사 등이 고민중인 강남아파트 브랜드 명 후보랍니다.

- 인민이 편한 세상
- 간나아이파크 or 에미나이파크
- 푸르디요
- 내래미안
- 동무센트레빌
- 천리마 아파트
- 력삼래미나이
- 아오지 리버파크/리버뷰

21대 총선에서 탈북민 출신 태영호(태구민) 의원이 서울 강남에서 당선되자
찌라시 형식으로 돌았던 악의적 풍자. (출처 강병철)

하지만 전체 뉴스 소비자 중에 이런 적극적인 독자들은 소수입니다. 그보다 훨씬 더 많은 사람들은 뉴스에 담긴 정보 자체만을 소비합니다. 누가 썼는지, 어느 언론 매체에 게재되었는지, 언제 처음 보도된 것인지 등 뉴스 자체에 관한 '메타 정보'에는 큰 관심이 없습니다. SNS를 통해 전달받은 기사를 읽을 때는 이미 신뢰 관계에 있는 친구에게 링크를 받았다는 이유만으로 뉴스 내용을 의심 없이 수용하기도 합니다. 어느 언론사의 어떤 기자가 썼느냐가 아니라 얼마나 친한 친구가 나에게 이 뉴스를 전달해 줬느냐가 뉴스의 중요한 메타 정보가 되어 버린 것이지요.

그러나 불행히도 이 친구는 훈련 받은 게이트 키퍼가 아닙니다. 이 친구 역시 누군가에게 전달 받은 뉴스 링크를 주변에 돌리는 것뿐이지 뉴스의 가치나 진위에 대해서는 고민하지 않았을 것입니다. 출처를 정

확히 알 수 없는 그 뉴스를 내 페이스북에 올릴지 말지, 카카오톡 단체 방을 통해 친구들에게 뿌릴지 말지도 당연히 혼자 결정했을 것입니다. 사후에 누군가 내 페이스북에 걸린 뉴스가 거짓정보라며 삭제하는 것이 좋겠다고 조언을 해 줄 수 있지만 그때는 이미 이 거짓정보가 한참 동안 노출된 이후겠지요. 이런 과정에서 가짜뉴스는 우리도 모르는 사이 우리 주변으로 퍼져 나가는 것입니다.

미디어의 역사를 보면 새로운 미디어의 도입 초기에는 늘 여러 가지 혼란이 발생했습니다. 기술의 발전으로 새로운 미디어가 개발되었으나 기술자 외에 평범한 사람들의 이해와 제도적 뒷받침은 늘 한 발 늦기 때문에 필연적으로 벌어지는 일들이지요.

라디오가 급속도로 확산될 즈음인 1938년 미국에서는 라디오 방송 드라마 한 편 때문에 대혼란이 벌어졌습니다. '화성 침공(The war of the world)'이라는 라디오 드라마에서 화성인이 지구를 침공했다는 소식을 라디오 뉴스 형식으로 전달하자 무려 100만 명이 넘는 사람들이 이를 진짜 뉴스로 착각해 외계인과 맞서 싸우거나 피란을 가기 위해 거리로 몰려나왔다고 합니다. 지금 보면 말도 안 되는 사건 같지만 당시 최신의 정보 전달 통로였던 라디오에서 이 소식을 전해들은 평범한 사람들로서는 따로 사실 여부를 확인할 방법이 없었을 것입니다.

지금 SNS 등을 통해 가짜뉴스가 유통되는 것도 당시와 비슷한 상황이라 할 수 있습니다. 사람들은 SNS로 전 세계 친구들과 소통하고 또 유튜브 같은 동영상 플랫폼을 통해 자신의 취향에 맞는 다양한 영상 콘텐츠를 즐깁니다. 하지만 SNS가 뉴스 유통에 얼마나 적절한 플랫폼인지, 어떤 과정을 거쳐 SNS로 뉴스가 확산되는지에 대해서는 큰 고민을 하지 않습니다. 정치권에서는 인터넷상의 가짜뉴스 확산을 막기 위한 제도 마련을 고민하고 있지만 여전히 뚜렷한 답을 내리지는 못하고 있습니다.

기술적 기반은 만들어져 있지만 이용자들의 인식 수준은 그리 높지 못하고, 제대로 된 관련 제도도 마련되지 않은 상황! 가짜뉴스가 퍼지기엔 더 없이 좋은 시점입니다.

가짜뉴스에 속은 진짜 기자들

SNS와 가짜뉴스에 대한 이용자들의 인식 수준이 그리 높지 않다는 진단은 평범한 SNS 이용자와 뉴스 독자들을 무시해서 하는 말이 아닙니다. 가짜뉴스에는 누가 언제 어떻게 당할지 모르기 때문에 항상 유념해야 한다는 뜻입니다. 심지어 사실 확인과 정확한 정보 전달을 직업으로 하는 기자들조차 부끄럽지만 종종 가짜뉴스에 속아 넘어가기도 합니다.

세상에는 결함 없는 완벽한 시스템이 있을 수 없습니다. 보도의 공정성과 객관성을 지키기 위한 언론의 핵심 시스템인 게이트 키핑도 단점이 있지요. 기사 아이템이 각 단계를 통과할 때마다 더 나은 방향으로 개선되면 더 없이 좋겠지만, 반대로 불필요한 참견이 덕지덕지 달라붙어 처음 기사의 취지를 훼손하기도 합니다. 그래서 다단계 게이트 키핑을 거친 기사는 진중하긴 하지만 인터넷 중심으로 퍼져가는 새로운 트렌드를 반영하기는 어렵습니다.

속도가 느린 것도 흠입니다. 기존 언론사의 시스템은 하루 단위 뉴스 보도를 기준으로 구축된 것입니다. 기사 아이템 하나를 가지고 여러 명의 골키퍼들이 단계별로 하루 종일 사실 여부와 기사 가치를 따지는 것이지요. 이런 시스템은 실시간 온라인 속보를 요구하는 시대의 뉴스 소비 속도를 따라가기에는 분명 힘에 부치는 측면이 있습니다.

물론 시대의 변화에 예민해야만 하는 기자들은 빠르게 변하는 트렌드를 꾸준히 공부합니다. 기사를 검토하는 골키퍼들도 시대에 따라 새로 등장한 처음 보는 모양의 축구공과 공격 스타일을 막아 내기 위해 노력합니다. 하지만 이와 별개로 다양한 경로를 통해 뉴스가 유통되기 시작하면서 골키퍼들이 검토해야 할 콘텐츠의 양은 몇 배로 늘어났습니다.

신문사는 기존 신문 지면용 기사뿐 아니라 인터넷 뉴스 홈페이지와 포털 사이트에도 기사를 전송합니다. 또 대부분 언론사들은 최근 페이스북과 트위터용 콘텐츠를 만들고 유튜브 채널도 몇 개씩 운영하고 있습니다. 이 모든 것을 기존 방식으로 점검하기는 사실 힘든 상황인 셈이지요.

이런 이유로 기성 언론사 내부에서도 게이트 키핑이 제대로 작동하지 않고, 결국 기자들까지 가짜뉴스에 속아 넘어가는 사례들이 생겨나기 시작했습니다.

〈아시아경제〉는 2018년 11월 26일자 1면에 "'이상무' 외치던 靑, 한반도 비핵화 주변국 동상이몽"이라는 제목의 단독 기사를 보도했습니다. 자신들이 입수한 '청와대 국가안보실 문건'을 근거로 "청와대가 한반도 비핵화를 둘러싼 정체 국면에서 지난 수개월간 한국에 대한 미국의 우려와 불신이 급증하는 사실을 명확히 인지했던 것으로 드러났다"고 썼지요.

어려운 말이지요? 당연합니다. 남한과 북한, 미국을 둘러싼 국제정치 관련 기사를 계속 읽어오지 않았다면 이 기사가 어떤 파급력을 가진 것인지 이해하기는 쉽지 않습니다. 기사 내용은 한마디로 북한 핵무기 해결 문제를 놓고 한국과 미국이 갈등을 겪고 있으며 우리 정부도 그런 상황을 잘 알고 있다는 것입니다. 그전까지 청와대('靑'이 청와대라는 의미입니다)는 북한 비핵화 문제와 관련해서는 한국과 미국 사이에 의견 차이가 없다고 설명해 왔습니다. 그러니 이 기사가 사실이라면 청와대는 그동안 국민들을 상대로 거짓말을 해 온 꼴이 되는 것이지요.

보도가 나가자 정부의 외교 정책을 탐탁하게 여기지 않았던 사람들은 정부를 매섭게 공격하기 시작했습니다. 하지만 청와대는 이 보도의 근거라는 문건에 대해 "청와대에서 만든 것이 아니

비핵화(denuclearization): 어떤 국가나 지역에서 군사용 목적의 핵을 없애는 작업을 뜻한다. 북한 비핵화는 북한에서 핵무기를, 한반도 비핵화는 남한과 북한 및 주변 바다 등에서 모두 핵무기를 없앤다는 뜻이다. 북한은 국제 사회의 약속을 어기고 1990년대부터 핵무기를 개발해 왔으며 지금까지 여섯 번의 핵실험을 실시했다. 완전한 비핵화가 되려면 핵무기 관련 연구를 중단하고, 지금까지 진행해 온 핵개발 프로그램을 국제사회에 공개하고, 감시기구의 사후 감시를 받아야 한다. 미국 등은 이를 강하게 요구하고 있지만 북한은 거부하고 있다.

다. 내용과 형식, 서체 모두 청와대와 무관하다"라고 해명했습니다. 다른 언론에서는 〈아시아경제〉가 입수했다는 그 문건의 출처가 '가짜 메일'로 확인되었다고 보도했습니다.

〈아시아경제〉 측은 처음에는 자신들이 정당한 절차에 따라 취재하고 확인한 내용이라고 설명했습니다. 하지만 다른 언론사에서 청와대를 사칭한 가짜 메일에 첨부된 조작 문건의 내용까지 소개하자 결국 보도 이틀 뒤에 해당 보도를 취소하고 사과문을 게재했습니다. 내부적으로 이 기사를 썼던 기자는 정치부에서 다른 부서로 발령이 났고 정치부장은 경질되었지요.

〈아시아경제〉는 당시 사과문에 "해킹 조작이 있었다면 본지 또한 피해자이기도 합니다"라고 억울함을 드러내기도 했습니다. 하지만 언론사가 사실 확인을 제대로 하지 않아 오보를 낸 책임은 어떤 식으로도 피할 수가 없어요. 몇 년 새 빠르게 성장하고 있던 〈아시아경제〉는 이 사건으로 신뢰도에 큰 타격을 입었습니다.

기자들이 한꺼번에 같은 거짓말에 속아 넘어가 대거 오보를 쏟아낸 사건도 있었습니다. 2020년 3월 청와대 국민청원 게시판에는 '생후 25개월 된 딸이 이웃의 초등학생 5학년에게 성폭행을 당했다'며 가해자에 대한 엄벌을 요구하는 청원 글이 올라왔습니다. 여기 분노한 사람들은 이 글을 여기저기 퍼 날랐고 한 달 만에 총 53만 3000여 명이 청원에 동참했습니다. 청와대의 청원 답변 조건인 20만 명을 훌쩍 넘긴 숫자였지요.

여기에는 기자들의 공도 컸습니다. 천인공노할 사건에 기자들은 앞뒤를 묻지 않고 청원 글을 그대로 옮기다시피 하며 기사를 써냈습니다. 네이버 뉴스 코너에서 검색해 보면 당시 청원인의 주장을 고스란히 옮긴 기사는 40건이 넘습니다.

그런데 청와대의 답변이 엄청난 반전이었습니다. 청원이 올라온 지 두 달 뒤 청와대 디지털소통센터장은 경찰이 수사를 해 보니 그런 가해 아동은 실존하지 않고 병원 진료 내역을 확인한 결과, 피해 아동의 건강 상태도 청원인의 주장과는 달랐다며 "해당 청원은 허위사실"이라고 밝혔습니다. 거짓 청원으로 50만 명이 넘는 국민들과 40명가량의 기자들을 속인 셈입니다. 거짓말에 분노해 청원에 동참했던 국민들은 얼마나 허탈했을까요? 또 정의감에 불타 열심히 키보드를 두들겼을 기자들은 얼마나 부끄러웠을까요?

여기서 가짜뉴스의 전파와 관련된 흥미로운 사실 하나는, 당시 청원 관련 뉴스가 인터넷에는 40건 넘게 올라왔지만 신문으로 인쇄된 경우는 한 건도 없었다는 점입니다. 앞에서 예로 들었던 한미 관계에 대한 〈아시아경제〉의 오보 역시 당시에 어떤 신문도 그 내용을 받아쓰지 않았습니다. 둘 다 무작정 믿을 수 없는 예민한 소식인 데다가 몇 번의 확인을 거치면 진위를 파악할 수 있는 정보이기에 게이트 키핑 과정에서 모두 걸러진 것이지요.

누구도 책임지지 않는 거짓말

저는 기성 언론에 몸담고 있지만 언론의 게이트 키핑 시스템이 완벽하며 기자들은 올바른 보도만 한다고 주장하지 않습니다. 의도치 않은 실수, 제대로 작동하지 않은 시스템 탓에 기자들은 오보를 낼 수도 있으며, 작정하고 왜곡보도를 하는 기자들도 존재할 것입니다.

또 각 언론사의 사정에 따라 신문사의 소유주(사주)나 신문에 광고를 주는 대기업 같은 자본권력의 압박 수준, 어느 정당과 이념 성향이 비슷한지 등 정파적 이해관계가 현실적으로 작용할 수 있기 때문에 모든 언론이 어떤 사안을 같은 시각으로만 보고 같은 방식으로 기사화하는 것은 아닙니다. 때로는 특정 사안에 대해서는 게이트 키핑을 의도적으로 허술하게 적용하고 가치 판단에 다른 잣대를 가져다 대기도 합니다. 언론사 차원에서 작정을 하고 오보인지 왜곡보도인지 애매한 기사들을 버젓이 내보내는 것이지요.

오래 전에 역사학자들은 알려진 모든 사실을 객관적으로 정리한다면 역사에 관해서는 더 이상 논쟁의 여지가 없다고 생각했습니다. 객관적이고 완전한 역사 서술이 가능하다고 믿었던 것이지요. 하지만 지금의 역사학자들은 누구도 그렇게 생각하지 않습니다. 역사도 다른 학문과 마찬가지로 해석이 필요하며 그 해석은 어떤 시각으로 접근하느냐에 따라 달라집니다.

조선을 건국한 이성계 세력에 맞섰다가 격살 당한 고려의 문신 정몽

청와대 춘추관.

청와대 춘추관 브리핑룸.

주(1337~1392)는 조선 태종 때에 영의정으로 추증(追贈·죽은 사람의 벼슬을 높여주는 일)됩니다. 조선 초기 '날아가는 새도 떨어뜨린다'고 할 정도의 어마어마한 권세를 누렸던 한명회(1415~1487)는 훗날 연산군 시대에 부관참시(剖棺斬屍·무덤을 파헤쳐 시체의 목을 베는 일)를 당하지요. 같은 인물에 대한 평가가 시대에 따라, 당대의 정치적 상황에 따라 180도 바뀌면서 벌어진 일들입니다.

1987년 민주화 이후 대한민국에서도 이런 일들은 여전히 벌어지고 있습니다. 근현대사 속 특정 인물이나 사건에 대해서는 아직도 이해관계가 얽힌 사람들이 생존해 있기 때문에 그 평가가 첨예하게 갈리기도 합니다. 그리고 어떤 정치인들은 이를 정쟁의 도구로 삼기도 하고, 자기 진영에 유리하도록 역사적 평가를 뒤바꾸는 데 정치권력을 적극 활용하기도 합니다.

국민의정부(1998~2003)와 참여정부(2003~2008)의 10년을 지나 이명박정부(2008~2013), 박근혜정부(2013~2017)가 차례로 들어섰던 시기, 정치와 결합한 역사 논쟁은 상당히 잦았습니다. 극단적으로 평가가 엇갈리는 이승만, 박정희 전 대통령에 대해 긍정적 평가를 부각시키려는 목소리가 자주 등장했고, 1948년 8월 15일 정부수립일을 '건국절'로 삼자는 주장이 보수 진영에서 나왔다가 임시정부의 정통성을 부정하는 짓이라는 반론 때문에 백지화된 적도 있었습니다.

5·18광주민주화운동의 역사적 의의를 폄훼하려는 시도들도 등장했습니다. 그러자 보수 언론들은 여기에 적극적으로 힘을 실어 주었습니다. 5·18광주민주화운동은 북한 특수군 600명이 광주로 침투해 발생한 사건이라는 이른바 '북한군 개입설'을 주장했던 지만원 씨 사례가 대표적입니다. 당시 〈동아일보〉 계열사인 〈채널A〉와 〈조선일보〉 계열사인 〈TV조선〉 등 종합편성채널들은 망상에 가까운 지씨의 주장을 여과 없이 그대로 방송에 내보내 큰 논란을 일으켰습니다. 인터뷰이의 발언을 그대로 옮겨 놓고 언론의 검증 책임은 회피하는 따옴표 저널리즘 보도였던 것이지요. 당시 이런 인터뷰를 기획하고 내보낸 책임자

5·18광주민주화운동: 1980년 5월 18일부터 27일까지 광주와 전남 시민들이 군사독재 반대와 계엄령 철폐, 민주진영 정치지도자 석방 등을 요구하며 벌인 민주화운동. 당시 권력을 잡은 전두환 보안사령부와 신군부는 공수부대로 구성된 계엄군을 보내 시민들을 무자비하게 진압했다. 이 과정에서 수백명이 죽거나 행방불명됐고, 부상자는 수천명에 이르렀다. 1995년 관련 특별법이 국회를 통과하면서 5월 18일이 국가기념일로 지정됐다.

들의 속마음까지 세세히 알 길은 없지만, 이는 우리 사회에 불필요한 갈등을 유발한 무책임한 보도였음이 분명합니다.

학문적으로 어떤 역사적 인물이나 사건에 대한 재평가는 계속 이뤄져야 합니다. 학계는 물론 일반인들에게까지 널리 퍼진 정설이 있다고 하더라도 역사학자들은 새로운 자료를 찾고 새로운 시각으로 이 정설의 빈틈을 찾기 위해 노력합니다. 그 과정에서 학문적 논쟁도 벌어지지요. 그런 논쟁의 가능성이 없다면 역사학은 학문으로서의 생명력을 금세 잃고 말 것입니다. 이승만과 박정희, 건국절, 5·18광주민주화운동에 대한 평가도 당연히 그러합니다.

그러나 위에서처럼 언론이 근현대사 인물과 사건을 다룬 방식은 학문적 접근과는 거리가 멉니다. 근거가 부족한 정파적이고 일방적인 주장을 방송 시설을 활용해 전국에 전달하는 스피커 역할만 한 것이지요. 위 종편들은 지씨가 평소 어떤 생각을 가지고 있고 어떤 주장을 해왔는지 잘 알고 있었을 것입니다. 그런데도 인터뷰 섭외나 보도 과정에서 누구도 이를 차단하지 않았고 결과적으로 멀쩡한 언론사가 가짜뉴스를 적극적으로 전파한 꼴이 되었습니다. 뚜렷한 의도를 가지고 그와 같은 인터뷰 방송을 했다고 의심하는 사람들도 적지 않을 것입니다.

그런데 여기서 주목할 점은 언론이 가짜뉴스 확산의 조력자가 될 수 있다는 사실이 아니라 그 이후의 조치입니다. 언론도 오보와 왜곡보도를 포함해 어떤 이유로 가짜뉴스를 전파할 수 있습니다. 하지만 언론은 사실이 아닌 정보를 보도했을 경우 그에 대한 적절한 책임을 져야 합니다. 언론의 영향력이 큰 만큼 그에 대한 책임도 각종 법규에 세세하게 정해져 있습니다.

지씨의 주장을 그대로 전파했던 종편 채널들은 이후 방송통신심의위원회로부터 징계를 받았습니다. 이 징계가 쌓이면 종편은 재승인을 받지 못해 방송사 문을 닫아야 합니다. 앞서 가짜 메일에 속았던 〈아시아경제〉는 이틀 뒤 '보도 취소문'을 내걸고 정치부장을 경질했다고 했지요? 이렇듯 자신들의 잘못된 보도에 대해 사과하고 적극적으로 바로잡는 것도 언론이 해야 할 일입니다. 더 나아가 이런 보도가 누군가의 명예를 훼손했다면 법원 판단에 따라 기자들은 처벌을 받고 손해배상금을 물어줘야 할 때도 있습니다.

제가 쓰는 모든 기사의 마지막에는 '강병철 기자 bckang@seoul.co.kr'이라고 저의 이름과 이메일 주소가 붙습니다. 이를 '바이라인(by-line)'이라고 합니다. 바이라인은 이 보도에 대해서는 이 기자가 1차적 책임을 진다는 일종의 약속입니다. 아무렇지 않게 왜곡보도를 일삼거나 자주 오보를 내는 기자들은 출입처에서는 물론, 일반 독자들 사이에서도 신뢰도가 떨어집니다. 소속 언론사 내부에서도 마찬가지입니다. 그러면 기자로서 활약할 수 있는 기회도 당연히 줄어듭니다.

반면 어딘가 숨어서 가짜뉴스를 생산하고 이를 SNS로 퍼뜨리고 있는 '누군가'는 어떨까요? 그들은 자신이 만든 가짜뉴스에 많은 사람들이, 심지어 기자들까지 속아 넘어가는 모습을 어디선가 지켜보면서 혼자 킥킥 웃고 있을지 모릅니다. 당연히 사과할 리도 없고 인사상 불이익을 얻을 일도 없지요. 오히려 사회적 혼란을 유발하며 자신은 남몰래 정치·경제적 이익을 누리고 있을 가능성이 큽니다. 이건 심각한 범죄와 다름없습니다. 가짜뉴스를 우리 사회에서 뿌리 뽑아야 하는 이유도 여기에 있지요.

4장

왜 그런 거짓말을 믿을까?

솔직히 말씀드리면 기자들은(저를 포함해) 자신이 쓴 기사에 달린 댓글을 그렇게 열심히 읽지 않습니다. 우선 그럴 시간적 여유가 없습니다. 하루에 한두 건, 많을 때는 그 이상으로 기사를 쏟아내는 현실에서 내가 쓴 기사 하나하나에 대한 반응을 일일이 챙겨 보기란 쉬운 일이 아니거든요. 당장 새로 쓸 기사를 고민하고 취재해야 하니 이미 출고한 기사에 묶여 있을 수가 없는 것입니다.

댓글을 읽지 않는 또 다른 큰 이유는 사실 댓글을 읽기가 무섭기 때문입니다. 기자들이 모든 기사의 댓글을 일일이 챙겨 보지는 않아도 본인이 공들여 쓴 기획기사나 단독 보도에 대한 반응은 궁금해하기 마련입니다. 그럴 때는 어쩔 수 없이 댓글 창을 열어 봅니다. 기사의 문제의식에 공감하는 반응도 적지 않지만 기자를 향한 수많은 원색적 비난과 마주하는 것이 현실이죠.

기자도 인격적으로는 남들보다 더 나을 것 없는 범인(凡人)의 한 부류인데 이럴 때 기분이 좋을 리가 없습니다. 그렇다고 댓글을 하나하나 반박하고 있을 수도 없는 노릇이니, 앞으로는 더 설득력 있게 기사를 써야겠다고 마음먹는 것으로 댓글 탐색은 보통 끝이 납니다.

그런데 때로는 아무리 봐도 대책이 없다 싶은 댓글들도 있습니다. 기사 내용을 제대로 읽어 보지도 않고서 무작정 기사와 기자를 비난하며 깎아내리는 경우가 그렇습니다. 제목부터 자신들의 입장과 다르거나 지지 세력에 불리하다 싶으면 곧바로 원색적인 공격으로 기자를 응징하는 부류이지요. 이들에게는 기자가 제아무리 노력해서 설득력 있는 기사를 쓴다한들 아무 소용이 없을 것입니다.

앞서 예로 들었던 2020년 21대 총선의 사전투표 조작 의혹에 관한 기사를 쓸 당시에는 매일같이 제 바이라인으로 '메일 폭탄'이 오곤 했습니다. 총선은 조작되지 않았다는 기사 내용에 동의하지 못하겠다는 겁니다. 당시 실제로 받은 메일의 내용은 이런 것들이었습니다.

"쓰레기와 기사를 구분 좀 합시다. 돈 받고 쓰는 거라면 이해라도 해 줄게."
"참나, 공병호방송 좀 봐라! 돈 받고 기사 쓰는 건지?"
"기자님 현장 취재 안 하십니까? PC앞에서 뇌피셜로 기사 쓰지 마시고,
사전선거 증거보전 현장 가서 취재하시고 기사 쓰시기 바랍니다."

모두 민경욱 미래통합당 의원처럼 선거관리위원회를 신뢰하지 못하고 21대 총선이 조작되었다고 굳게 믿는 사람들이었을 겁니다. 기자들

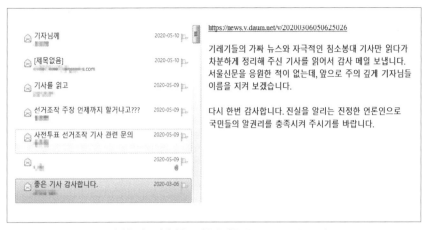

 부분의 이메일 목록 텍스트:

기자님께   2020-05-10

[제목없음]   2020-05-10

기사를 읽고   2020-05-09

선거조작 주장 언제까지 할거냐고???   2020-05-09

사전투표 선거조작 기사 관련 문의   2020-05-09

       2020-05-09

좋은 기사 감사합니다.   2020-03-06

https://news.v.daum.net/v/20200306050625026

기레기들의 가짜 뉴스와 자극적인 침소봉대 기사만 읽다가 차분하게 정리해 주신 기사를 읽어서 감사 메일 보냅니다. 서울신문을 응원한 적이 없는데, 앞으로 주의 깊게 기자님들 이름을 지켜 보겠습니다.

다시 한번 감사합니다. 진실을 알리는 진정한 언론인으로 국민들의 알권리를 충족시켜 주시기를 바랍니다.

기사를 읽고 이메일을 보내온 독자들. (출처 강병철 이메일 캡처)

뿐 아니라 선관위와 각 분야 전문가들이 어째서 선거 조작이 불가능한지를 반복해서 설명하고 총선에서 패배한 미래통합당마저도 선거 결과를 수용하겠다고 했지만 소용이 없었지요. 그러니 제가 쓴 한두 편 기사에 설득이 될 가능성은 희박했을 것입니다.

이들은 오히려 진실을 밝혀야 할 기자가 자신들이 믿고 있는 진실에 주목하지 않는다는 사실에 화가 났을 것입니다. 언론보다는 〈공병호 TV〉 같은 우파 성향 유튜브 채널이 더 신뢰할 만하며, 기성 언론사의 기자들은 뒷돈을 받고 거짓정보를 기사화하거나 컴퓨터 앞에서 자기가 쓰고 싶은 대로 아무렇게나 기사를 쓴다고 생각하는 것이지요.

신문, 방송에 나온 모든 것들을 곧이곧대로 믿을 필요는 없습니다. 그래서도 안 되고요. 하지만 대다수 언론이 다룬 뉴스를 믿지 않으면서 유튜브나 SNS에서 유통되는 정보만을 믿는다는 것은 상식과는 거리가 먼 행동입니다. 공정하고 객관적인 정보로 향하는 잘 포장된 고속도로가 여러 갈래로 만들어져 있는데 굳이 안전한지도 알 수 없는 비포장도로를 찾아가려는 것과 같습니다.

우리는 지금까지 진짜 뉴스와의 차이를 중심으로 가짜뉴스의 정체를 공부했습니다. 앞의 사례들에서 보았듯 우리는 누구나 가짜뉴스에 속을 수 있습니다. 이 글을 읽는 독자 여러분도, 저를 포함한 기자들도 모두 마찬가지입니다. 그렇다면 왜 대체 사람들은 상식과는 거리가 멀어 보이는 가짜뉴스에 속는 것일까요? 또 속는 수준을 넘어 가짜뉴스를 굳게 믿고 열심히 퍼 나르는 사람들까지 존재하는 이유는 뭘까요? 이번 장에서는 사람들이 왜 가짜뉴스에 속고, 가짜뉴스를 믿게 되는지를 짚어보겠습니다.

유튜브는 언론일까?

세계적인 동영상 플랫폼인 유튜브(www.youtube.com)는 우리나라에서도 세대를 불문하고 수많은 사람들이 사용하고 있습니다. 2020년 7월 모바일 빅데이터 분석 기업인 아이지에이웍스가 발표한 '2020 상반기 대한민국 모바일 앱 시장 분석 리포트'에 따르면, 우리나라 안드로이드 스마트폰 이용자들은 유튜브를 월평균 16.7일, 28.1시간 사용하는 것으로 나타났습니다. 우리나라에서 앱 사용일수 1위는 카카오톡(24.5

일)이었지만 사용시간은 유튜브가 대부분 세대에서 1위였습니다.

저도 유튜브를 즐겨 쓰는 편입니다. 공중파 방송에서는 볼 수 없는 색다른 영상 콘텐츠를 즐길 수 있고 유명 강사나 각 분야 전문가들의 동영상 강의도 무료로 볼 수 있습니다. 지금 이 글을 쓰면서도 유튜브로 즐겨 듣는 음악을 재생시켜 놓았습니다. 유튜브가 없었던 시절에는 별 불편함을 모르고 살았지만 이를 알게 되고 열심히 사용하기 시작한 이상 앞으로는 이 플랫폼이 사라진다면 큰 불편을 겪을 것만 같습니다.

하지만 유튜브 세상을 돌아다니다 보면 제목과 썸네일만으로도 얼굴을 찌푸리게 되는 콘텐츠가 적지 않다는 걸 알게 되지요. 특히 저는 정치·사회 분야 이슈를 다루는 이른바 '시사 채널'을 볼 때 종종 깜짝 놀라곤 합니다. 보수와 진보, 이념 지향이 어느 쪽인가를 떠나서 균형감이라고는 전혀 찾아볼 수 없는 극단적인 정파성과 무책임하고도 자극적인 내용으로 포장한 콘텐츠들이 난무하기 때문인데요. 어떤 때엔 이런 영상을 찍어 버젓이 공개하는 그 당당함이 부럽기까지 합니다. 그런 영상에 엄청난 조회수와 '좋아요'가 기록돼 있고 그 영상을 모은 채널의 구독자가 몇 십만 명을 돌파하는 것을 보면 기자라는 직업에 대한 회의감이 들기까지 하지요. 기자 역시 일종의 '시사 콘텐츠'를 만들어 내는 크리에이터이니 말입니다.

근래에는 신문이나 방송사의 뉴스보다 유튜브의 시사 콘텐츠를 더 자주 소비하는 사람들이 많은 듯합니다. 언론은 틀에 박힌 방식으로, 그것도 아주 딱딱하게 뉴스를 전달하지만 유튜브 시사 채널은 훨씬 재미있습니다. 언론처럼 숨기는 것 없이 시원하게 정보를 전달한다는 느낌도 듭니다. 예를 들어 정치인의 뇌물수수 의혹이 제기되었을 때 언론은 '여당 국회의원 K씨'처럼 알 듯 말 듯한 표현을 쓰지만 유튜브에서는 바로 실명을 말해 버립니다. 게다가 나쁜 짓을 한 자들에게는 거침없는 비속어까지 써 가며 시원하게 비난을 가하지요.

이런 측면을 보면 기성 언론이 점잖을 뺀다고 제대로 못하는 일을 유튜브가 대신하고 있는 것처럼 보일 수도 있습니다. 〈공병호TV〉에서 보고 들은 내용을 근거로 기성 언론사의 기사를 부정하고 비판하는 사람들도 이런 심정일지 모릅니다.

하지만 여러분, 과연 유튜브는 기존의 신문과 방송을 완전히 대신할 수 있을까요? 신문방송과 비슷한 일을 하는 듯하고 오히려 더 나은 점도 있는 것 같은데 그럼 유튜브도 언론으로 봐야 하는 것일까요?

이와 관련해 재미있는 조사 결과가 하나 있습니다. 앞에서도 인용했던 한국언론진흥재단의 2019년 언론수용자 조사에서 연구진은 응답자들에게 "당신은 동영상 플랫폼을 언론이라고 생각하십니까, 아니라고 생각하십니까?"라고 물었습니다. 현직 기자 입장에서는 이런 질문을 던지는 현실 자체가 어색하게 느껴지지만 결과는 놀랍습니다. 응답자 전체의 28.6%는 이 질문에 '그렇다'고 답했습니다. 특히 20대는 39.7%가, 30대는 36.1%가 유튜브 같은 동영상 플랫폼을 언론이라고 생각한다고 응답했습니다.

참고로 카카오톡을 비롯한 메신저 서비스를 언론이라고 생각한다는 답은 24.6%(20대는 34.2%), 페이스북 등 SNS를 언론으로 생각한다는 답은 21.8%(20대는 35.3%)로 집계되었습니다.

앞으로의 정의는 어떻게 될지 알 수 없지만 전통적인 의미에서 유튜브는 당연히 언론이 아닙니다. 동영상 유통 플랫폼이지요. 그곳에서 유통되는 동영상이 〈KBS〉〈MBC〉 같은 언론사가 만든 뉴스 영상일 수도 있고 신문사가 만든 시사 콘텐츠일 수도 있지만 유튜브는 그저 뉴스를 포함한 동영상이 유통되는 장소일 뿐입니다. 언론사는 취재 활동을 통해 뉴스 콘텐츠를 생산, 유통하는 서비스 사업자입니다. 유튜브는 직접 뉴스 콘텐츠를 생산하지 않지요. 카카오톡 메신저나 페이스북 같은 SNS도 영향력 있는 유통의 통로일 뿐 뉴스를 직접 만들지는 않습니다.

시사 콘텐츠를 주로 생산해 유튜브에 업로드하는 시사 채널도 언론이 아닙니다. 2020년 11월 기준으로 시사 콘텐츠를 주로 제작하는 유튜브 채널 〈신의한수〉의 구독자는 131만 명, 〈사람사는세상노무현재단〉의 구독자는 117만 명입니다. 종합일간지 중 구독자가 가장 많은 〈조선일보〉와 비슷한 규모입니다. 이 채널들은 시사 정보를 다루고 정치 비평도 하는 등 언론사와 비슷한 일을 합니다. 그렇다고 언론이라고 할 수는 없습니다.

우선 형식적 측면에서 이들은 언론사로 등록되어 있지 않습니다. 또 겉으로는 비슷해 보일지라도 생산하는 콘텐츠의 성격도 사실은 차이가 있습니다. 유튜브 콘텐츠는 언론이 지향하는 사실성과 객관성, 공정성, 불편부당성 등에 절대적 가치를 두지 않습니다. 이를 확보하기 위한 다단계 게이트 키핑 과정을 둘 필요도 없습니다. 유튜브 콘텐츠의 목표는 공공 이익을 위한 저널리즘의 실현이 아니기 때문입니다. 그보다는 정치적, 경제적 이익을 얻는 것을 목표로 합니다. 유튜브나 유튜브 채널 모두에 해당되는 말입니다.

유튜브는 언론이 아니기 때문에 언론에 관한 각종 규제도 적용받지 않습니다. 예를 들면 대통령 선거와 총선 등 전국 단위 선거 90일 전부터 후보자들은 후보토론회 등 법으로 정한 프로그램 외에는 TV 방송에 출연하거나 신문에 글을 싣지 못합니다. 심지어 후보자가 등장하는 제품 광고도 전파를 탈 수 없지요. 언론은 선거 보도를 할 때 노골적으로 한쪽 편을 들 수 없습니다. 선거 기간 동안 중앙선거관리위원회는 선거기사심의위원회, 인터넷선거보도심의위원회, 선거여론조사심의위원회 등을 가동해 실시간으로 언론 기사의 공정성을 모니터링합니다. 규정에서 벗어나면 곧장 공직선거법 위반으로 고발당하고 처벌을 받습니다.

반면 유튜브 콘텐츠 등은 이런 규제에서 자유롭습니다. 기성 신문사보다 구독자가 많은 채널이 여기저기 널렸고 공중파 방송보다 더 많은 사람들이 조회하는 영상 콘텐츠가 부지기수이지만 유튜브는 '규제 프리존(free zone)'으로 남아 있습니다. 시사 채널에서는 선거 본투표 당일까지 각 정당의 후보들이 출연해 자신에 대한 지지를 호소하고 상대 진영에 대한 비난을 가합니다. 법으로 정한 복잡한 요건을 모두 갖추지 않은, 그래서 언론에서는 다룰 수 없는 여론조사 결과를 유튜브에서는 대서특필을 한다 해도 문제가 없습니다.

유튜브는 법적 규제뿐 아니라 언론이 스스로 정해 놓은 보도 준칙도 따를 필요가 없습니다. 우리 사회가 기대하는 언론의 책임을 다하고 또 헌법이 정한 기본권을 지켜주기 위한 목적으로 한국기자협회는 '기자 윤리강령'을 비롯해 갖가지 세부적인 보도 권고 기준을 마련해 두었습니다. 자살보도 윤리강령, 인권보도 준칙, 재난보도 준칙, 성폭력 범죄 보도 세부 권고 기준 등이 그런 것들입니다. 이에 따라 기자들은 비록 취재를 모두 했다 하더라도 자살 사건에서 구체적인 자살 방법, 살인 사건의 흉기 종류, 초기 수사 단계에서 범죄 혐의를 받고 있는 사람의 실명, 성폭력 사건의 구체적 정황, 성폭력 피해자의 인적 사항 등을 보도하지 않습니다. 하지만 이 역시 유튜브는 지킬 필요가 없는 규칙들입니다.

극단적으로 말해 유튜브 채널 출연자들은 이런저런 거짓말을 해도 대부분 특별한 제재를 받지 않습니다. 자신의 경력을 속이고 직함을 거짓으로 꾸미고 거짓 정보를 사실인 양 주장해도 손해 볼 것이 그다지 없습니다. 여러분은 자신이 구독하는 유튜버에 대해 얼마나 알고 있나요?

자극적인 콘텐츠일수록 타인에 대한 명예훼손의 위험이 늘 도사리고 있지만 일부 유튜버들은 이마저도 두려워하지 않는 듯합니다. 소송이 걸리면 걸리는 대로 또 그것으로 주목받는 콘텐츠를 만들 수 있다고 생각합니다. 일명 '노이즈 마케팅'이라고 여기지요.

사실 유튜브가 진짜 언론이냐 아니냐를 떠나서, 적지 않은 뉴스 소비자들의 인식이 위와 같이 조사되었다는 사실은 언론 환경을 둘러싼 중요한 변화를 말해 줍니다. 뉴스 유통 방식이 다양해지면서 점점 언론과 노이즈 마케팅(noise market-ing): 어떤 제품이나 서비스, 인물에 대한 사람들의 관심도를 높이기 위해 일부러 이런저런 논란을 일으키는 판매 기법을 뜻한다. 상품 및 서비스의 본질과는 별로 상관이 없으며 심지어 부정적인 인상을 준다고 하더라도 사람들 사이 인지도를 단번에 높일 수 있다는 장점 때문에 짧은 기간 소비자를 모아야 하는 영화나 TV 프로그램 등 홍보에 많이 쓰인다. 장기적으로는 소비자의 불신만 커질 위험도 있다.

언론 아닌 것의 구분이 모호해졌다는 점인데요. 과거에 유튜브나 SNS가 없던 시절의 뉴스 유통 공간은 신문과 방송, 라디오 등이었으며 여기에는 언론사가 만든 뉴스만 들어올 수 있었습니다. 하지만 지금 유튜브와 SNS 상에는 진짜 기자들이 보도한 뉴스와 누군가 조작한 가짜뉴스가 공존합니다. 매번 시험 문제를 풀듯 진짜 뉴스와 가짜뉴스, 언론과 언론 아닌 것을 구별해 나가야 하는 상황인 셈이지요.

그 과정에서 미디어에 대한 이해가 부족한 사람들은 가짜를 진짜로 혼동하게 됩니다. 아무런 검증 과정 없이 만들어 낼 수 있는 유튜브 콘텐츠나 카카오톡, 페이스북, 인스타그램 메시지도 뉴스라고 생각하는 사람이 국민 4명 중 1명꼴입니다. 그러니 가짜뉴스를 만들어 퍼뜨리는 것이 그리 어려운 일도 아닐 것입니다.

"기자들은 진짜 진실을 보도하지 않아!"

박근혜 전 대통령은 대통령으로서 헌법을 수호하고 준수할 의무를 저버렸다는 이유로 2016년 12월 9일 국회에서 탄핵소추를 당합니다. 이듬해 3월 10일 헌법재판소는 전원일치로 대통령 파면을 결정했지요.

대한민국 역사상 처음으로 현직 대통령이 임기 중 파면당한 순간이었습니다. 그리고 두 달 뒤 제20대 대통령 선거에서 문재인 대통령이 당선되었습니다.

시민들의 '촛불혁명'으로 현직 대통령이 탄핵되고 새로 뽑힌 대통령의 임기마저 끝을 향해 가고 있지만 우리 주변에는 아직 박근혜 전 대통령 탄핵을 인정하지 않는 사람들이 적지 않습니다. 처음보다 규모는 많이 줄었지만 남은 이들은 여전히 광장에서 "박근혜는 죄가 없다"를 부르짖고 있지요. 헌법재판소가 전원일치로 탄핵을 결정했다고 해도 우리 사회에는 이들처럼 심정적으로 여기 동의하지 않는 사람들이 분명 있을 수 있습니다. 그리고 그들도 박근혜는 죄가 없다는 의견을 광장에서 외칠 수 있습니다. 대한민국은 민주주의 사회니까요.

이런 사람들이 신문이나 방송 뉴스를 보면 매일 화가 날 것입니다. 죄가 없는 '진짜 대통령'은 교도소에서 몇 년째 고생하고 있는데 언론에서는 엉뚱한 소식만 다루고 있으니까요. 비가 오나 눈이 오나 광장에서 '진실'을 외치고, 자신들의 활동을 알리는 보도자료를 배포하고, 기자회견을 열어도 그 목소리에 주목하는 언론은 하나도 없습니다. 그럴 때 누군가 이야기하죠. "언론들은 모두 썩었어. 기자들은 진실에는 관심이 없어!"라고요.

사람마다 믿는 것은 자유겠지만 박 전 대통령이 죄가 없다는 주장은 사실이 아닙니다. 다음 세대의 역사가들이 어떻게 평가할지는 알 수 없으나 적어도 그가 위헌적인 행위를 저질러 헌법재판관 전원일치로 파면

박근혜 전 대통령 탄핵 반대 시위 현장의 모습.

국회 정문 앞에 박근혜 대통령 탄핵에 반대하는 지지들이 걸어 놓은 대형 현수막.

되었다는 사실은 바뀌지 않습니다. 사실은 죄가 없는데 반정부 세력이 촛불집회를 벌였고, 국회는 여기에 부화뇌동하며 탄핵소추안을 가결시켰고, 법관들의 최고 정점에 선 헌법재판관 9명은 양심을 버리고 한 목소리로 대통령 파면을 결정했다고 믿는 것은 망상입니다.

그런데도 어떤 사람들은 이런 망상을 거두지 않습니다. 오히려 이를 더욱 공고히 하는 자료들을 찾아다닙니다. 그 자료의 내용이 얼마나 정확하고 객관적인지, 출처는 믿을 만한지를 따지지 않습니다. 가장 중요한 것은 자신들이 보고 싶고 듣고 싶은, 그런데 언론은 다뤄 주지 않는 '우리가 원하는 진실(?)'을 담고 있느냐 하는 점입니다. 하지만 그런 진실 아닌 진실을 담고 있는 객관적 자료는 현실에 존재할 수 없습니다. 그런 바람을 채워줄 수 있는 것은 오로지 가짜뉴스뿐이지요.

박 전 대통령 탄핵을 받아들이지 못하는 사람들이 근거로 제시해 온 것 중 하나가 'JTBC 태블릿PC 조작설'입니다. 〈JTBC〉는 박근혜 전 대통령의 오랜 지인이었던 최순실이 국정농단(자신의 이익을 위해 국가 운영을 맘대로 했다는 뜻)을 했다며 그 근거로 최씨가 사용한 태블릿PC를 입수해 공개했습니다. 공식적으로 아무런 직책도 없던 최씨의 태블릿PC에는 대통령 연설문을 비롯해 국정에 관한 각종 기밀문서가 가득했죠. 이 보도 이후 탄핵을 요구하는 목소리는 더욱 거세졌습니다.

태블릿PC 조작설은 국정농단 사건의 스모킹 건(smoking gun)으로 작용한 이 태블릿PC의 내용이 조작되었다는 주장입니다. 태블릿PC가 조작되었다면 시민들이 분노해 촛불집회에 나올 이유가 없었고 따라

스모킹 건: 문자 그대로 풀이 하면 '연기 나는 총'이란 뜻으로 범죄 또는 사건 등을 해결하는 데 사용되는 결정적이고 확실한 증거를 일컫는다. 탄환이 발사된 총구에서 연기가 피어오르는 장면을 포착하는 순간, 총을 들고 있는 사람이 살해범으로 확실시되기 때문이다. 범죄 혐의를 입증하는 직접적이고 확실한 증거라는 의미 외에, 가설을 증명해 주는 과학적인 근거라는 뜻으로도 쓰인다.

서 탄핵이 될 리도 없었을 것이란 가정이 작동하는 것이지요. 검찰 조사 결과 태블릿PC 조작설은 가짜뉴스로 판명되었습니다. 그럼에도 이 허위정보는 여전히 인터넷 공간에서 생명력을 유지하고 있고 잊을 만하면 정치권에서도 불쑥 불쑥 등장하곤 합니다.

태블릿PC는 박 전 대통령 탄핵의 여러 근거 중 하나일 뿐입니다. 설사 태블릿PC가 진짜로 조작되었다고 해도 탄핵이란 결과를 뒤집을 수 있었을지는 장담할 수가 없습니다. 하지만 탄핵을 현실로 받아들이고 싶지 않는 사람들의 눈에는 그런 앞뒤 사정이 보일 리가 없습니다. '믿고 싶은 사실만 믿으려는 강렬한 욕망'이 가짜뉴스에게 날개를 달아 준 것입니다.

앞서 예로 들었던 21대 총선 조작설을 주장하는 사람들도 비슷합니다. 총선이 조작되지 않고 정상적으로 치러졌다는 근거는 수도 없이 많습니다. 하지만 이들은 그 수많은 근거보다 총선이 조작되었다는 주장을 뒷받침하는 것처럼 보이는 불분명하고 지엽적인 자료에 매달립니다. 그리고 자신들이 믿는 것이야말로 진실이라고 목소리를 높이지요.

미국 도널드 트럼프 대통령 취임 직후 미국에서는 '대안적 사실(alternative facts)'이라는 표현이 유행했던 적이 있습니다. 트럼프 대통령 취임식에 참석한 시민들의 숫자가 전임 버락 오바마 대통령과 비교해 상당히 줄어들자 언론사들은 조롱하듯 이 소식을 전했습니다. 이에 백악관은 '지하철 이용 통계 등을 볼 때 트럼프 대통령 취임식에는 역대 가장 많은 시민들이 참석했는데 적대적인 언론들이 거짓 보도를 하고 있다'고 주장했습니다.

하지만 백악관의 이 주장은 금세 거짓말로 밝혀졌습니다. 백악관 설명과는 정반대의 통계 자료들이 속속 확인되었기 때문입니다. 백악관이 거짓말을 했다는 비판이 쏟아지자 캘리언 콘웨이 백악관 선임고문은 한 방송 인터뷰에서 이렇게 답합니다. "당신들은 백악관 언론비서관이 거짓말(falsehood)을 했다고 하지만, 그는 대안적 사실을 제시한 것입니다"라고요. 상식과 거리가 먼 황당한 발언이지요. 이후 미국 사회에서는 농담처럼 이 표현이 회자되었습니다. 예를 들면 "엄마는 내게 왜 성적이 올랐다는 거짓말을 했냐고 야단을 쳤지만 나는 대안적 사실

총선 부정선거 등을 주장하는 문구가 덕지덕지 붙은 차량이 국회 앞을 지나고 있다.

을 말한 것뿐이야"처럼요.

대안적 사실은 당연히 사실이 아닙니다. 그 표현 자체가 기만적이지요. 사실이 아닌 거짓은 사실의 대안이 될 수 없습니다. 그저 자신들이 믿고 싶은 환상을 그렇게 포장했을 뿐입니다. 현실 세계에서는 내가 보고 듣길 원하는 일만 벌어지지 않습니다. 뉴스는 그 세계에서 진짜 일어난 일들만 전합니다. 현실에서 일어나지 않은 일을 대안적 사실이란 이름으로 퍼뜨린다면 혼란은 불 보듯 뻔합니다. 대안적 사실은 가짜뉴스의 다른 이름일 뿐입니다.

에코 체임버 효과와 확증편향

『한비자(韓非子)』에 이런 이야기가 나옵니다. 중국 전국시대(기원전 403~221) 위나라의 대신 방공이 머나먼 조나라로 한동안 떠나게 되었습니다. 방공은 길을 떠나기 전 왕에게 이런 이야기를 합니다.

"번화한 시장에 호랑이가 나타날 리 없다는 사실은 세상 사람들이 다 알고 있습니다. 하지만 한두 사람이 아니라 세 사람이 입을 모아 '시장에 호랑이가 나타났다'고 말하면 사람들은 그 말을 믿게 됩니다. 제가 조나라로 떠나 있는 사이 저에 대한 험담을 하는 사람은 셋보다 훨씬 더 많을 것입니다. 그런 말을 듣더라도 임금께서 부디 잘 판단해 주시길 바랍니다."

왕의 두터운 신임을 받고 있던 방공은 그가 없는 사이 조정의 다른 대신들이 자신에 대한 이런저런 나쁜 말을 할 것을 우려해 미리 왕에게 주의를 촉구한 것이지요. 왕은 고개를 끄덕이며 걱정 말라고 했지만 얼마 지나지 않아 주변 사람들의 험담에 넘어가 버렸고, 방공은 결국 조정으로 돌아오지 못합니다. 사람 셋이면 없는 호랑이도 만들어 낸다는 뜻의 사자성어 삼인성호(三人成虎)에 얽힌 고사입니다.

거짓말의 힘은 오묘합니다. 한두 사람이 말도 안 되는 거짓말을 하면 믿기 힘들지만 여러 사람이 같은 거짓말을 하면 '정말 그런가?' 하고 마음속에 빈틈이 생깁니다. 그렇게 같은 거짓말을 여러 경로를 통해 반복해서 듣다 보면 어느 순간 거기에 넘어가 버리지요. 시장에서 정말 호랑이를 본 사람은 한 명도 없지만 호랑이가 나타났다는 거짓말이 계속 돌고 돌아 사람들의 마음속에 호랑이를 만들어 버리게 되는 것처럼요. 그 믿음이 깊어지면 누군가 나타나 "시장에 호랑이는 없어"라고 아무리 바른 말을 해도 "네가 시장을 샅샅이 뒤져 본 것은 아니잖아?"라며 잘못된 믿음을 거둬들이지 않게 됩니다.

가짜뉴스가 힘을 얻는 메커니즘 중 하나로 '에코 체임버 효과(echo chamber effect · 반향실 효과)'라는 것이 있습니다. 에코 체임버는 인위적으로 메아리(에코)가 계속 울리도록 만든 방을 뜻합니다. 이 방 안에서 "호랑이가 나타났다"고 한 번 외치면 메아리가 끝이 없이 울리게 되지요. 마치 여러 명이 차례로 등장해서 똑같은 말을 하는 것처럼 말입니다. 그리고 이 방 안에서는 계속해서 같은 정보만을 접하기 때문에 정보에 대한 신념의 편향성이 점점 더 강화됩니다. 이를 에코 체임버 효과라고 부릅니다.

에코 체임버 효과가 일어나는 대표적인 정보 유통 공간이 유튜브입니다. 유튜브의 콘텐츠 추천 알고리즘은 내가 어제까지 즐겨봤던 영상의 성격을 분석해 이와 비슷한 내용의 콘텐츠를 오늘 또 제공해 줍니다. 이용자가 그 주제에 관심이 많다고 판단하는 것이지요. 그래서 아이돌 가수의 공연 영상을 자주 보는 사람과 영어 강의를 즐겨 듣는 사람의 유튜브 메인 화면 구성은 서로 완전히 다릅니다.

나의 취향을 알아주는 알고리즘이 편할 때도 있지만 이 방식은 필연적으로 '정보의 편식'을 낳습니다. 유튜브에는 전 세계 유튜버들이 올린 온갖 종류의 영상들이 셀 수도 없이 많습니다. 그러나 알고리즘은 그 많은 산해진미를 제쳐 두고 어제 먹었던 반찬을 다시 먹으라고 권합니다. 적극적으로 새로운 콘텐츠를 찾아 나서지 않는다면 한 가지 취향의 동영상에만 계속 노출되는 것이지요.

누군가의 유튜브 화면에 반복 노출되는 콘텐츠가 가짜뉴스가 될 수도 있습니다. 처음 누군가 보내 준 정체를 알 수 없는 동영상 링크, 유튜브 공간을 돌아다니다 자극적인 제목에 우연히 클릭한 영상은 최초의 씨앗이 되어 나를 가짜뉴스의 반향실로 이끕니다. 그 안에서는 객관성과 공정성이 담보되지 않은 확인되지 않은 정보가 메아리처럼 끝없이 울립니다. 적극적으로 이런 편향된 정보를 차단하고(유튜브 콘텐츠 옵션에서 '관심 없음'을 누르면 됩니다) 균형 잡힌 정보를 찾아보지 않으면 가랑비에 옷 젖듯 가짜뉴스에 빠지게 될지도 모릅니다.

이와 관련해서는 '확증편향'이란 개념도 알아둘 필요가 있습니다. 확증편향은 스스로를 에코 체임버에 가두고 같은 성향의 정보만을 소비하며 잘못된 신념을 부적절하게 강화하는 경향이라고 말할 수 있습니다. 인지학에서는 사람의 머릿속에 스키마(scheme)라고 하는 추상적인 지식 구조가 있다고 설명합니다. 스키마는 일종의 배경지식이자 새로운 정보를 이해하는 틀이라고 할 수 있지요.

사람들은 새로운 정보를 접하면 자신이 알고 있던 기존의 배경지식을 활용해 이해하려 합니다. 그 과정에서 새 정보를 수용해 스키마를 일부 수정하거나, 새 정보를 배척하고 기존 생각을 공고화하기도 합니다. 확증편향은 이 스키마가 너무나 공고해서 여기 부합하지 않는 정보는 모두 배척하고 입맛에 맞는 정보만 계속해서 수용하는 상태입니다.

주식투자를 직접 해보면 웬만큼 '열린 마음'이 아니고서는 누구나 확증편향의 골짜기를 빠져나오기 쉽지 않다는 사실을 스스로 깨닫게 됩니다. 주식을 사고 나면 그 기업의 주가가 오를 만한 좋은 소식만 눈에 들어오는 경우가 많습니다. 그보다 훨씬 강한 악재가 나와도 무시하고 오직 호재에만 큰

스키마: 원래 심리학에서 나온 용어로 과거의 경험으로부터 얻은 지식이나 반응체계를 말한다. 이를 바탕으로 어떤 단어를 듣거나 상황에 놓이거나 할 때 머릿속에 들어 있는 정보들의 취사선택과 분석, 취합을 통해 적절하게 적응하거나 대처할 수 있다. 일종의 '지식의 덩어리'라고 표현할 수도 있다. 예를 들어 누군가 '거실'이란 단어를 말하면 듣는 사람은 대개 '집에 있는 공간'으로 '가족들이 모여서 쉬거나 휴식을 취하는 방'으로 '책장, TV, 소파' 등이 놓인 모습을 상상하는데, 이런 연상을 가능하게 해주는 것이 스키마다.

의미를 부여하지요. '내가 산 주식은 오를 것이다'는 기대감이 냉철한 이성을 덮어버리는 것입니다. 국가대항전에 나간 우리나라 축구대표팀을 응원할 때도 비슷합니다. 실력이 엇비슷한 나라와 맞붙는다고 하면 전문가들 사이에서도 승패 전망은 엇갈릴 것입니다. 그럴 때 냉정하게 패배를 예상하는 분석보다는 다소 어설프더라도 승리를 예고하는 분석에 마음이 더 끌립니다. 이왕이면 내가 바라는 결과를 예측한 전문가들의 분석을 보면서 기분 좋은 상상을 하는 편이 더 즐거울 테니까요.

이런 편향성은 뉴스 소비 행태에서도 드러나는데, 특히 우리나라가 상대적으로 이런 성향이 강하다고 합니다. 영국 옥스퍼드대 부설 로이터저널리즘연구소의 '디지털 뉴스 리포트 2020'은 나라별로 자신과 관점이 같은 뉴스를 선호하는 비중을 조사했습니다. '나와 같은 관점의 뉴스를 선호한다'는 응답이 한국은 44%가 나왔습니다. 조사 대상이었던 40개국 평균은 28%였지요. 특히 자신을 '매우 보수'라고 답한 사람은 66%가, '매우 진보'라고 답한 사람은 55%가 자신과 관점이 같은 뉴스를 선호한다고 답했습니다. 이념 성향이 뚜렷할수록 자신과 관점이 다른 뉴스를 읽는 것을 불편해한다는 의미입니다.

입맛에 맞는 뉴스만 골라 소비하려는 현상을 언론계에서는 상당히 우려 깊은 시선으로 바라보고 있습니다. 이를 두고 강준만 전북대 신문방송학과 교수는 2019년 한국언론정보학회 기조연설에서 '속풀이 저널리즘' '해장국 언론'이라고 표현했습니다. 누가 나의 속을 시원하게 풀어 주느냐가 참된 언론의 기준이 된 현실을 꼬집은 것이지요.

이런 뉴스 소비자가 많아질수록 언론은 본연의 역할을 충실히 해내기가 힘들어집니다. 입맛에 맞는 뉴스만 제공하면 찬사를 받고 독자가 늘어나는 마당에 굳이 불편한 진실을 파헤칠 이유가 없으니 말입니다. 이런 상황을 바로잡지 않는다면 결국 가짜가 판을 치는 세상이 되고 말 것입니다.

문재인 대통령이 치매라고?

'문재인 치매? 치매 의심 증상 8가지 보여.'

이런 제목의 게시글 링크가 메시지로 왔다고 생각해 봅시다. 제목만 읽고서는 "허허허, 누가 이런 헛소리를 하나"라거나 "에이, 설마 그렇겠어?" 정도의 반응을 보일 수 있을 것입니다. 그런데 본문을 읽어 보니 꽤 상세하게 문 대통령이 치매로 의심되는 이유를 설명합니다. 병원에서 쓰는 치매 검사항목이라며 여덟 가지 기준을 제시하고 이를 최근 대통령의 행적과 하나하나 연결시킵니다.

예를 들면 '날짜를 잘 모른다' '사람 이름을 대기 힘들어 한다'는 기준이 있는데, 문 대통령이 방명록에 날짜를 잘못 썼거나 말실수를 했던 자료들을 제시하는 식입니다. '이가 많이 빠지면 뇌질환 가능성이 커진다'는 항목도 있습니다. 문 대통령이 과거 청와대 민정수석 및 비서

실장 근무 시절부터 스트레스로 치아가 여러 개 빠졌다는 사실이 마침 딱 들어맞습니다. 이렇게 하나둘 따져 보니 여덟 가지 검사항목 중 제외되는 것이 하나도 없습니다.

이 글은 '문재인 대통령 치매설' 확산의 발단이 된 제법 유명한 가짜 뉴스입니다. 2017년 19대 대통령 선거를 앞두고 한 20대 청년이 처음 만들어 자신의 블로그에 올려 퍼뜨린 뒤 정치권에서까지 회자되며 상당한 논란을 일으켰지요. 이 가짜뉴스를 만든 20대 블로거는 공직선거법 위반 혐의로 기소되어 300만 원의 벌금형을 받았습니다. 이후 해당 글을 블로그에서 내리고 대신 사과문까지 올렸지만 이 글은 복제에 복제를 거듭해 여전히 인터넷 공간 속을 돌아다니고 있습니다. 지금도 포털사이트에서 '문재인 치매'를 검색하면 관련 글들이 수두룩하게 나옵니다.

문재인 대통령에 대한 호불호를 떠나서 상식적으로만 생각해 봐도 대통령이 치매에 걸렸다는 주장은 말도 안 되는 거짓말임을 쉽게 알 수 있습니다. 문 대통령은 치매 의혹이 처음 제기된 19대 대선 후보 시절은 물론이고 대통령이 되고 나서도 수없이 많은 사람들을 만났습니다. 그가 치매였다면 청와대 직원들뿐 아니라 여야 정치인, 기업인, 각종 현장 행사에 참석한 일반 국민들이 눈을 감고 있지 않는 한 그 사실을 알아챘을 것입니다. 또 청와대를 출입하는 수많은 언론사 기자들이 대통령의 일거수일투족을 취재하고 보도하는데 그 기자들이 모두 합심해서 그런 사실을 몇 년 동안 모른 척하지는 않았겠지요.

그런데 치매설을 접하고 나서 이런 생각이 들 수도 있습니다. "아무리 그래도 아무 근거 없는 말이 나왔을까?" "아니라고 누가 장담할 수 있지?" "그럴 수도 있지 않아?" 하면서요. 아무 근거도 없는 비방을 위한 가짜뉴스이지만 이런 의심이 들기 시작했다면 이미 그 가짜뉴스는 효력을 발휘하기 시작한 것입니다.

더 무서운 것은 다음 단계입니다. 한동안 이 가짜뉴스를 잊고 있던 중 어느 날 TV화면에서 대통령이 연설 중 다시 말실수를 하는 장면이 나오고 있습니다. 그때 이런 생각이 문득 떠오릅니다. "아, 누가 대통령이 치매라더니 그래서 저런 실수를 하는 건가?" 앞서 치매설을 제기한 가짜뉴스에 노출되지 않았더라면 그저 별 생각 없이 넘어갈 작은 실수가 이제는 무언가 다르게 보이는 것입니다. 그리고 그러지 않으려고 해도 자꾸만 그의 실수들을 치매와 연결시켜 보며 의심을 키우는 것이지요. 가짜뉴스가 만든 프레임(frame)이 작동하기 시작한 것입니다.

프레임은 간단히 말해 어떤 사안을 바라보는 틀을 말합니다. 사회에서 일어나는 현상들은 상당히 복잡한 원인을 가지고 있습니다. 한두 가지로만 설명이 불가능하지요. 만약 연쇄 살인사건이 발생했다고 하면 여기에는 살인자의 악랄한 성격이나 정신병력, 불우한 성장 환경, 도시의 치안 불안, 경찰의 수사 실패, 사회구조적 문제 등 복합적

프레임: 보다 효율적으로 생각하게 해주는 사고 처리 방식의 일종이다. 인간은 어떤 조건에 대해서 거의 무조건적으로 반응하는 경향이 있는데 프레임은 보통 '마음의 창'으로 비유한다. 어떤 대상이나 개념을 접했을 때 받아들이는 사람이 어떤 프레임을 갖고 있느냐에 따라서 해석이 달라지기 때문이다. 언어학자 조지 레이코프는 프레임을 '특정한 언어와 연결되어 연상되는 사고의 체계'라고 정의했다.

원인이 작용했을 수 있습니다. 하지만 어떤 틀을 적용해 어느 부분을 더 부각시키느냐에 따라 이 사건에 대한 해석은 완전히 달라질 수 있습니다. 똑같은 하늘이라도 어떤 모양과 색깔의 창문을 통해 보느냐에 따라 사람들의 눈에 완전히 다른 모습으로 비치는 것과 같은 이치입니다. 이런 해석의 틀을 제시하는 행위를 '프레이밍(framing · 틀짓기)'이라고 합니다. 어빙 고프먼(Erving Goffman, 1922~1982)이라는 사회학자가 처음 제시한 개념이지요.

프레이밍은 진짜 뉴스 보도에서도 중요한 역할을 합니다. 어떤 사건이나 현상을 어떤 프레임으로 분석하느냐는 '우리 사회를 어떤 식으로 바꿔 나갈 것인가'라는 물음과 긴밀한 관련이 있기 때문입니다. 예로 든 연쇄 살인사건의 경우 이를 '치안 불안'의 틀로 접근하면 치안을 강화해야 한다는 결론이, '정신병력'의 틀로 접근하면 정신질환자 관리를 엄격히 해야 한다는 결론이 나오게 됩니다.

이 프레이밍은 대통령 치매설처럼 악의적인 가짜뉴스에 활용하기 좋은 전략이기도 합니다. 세계적인 인지언어학자인 조지 레이코프(George Lakoff, 1941~) 미국 캘리포니아대 교수는 프레이밍 전략을 인식틀의 활성화 차원에서 설명했습니다. 우리 머릿속에는 어떤 대상을 인식하는 무의식적인 틀이 있다고 합니다. 흥미로운 점은 이 틀은 언어를 통해 활성화되는데, 한번 스위치가 켜지면 그다음부터는 의식적으로 작동을 멈추기가 힘들어진다는 것입니다.

제가 여러분에게 강의하면서 "자, 여러분 지금부터 코끼리에 대해서는 절대 생각하지 맙시다"라고 말한다고 칩시다. 저의 메시지는 분명 '코끼리는 생각하지 마'인데, 이 말을 듣자마자 여러분의 머릿속에는 코끼리의 모습이 떠오릅니다. '코끼리'라는 단어가 머릿속에 있는 코끼리에 대한 인식의 스위치를 켰기 때문입니다. 언어의 구조 그리고 인식의 구조상 '코끼리를 생각하지 말라'는 명령을 수행하기 위해서는 생각하지 말아야 할 코끼리를 떠올리지 않을 수가 없습니다. 참 신기하죠?

문재인 대통령이 치매라는 가짜뉴스도 비슷합니다. 문 대통령과 치매는 사실 전혀 관련이 없을 가능성이 크지만 이 뉴스를 접했던 우리들의 뇌는 우리가 의식하지 못하는 사이 뇌 구조 깊은 곳에 문 대통령과 치매를 연관 검색어처럼 함께 저장해 둡니다. 그리고 어떤 자극이 주어지면 그 인식틀이 활성화돼 우리도 모르는 사이 그 프레임으로 사안을 바라보게 되지요.

2020년 3월에 문재인 대통령이 왼손을 오른쪽 가슴에 올린 채 '국기에 대한 경례'를 하는 사진이 SNS에 퍼진 적이 있습니다. 인터넷 공간에서는 "대통령이 어떻게 국기에 대한 경례도 제대로 못 하냐"는 비난과 함께 치매설이 재조명되기 시작했지요. "왼손으로 국기에 대한 경례를 하다니 진짜 치매인가 봐!" 같은 반응이었습니다. 하지만 사실 이 사진은 누군가 악의적으로 조작한 가짜였습니다.

가짜뉴스는 이 같은 프레이밍 전략을 아주 폭넓고도 효과적으로 활용합니다. 이 전략에 한번 빠지면 헤어 나오기가 쉽지 않지요. '김정은 건강이상설'이 제기된 뒤 북한 김정은 국무위원장은 멀쩡한 모습으로

일부 온라인 커뮤니티에 유포된
문재인 대통령이 왼손으로
국기에 대한 경례를 하고 있는 사진은
허위 조작된 합성 사진입니다

문재인 대통령 사진조작 가짜뉴스에 대한 청와대의 해명. (출처 청와대)

돌아왔지만 언론들은 그의 걸음걸이가 이상하다거나, 손목에 주사바늘 자국이 발견되었다거나, 동생 김여정의 활동이 잦아진 것이 심상치 않다는 식의 보도를 이어갔습니다. 만약 건강이상이라는 인식의 스위치가 켜지지 않았다면 특별한 의미를 부여하지 않았을 것들이 그 가짜뉴스 이후에는 모두 이채로워 보이기 시작한 것이지요.

이렇게 가짜뉴스에 한번 속아 잘못된 인식틀이 만들어지고 나면 다른 가짜뉴스에도 쉽게 속아 넘어갈 가능성이 커집니다. 가짜뉴스의 쳇바퀴에 갇혀 버리는 것이지요.

가짜뉴스 생산에도 실력이 필요하다

지금까지 사람들이 왜 가짜뉴스를 믿는지 몇 가지 측면에서 살펴보았습니다. 앞서 다룬 가짜뉴스의 사례나 역사, 그리고 전략들을 보면 가짜뉴스라는 것이 어느 면에서는 참 대단하다는 생각도 듭니다. 가짜뉴스에는 미디어와 정보 유통 환경의 변화, 뉴스를 읽는 사람들의 심리, 가짜뉴스 생산자들의 기교가 복잡하게 얽혀 있습니다.

가짜뉴스는 본질적으로 거짓말입니다. 하지만 단순한 거짓말은 아니지요. 거짓말로 부모님이나 친구 한두 명을 속이는 것은 간단할지 모르지만 가짜뉴스로 수많은 사람들을 속이는 것은 사실 그리 쉬운 일이 아닙니다. 가짜뉴스를 만들어 퍼뜨리는 데에도 실력이 필요하다는 말은 바로 그런 뜻입니다. 지금껏 사례로 들었던 가짜뉴스에 많이 사람들이 속아 넘어간 것은 그것들이 '잘 만든 가짜뉴스'였기 때문입니다.

잘 만든 가짜뉴스라는 것은 어떤 것일까요? 협의의 가짜뉴스라고 한다면 우선 형식의 측면에서는 진짜 뉴스와 똑같은 모양새를 갖추고 있어야 할 것입니다. 겉모습부터 어설프다면 평소 뉴스를 많이 읽는 사람들의 눈을 속이기는 쉽지 않을 것입니다. 흔히 인터넷 뉴스는 제일 먼저 제호(매체명)가 나온 뒤 굵은 글씨체의 표제, 기사 작성 일자, 기자 이름, 주요 내용을 축약한 부제가 등장하고 이후 사진과 본문이 이어집니다. 마지막으로 바이라인이 붙고 기사는 끝이 납니다. 이것은 어느 언론사인지를 불문하고 공통적인 요소들입니다.

본문도 그냥 하고 싶은 말을 줄줄이 쓴다고 기사처럼 보이지는 않습니다. 기사문은 지극히 실용적인 문장입니다. 기자들은 제한된 시간 내에 필요한 정보를 담아 기사를 작성해야 하고, 독자들은 거기 담긴 정보를 쉽게 해독해 낼 수 있어야 합니다. 그렇기 때문에 기사는 문단 구조와 문장 스타일, 사용하는 단어 등이 모두 상당한 수준으로 정형화되어 있습니다. 스트레이트 기사와 해설 기사, 심지어 인터뷰 기사도 마찬가지입니다. 그래서 이 '기사체'에 익숙하지 않은 초보 가짜 기자가 만든 가짜뉴스는 문장 몇 개만 읽어 보면 금방 표가 납니다. 잘 만든 가짜뉴스는 기사의 기본 요소는 물론이고 이런 기사체까지 완벽하게 흉내를 낸 것들입니다.

그러면 내용 면에서는 어떤 요소를 갖추어야 수많이 사람들이 속아 넘어가는 잘 만든 가짜뉴스가 될까요? 이렇게 생각해 볼 수 있습니다. 대한민국에서 태어나고 자란, 평균적인 지식수준을 갖춘 고등학생이 아프리카 케냐 사회를 뒤흔들 가짜뉴스를 만들기는 쉽지 않을 것입니다. 왜 그럴까요? 케냐의 언어와 케냐 언론사의 뉴스 형식을 모른다는 것은 둘째치고 케냐라는 나라와 그 국민들에 대해 아는 것이 별로 없기 때문입니다. 그러니 어떤 가짜뉴스를 만들어야 케냐 사람들이 관심을 가질지, 어떻게 거짓말을 해야 속아 넘어갈지조차 알 수가 없지요.

파급력 있는 거짓정보를 만들기 위해서는 기본적으로 한 공동체의 역사와 사회 구조, 집단의식, 문화적 배경, 경제 상황 등을 잘 이해하고 있어야 합니다. 거짓뉴스를 유포하려는 시점에 가장 첨예한 사회적 갈등 및 정치 이슈가 무엇인지도 꿰뚫고 있어야 하지요.

예를 들어 남북 관계와 관련된 가짜뉴스를 퍼뜨린다고 해 봅시다. '박지원 국가정보원장, 지난주 극비 방북해 식량 지원 약속'이라는 가짜뉴스는 상당한 논란을 일으킬 수 있습니다. 박지원 국정원장은 2000년 남북 정상회담을 조율했던 원로급 정치인으로 과거 북한 지도부와 상당한 인적 네트워크를 가지고 있었습니다. 이 사람이 북한을 방문해 몰래 식량 지원을 약속했다고 하면 남북 관계에 뭔가 상당한 변화가 있다는 의미가 되기 때문에 전 세계 언론들이 여기에 관심을 가질 것입니다. 물론 가짜뉴스라고 밝혀지면 전 세계인이 화를 내겠지만요.

그런데 이런 가짜뉴스를 만들기 위해서는 상당한 지식이 필요합니다. 기본적으로 현재 남북 관계에 대해 이해하고 있어야 하고, 박지원

원장이 어떤 사람인지, 국정원장은 어떤 직책인지, 남한 정치인이 북한을 방문하는 것은 어떤 의미인지, 북한에 식량을 지원한다는 것은 또어떤 뜻인지 모두 알고 있어야 합니다. 이 소식에 대해 어떤 부류의 사람들이 어떤 반응을 보일 것이란 계산까지 해야 하지요. 평소 뉴스를잘 읽지 않는 사람이라면 뭐가 뭔지도 모를 얘기들입니다.

반대로 이런 가짜뉴스는 어떨까요? '한일 동맹군, 미국에 선전포고. 미국 본토에 핵미사일 수십 발 공격.' 이 소식을 접한 대부분의 사람들은 이게 무슨 말이냐며 어리둥절할 것입니다. 한국과 일본은 서로 동맹이 아니고, 각각 미국과 동맹 관계이기에 미국에 느닷없이 선전포고를할 리가 없습니다. 게다가 핵미사일이라니요. 우리도 일본도 핵무기는단 한 발도 가지고 있지 않으며 설사 있다고 해도 그것을 마구잡이로쏠 가능성은 거의 없습니다. 즉 기본적인 사실 관계가 틀린 데다가 역사적, 사회적 맥락과 사람들의 정서를 전혀 이해하지 못한 상태에서 만든 가짜뉴스로는 그다지 많은 사람들을 속일 수 없다는 뜻입니다.

모든 사기꾼들의 거짓말이 그렇듯 가짜뉴스에도 사실과 거짓이 섞여있습니다. 모두가 의심치 않는 사실들 가운데 슬쩍 한두 가지 거짓을끼워 넣은 것입니다. 그렇기 때문에 그 한두 가지 거짓을 사람들은 쉽게 눈치 채지 못합니다.

이런 측면에서 가짜뉴스의 힘은 진짜 뉴스의 형식과 내용을 얼마나잘 알고 있느냐에서 나온다고 말할 수 있습니다. 5·18광주민주화운동같은 역사적 사건, 세월호 참사 같은 대형 사건사고, 선거 조작을 비롯한 정치 이슈, 지도자의 건강 문제를 포함한 북한 이슈 등 모두 마찬가지입니다.

가짜뉴스는 보수의 전유물일까?

총선 사전투표 조작, 북한 김정은 사망설, 5·18광주민주화운동 북한군 침투설, 위장 난민설, 문재인 대통령 치매설…… 앞서 다룬 가짜뉴스의 사례들을 살펴보면 공통점을 하나 발견할 수 있습니다. 모두 보수 지지자들의 왜곡된 판타지나 정치적 이익을 위한 가짜뉴스라는 점입니다. 이것들만 본다면 대한민국 사회에서 가짜뉴스는 마치 극단적인 보수 지지자의 전유물처럼 보입니다. 정말 그럴까요? 진보 성향의 사람들은 가짜뉴스를 만들거나 소비하지 않을까요?

당연히 그렇지 않습니다. 극단적인 일부 보수 지지자들이 가짜뉴스를 맹신하며 SNS를 통해 퍼 나르듯, 반대편에 선 진보 진영의 일부 극단적 지지자들도 똑같은 행동을 합니다.

선거 결과에 불복하며 투표 조작을 주장한 사례는 2020년 21대 총선이 처음이 아닙니다. 2012년 제18대 대통령 선거에서 박근혜 새누리당 후보가 당선되고 문재인 민주통합당 후보가 낙선하자 진보 진영 일각에서는 "선거 결과를 도저히 믿을 수 없다"며 선거가 조작되었다는 주장을 펼치기 시작했습니다. 박 후보의 대선 최종 득표율 51.6%가 그의 아버지 박정희 전 대통령이 주도한 5·16쿠데타를 상징한다며 그 수치가 투표 조작의 근거라는 주장도 나왔습니다. 말도 안 되는 헛소리처럼 들리지요? 맞습니다. 그런데도 당시에는 적잖은 사람들이 그런 말에 동조했습니다. 18대 대선 조작설은 선거 후 몇 년 뒤까지 계속 제기되었고, 방송인 김어준 씨는 관련 다큐멘터리까지 제작했습니다.

문재인 대통령 치매설에 버금갈 정도로 박근혜 전 대통령을 둘러싼 낭설도 적지 않았습니다. 2014년 4월 16일 세월호 참사가 일어난 당일, 박 전 대통령은 사건 발생 7시간이 지난 뒤에야 중앙재난안전대책본부에 모습을 드러냈습니다. 뉴스 화면으로 생중계되는 가운데 여객선이 침몰해 304명이 죽거나 실종된 대형 참사가 터졌는데 필요한 결정을 해 줘야 할 대통령의 행방이 한참 동안 확인되지 않은 것이지요. 그러자 온갖 억측이 난무했습니다. "그 시간에 대통령은 청와대 안에서 굿판을 벌이고 있었다"는 가짜뉴스가 대표적입니다.

우리나라에서 가짜뉴스라는 표현의 사용 빈도가 정점을 찍은 것이 2019년 8월, 조국 전 법무부 장관 후보 지명 당시라고 말씀드렸지요? 당시 문재인 대통령과 조국 전 장관의 극렬 지지자들은 언론을 믿지 않았습니다. 이른바 '조중동'(조선일보, 중앙일보, 동아일보)으로 불리는 보수 언론뿐 아니라, 조 전 장관을 비판하는 모든 언론을 적으로 받아들였다고 해도 과언이 아닙니다. 오히려 유시민 노무현재단 이사장 같은 친정부 성향 인사들이 유튜브에서 하는 말을 더욱 신뢰했지요.

이런 양상에서 보듯 가짜뉴스는 보수나 진보, 어느 특정 진영만이 즐기는 편향된 마음의 양식이 아닙니다. 가짜뉴스는 이념 대결의 장을 안정적인 배양실로 삼아 서로 간의 갈등을 끊임없는 양분으로 공급 받으면서 자라나고 있다고 하는 편이 더 정확할 것입니다. 우리나라에 퍼지고 있는 많은 가짜뉴스들은 한국 사회의 보혁(保革·보수와 진보) 갈등이 없었다면 만들어지지 않았을 것들입니다.

그런데도 마치 보수 지지자들 사이에 가짜뉴스가 더욱 기승을 부리는 것처럼 보이는 것은 지금의 권력지형과 관련이 있습니다. 보수와 진보가 그리 단순한 개념은 아니지만 편의상 대한민국 정당 중에 더불어민주당 계열을 진보, 국민의힘 계열을 보수라고 한다면, 문재인정부 시기는 진보 세력의 집권기라고 할 수 있습니다.

국민의힘 주호영 원내대표 아들에 대한 가짜뉴스. 연합뉴스 기사 형식을 도용했다. (출처 불명)

언론은 저명성, 파급성 등을 기준으로 삼아 뉴스의 가치를 따진다고 앞서 설명했지요? 이 기준에 따라 정치 영역에서는 권력을 쥐고 있는 대통령의 발언이나 여당의 결정이 훨씬 더 높은 뉴스 가치를 지닙니다. 진보 세력의 집권기에는 자연스럽게 진보 진영의 목소리가 더 많은 신문 지면과 방송 시간을 차지하게 되지요. 상대적으로 권력을 얻지 못한 쪽의 소식은 뉴스로 덜 다뤄지게 되니 그 내부에서는 불만이 쌓일 것입니다. 이를 참지 못한 일부 사람들이 '대안적 사실'을 추구하며 SNS나 유튜브를 언론의 대체제로 삼아 스스로를 에코 체임버 안에 가둘 때 가짜뉴스 문제가 발생하는 것이지요.

가짜뉴스라는 표현이 문재인정부 출범 이후에야 널리 퍼지기 시작한 것도 관련이 있습니다. 허위조작정보들은 그전에도 만들어지고 유통되었지만 한국 사회에서 가짜뉴스라는 단어는 2017년 이후에야 널리 쓰이게 되었습니다. 이 때문에 마치 진보 정권하에서 권력을 잃은 보수 세력이 유독 이를 즐겨 소비하는 것처럼 인식된 측면도 분명 있습니다. 하지만 이런 권력 지형이 뒤바뀐다면 분명 가짜뉴스의 생산과 유통 양상도 완전히 뒤바뀔 것입니다.

가짜뉴스에 얽힌 욕망과 이해관계는 다양합니다. 그래서 가짜뉴스는 정치 영역뿐 아니라 사회, 경제, 문화예술, 스포츠 등 모든 분야에서 나타나지요. 특히 정치적 이슈에 대해서는 진영 간 이해관계가 상반되기에 각자가 자신들의 판타지에 가까운 가짜뉴스를 만들어 퍼뜨리고 또 소비하는 것이 현실입니다. 가짜뉴스는 특정 진영의 전유물이라는 주장조차 실은 어떤 목적을 갖고 퍼뜨린 가짜뉴스가 아닌지 의심해 봐야 합니다.

5장

왜 그런 거짓말을
퍼뜨릴까?

이솝우화에 나오는 거짓말쟁이 양치기 소년의 이야기를 모두 알고 있지요? 산 위에서 홀로 양을 치는 양치기 소년은 심심함을 달래기 위해 사람들에게 "늑대가 나타났어요!"라며 거짓말을 합니다. 깜짝 놀란 마을 사람들이 산으로 몰려왔지만 늑대는 없었지요. 양치기 소년은 "늑대가 이미 도망가 버렸어요"라고 태연하게 거짓말을 한 뒤 마을 사람들이 산을 내려가자 혼자 깔깔대며 즐거워합니다. 그러고는 다음 날도, 또 다음 날도 똑같은 거짓말로 사람들을 골탕 먹입니다. 그러다 정말로 늑대가 나타난 날, 양치기 소년은 마을 사람들을 향해 도와달라고 소리쳤지만 아무도 그의 말을 믿지 않았습니다.

이 이야기에서 양치기 소년의 거짓말은 가짜뉴스와 닮았습니다. 양치기 소년은 아무런 근거 없는 허위조작정보를 전파하여 수많은 사람들을 속인 것이지요. 이솝(그리스식 이름은 아이소포스)이 기원전 6~7세기경 사람이었던 점을 감안하면 그 시절 사람들 사이에서도 허위조작정보의 생산과 유통은 지독한 악행으로 여겨진 것 같습니다.

우화 속 양치기 소년은 단순히 무료함을 달래기 위해 이런 거짓말을 합니다. 그 일로 소년은 마을 공동체에서 신뢰를 잃고 진짜 어려움에 처했을 때는 아무런 도움을 받지 못하는 신세가 됩니다. 나쁜 짓을 했으니 벌을 받은 것이지요. 그런데 이 우화만 봐서는 마을 사람들이 양치기의 허위조작정보 때문에 어떤 피해를 보았는지 분명히 알 수는 없습니다. 거짓말에 속아 화가 많이 났다는 정도만 짐작할 따름이지요.

우리가 조금 상상을 더해 볼까요? 양치기 소년의 이야기를 현실 세계로 옮겨와 보겠습니다.

양치기 소년이 처음으로 "늑대가 나타났다"는 거짓말을 한 이후 마을 사람들의 마음속에는 불안감이 싹트기 시작했습니다. 이 늑대가 어디에 사는 놈인지, 왜 갑자기 우리 마을 뒷산에 나타났는지, 자신들이 키우는 양은 물론 사람까지 해치지는 않을지 걱정스런 마음에 만나는 사람들마다 늑대 이야기를 먼저 꺼내는 상황이 되었습니다.

그러다 "늑대가 나타났다"는 양치기 소년의 외침이 다시 들린 날, 사람들은 긴급히 마을회관에 모였습니다. 늑대의 침입을 막는 대책을 논의하기 위해서였습니다. 누구는 마을 주변에 철책을 설치하자, 누구는 사냥꾼을 고용하자, 누구는 양들을 들판으로 옮겨오자고 아이디어를 냈지요. 사람들은 여러 의견을 놓고 격론을 벌였습니다. '늑대가 어딘가에서 양을 노리고 있다'는 양치기 소년의 허위조작정보를 근거로 말입니다.

늘대가 나타났다는 외침에 만사를 제쳐두고 산을 올라갔다 온 날은 하던 일도 엉망진창이 되기 일쑤였습니다. 긴급 출동으로 진을 빼고 나니 농부는 농사일을, 대장장이는 대장간 일을, 빵집 주인은 빵 굽는 일을 제대로 할 수 없었지요. 부랴부랴 늘대를 쫓으려 다녀온 사이 마구간에 있던 말이 사라지거나 고삐 풀린 소가 밭을 망쳐 큰 경제적 손실을 입는 일까지 벌어졌습니다.

양치기 소년의 '늘대 경보'가 누적되면서 사람들의 신경은 연일 날카로워졌습니다. 길에서 마주친 이웃집 개에게 화풀이를 하는 사람도 나타났습니다. "늘대랑 닮아서 늘대인 줄 알았다" "개와 늘대는 원래 비슷한 동물 아니냐" "저 개가 늘대처럼 양을 물고 가면 누가 책임지느냐"라고 도리어 큰 소리를 치면서 말이지요. 여기 동조한 일부 마을 사람들은 "마을에 있는 개들을 모두 쫓아내자"는 극단적인 주장을 펼치는 지경에 이르렀습니다.

이 정도가 되면 이 마을은 이전의 평화는 온데간데없이 불화와 갈등만 가득한 싸움터가 될 것입니다. 혼자서 즐겁게 낄낄대고 있을 양치기 소년의 거짓말 하나 때문에 말입니다. 전혀 말도 안 되는 상상의 나래를 펼친 것처럼 보이나요? 우화가 아니라 현실 세계에서 가짜뉴스가 공동체에 끼치는 해악은 이보다 더하면 더했지 결코 덜하지 않습니다. 가짜뉴스를 만들고 퍼뜨리는 사람들은 왜 그런 짓을 하는지, 그리고 그 결과는 얼마나 우리 사회를 병들게 하는지 지금부터 살펴보도록 하겠습니다.

양치기의 장난이 부른 대혼란

늦대가 나타났다는 허위조작정보를 접한 사람들의 마음속에서 자라고 있는 불안감에 대해 먼저 이야기해 볼까요? 마음의 불안은 그저 불안으로 끝나지 않습니다. 어떤 식으로든 행동에 영향을 미치지요. 한 개인이 불안한 마음에 홀로 비합리적 행동을 하는 것은 일탈로 치부할 수 있지만 여러 사람이 비슷한 불안을 느끼며 이상한 행동을 떼 지어할 때는 사회적인 문제가 됩니다.

라디오 드라마에 나온 화성인의 침공 소식을 진짜 뉴스로 오해하고 거리로 뛰쳐나온 사람들의 모습을 떠올려 보세요. 한두 명이 그랬다면 그들만 잠시 머쓱해하고 말 일이지만 100만 명이 넘는 사람들이 한꺼번에 속았으니 그저 웃어넘길 일은 아니지요. '박근혜 탄핵'의 근거가 없다고 믿는 사람들은 지금 극소수일 뿐이지만 이를 믿는 사람들이 앞으로 많아진다면 대한민국에서 정치적·사회적 안정을 기대하기는 어려울 것입니다.

가짜뉴스로 인한 사회적 혼란은 공동의 위협 요소가 존재할 때 더욱 심각해집니다. 2020년 전 세계를 공포로 몰아넣은 코로나19의 확산 같은 팬데믹(pandemic·전염병이 전 세계적으로 유행하는 현상)이나, 다른 나라와 전쟁이 벌어졌을 때처럼 말입니다. 구성원 모두가 영향을 받는 공동의 위협이 존재할 때는 이들이 효율적이며 정확하게 대처할 수 있게 해 주는 믿을 수 있는 정보의 필요성이 더 커집니다. 그런데 허위조작정보가 퍼지기 시작하면 이런 위협에 올바르게 대응할 수가 없어요. 가짜뉴스에 현혹된 몇 명이 아니라 공동체 전체가 위험에 빠지게 되는 것이지요.

중국에서 처음 발생한 코로나19가 우리나라에도 퍼지기 시작한 2020년 봄, 유튜브와 SNS 등에는 온갖 미확인 정보가 떠돌아 다녔습니다. '한국인들은 마늘을 많이 먹어서 코로나19에 잘 걸리지 않는다'는 헛소문이 돌아 마늘 요리가 각광을 받기도 했고, 강원도 모 군부대의 사단장은 '양파가 코로나19 예방에 좋다'는 미확인 정보를 인터넷으로 접한 뒤 사단 예하부대의 생활관에 양파를 비치하라는 웃지 못할 명령을 내리기도 했습니다.

소금물 분사 사건으로 불리는 심각한 일도 벌어졌습니다. '소금물이 코로나19 예방에 효과가 있다'는 허위조작정보를 믿고 경기 성남시에 있던 한 교회에서는 예배를 보러 온 신자들의 입에 일일이 소금물을 뿌렸습니다. 그런데 이것이 그저 해프닝으로 끝난 것이 아니라 이 때문에 60명이 넘는 확진자가 발생했습니다. 소금물 분무기가 확진자였던 한 신자를 거친 뒤 이 사람 저 사람의 입 속을 들어갔다 나온 탓이었습니다. 가짜뉴스 탓에 한 교회 신자 전원이 감염의 위험에 처했고 실제로 그중 수십 명은 병에 걸려 버린 것이지요.

미국의 의약학술지 《미국 열대의학 및 위성 저널American Journal of Tropical Medicine and Hygiene》에 게재된 보고서에 따르면 2020년 1~3월 동안 코로나19 예방을 위해 가짜뉴스를 따라 했다가 입원한 사람은 전 세계에 약 5800명, 사망자는 약 800명이었다고 합니다. 가짜뉴스를 믿고 코로나19를 막는다며 메탄올, 손세정제 등을 먹은 경우가 많았다고 합니다.

이외에도 코로나19 확산 초기에 '서울 모 병원에서 확진자가 사망했는데 언론 통제가 진행되고 있다' '확진자가 어느 지역의 한 찜질방과 마트를 이용하고 갔다' '어느 지하철역에서 중국인이 쓰러졌는데 코로나19라더라'는 식의 루머도 갖가지 버전으로 만들어져 퍼졌습니다. 모두 사람들의 불안감을 조장한 허위조작정보였지요.

이처럼 잘못된 정보가 사람들 사이에 급속히 퍼져 사회적 혼란을 초래하는 현상을 '인포데믹(Infordemic)'이라고 합니다. 정보를 뜻하는 영

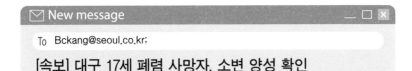

코로나19 관련 가짜뉴스 제보 이메일. (출처 강병철 이메일 캡처)

단어 인포메이션(Information)과 전염병이란 의미의 에피데믹(epidemic)이 합쳐진 말이죠. 그냥 전염병은 사람들의 몸을 병들게 하지만 가짜뉴스는 사람들의 생각을 병들게 합니다. 병든 생각은 잘못된 행동을 부르며, 그 잘못된 행동이 집단적으로 행해질 때 사회에는 걷잡을 수 없는 혼란이 발생합니다.

게다가 한 번 잘못된 정보가 퍼지고 나면 바로잡기가 참 어렵습니다. 실제로 늑대는 없지만 마을 사람들의 마음속에는 이미 늑대가 웅크리고 있습니다. '코끼리는 생각하지 마'처럼 말이에요. 독일 나치의 선전장관으로 히틀러를 신격화했던 요제프 괴벨스(Paul Joseph Goebbels, 1897~1945)는 "선동은 한 문장으로 충분하지만 그것을 반박하려면 수십 장의 문서가 필요하다. 그리고 반박했을 때 사람들은 이미 선동당해 있다"고 말했습니다. 가짜뉴스가 딱 그렇습니다. 가짜뉴스를 만들고 퍼뜨리는 사람들은 가짜뉴스 때문에 생긴 엄청난 혼란을 지켜보면서 양치기 소년처럼 킥킥 웃고 있을 것입니다.

가짜뉴스의 정의가 '정치·경제적 이익을 위해' 유포한 거짓 정보라고 설명했지요? 떠돌아다니는 가짜뉴스 중 일부는 물론 양치기 소년의 경우처럼 악의 없는 장난일 수도 있습니다. 하지만 거기에 다수의 사람들이 속아 넘어가 사회적 혼란이 벌어졌다면 책임을 피할 방법은 없습니다.

요제프 괴벨스: 나치 독일의 국가대중계몽선전장관이자 히틀러의 최측근으로 나치를 선전하고 미화하는 데 앞장섰다. 본래 내성적인 성격이었으나 28살에 나치에 입당한 뒤 연단에 자주 오르면서 자신이 선전선동에 소질이 있다는 사실을 발견했다. 다양한 선전선동술과 유창한 말솜씨로 나치 세력 확장에 지대한 공헌을 했다. 히틀러가 자살한 뒤 나치의 총리에 올랐으나 그 역시 자살로 생을 마감했다.

코로나19 확산 초기에 SNS에 '중국에서 들어온 여성이 코로나19 증상을 보여 전남의 모 보건소에 격리됐다'는 가짜뉴스가 돌았습니다. 사람들은 이 보건소 근처에도 가지 못했겠지요. 하지만 경찰 수사 결과 그 시점에 이 보건소에 격리된 코로나19 환자는 없었으며, 이 가짜뉴스는 한 고등학생이 퍼뜨린 것으로 확인되었습니다. 'SNS에서 다른 사람들이 반응해 주는 게 재미있었다'는 이유였습니다. 이 학생은 정보통신망법 위반 혐의로 경찰에 입건되었습니다. 정보통신망법 44조 7항에는 공포심이나 불안감을 유발하는 글을 반복 유통한 경우 1년 이하 징역, 1000만 원 이하 벌금형에 처할 수 있다고 되어 있습니다.

잘못된 정보는 잘못된 선택을 부른다

1590년 일본 전국을 통일한 도요토미 히데요시[豊臣秀吉, 1536~1598]는 2년 뒤 명나라를 치러 가는 길을 빌리겠다는 명분으로 조선을 침략합니다. 그로부터 7년간 조선의 백성들은 도탄지고(塗炭之苦)에 허덕이게 됩니다. 바로 임진왜란(1592)의 시작이었지요. 전쟁 초기 대비 없이 왜군을 맞은 조선군은 연전연패를 거듭합니다. 부산으로 들어온 왜군이 한양을 점령하는 데까지는 한 달이 채 걸리지 않았습니다. 당시의 이동 수단과 도로 사정을 고려해 보면 그냥 직통으로 달려온 것과 진배없었지요.

그런데 왜 그때 조선의 지도자들은 미리 전쟁을 준비하지 않았을까요? 항상 적국의 침입에 대비해 군사력을 기르고 방비를 튼튼히 하는 것은 나랏일의 기본인데 말입니다. 여기에는 이와 같은 이야기가 전해옵니다.

도요토미 히데요시는 전국을 통일한 직후 조선의 사정을 알아보기 위해 사신을 보내고 조선에도 통신사 파견을 요구합니다. 이에 조선의 왕 선조는 황윤길(1536~?)을 정사(正使·대표), 김성일(1538~1593)을 부사(副使·부대표)로 일본에 통신사를 보냅니다. 도요토미 히데요시를 직접 만나보고 일본의 실정을 파악해 보라는 명령과 함께요. 그런데 이듬해 돌아온 황윤길과 김성일이 선조에게 정반대 내용으로 보고를 올립니다. 정사 황윤길은 왜군이 머지않아 조선을 침략할 것이 확실해 보인다며 전쟁에 대비해야 한다고 했고, 부사 김성일은 왜군이 조선을 침략할 가능성은 없어 보인다고 보고했지요.

선조는 이 중에서 김성일의 보고를 근거로 각 도의 전쟁 준비 작업을 중단시켜 버립니다. 이후 일본 측으로부터 정보를 수집한 다른 관리기 "왜군이 명나라를 치기 위해 조선을 침략할 것"이란 보고를 또 올렸지만 선조는 오히려 이 관리를 파직시킵니다. 그러고는 1592년 왜관에 있던 일본인들이 본국으로 철수할 때서야 전운(戰雲)을 감지했지만 그때는 이미 돌이킬 수 없는 상황이었습니다.

언론의 관점에서 이 역사적 사건을 되돌아보면 황윤길과 김성일은 특파원으로서 같은 현장에 파견되어 같은 인물을 인터뷰하고도 정반대의 기사를 쓴 것이라고 할 수 있습니다. 결과적으로 도요토미 히데요시는 정사 황윤길의 보고대로 조선을 침략했으니, 부사 김성일은 잘못된 기사를 보도한 셈입니다. 물론 김성일이 의도적으로 가짜뉴스를 선조에게 보고한 것은 아닐 것입니다. 나름의 시각으로 보고 판단한 것을 말한 것이지요. 그러나 결과적으로 치명적인 오보를 냈다는 점에서는 책임을 피할 수 없습니다.

정보는 단순히 어떤 자료나 지식의 묶음이 아닙니다. 실제 문제 해결에 도움이 되는 자료와 지식을 정보라고 부릅니다. 사람들은 정보를 근거로 판단하고 행동합니다. 당연히 그릇된 정보를 근거로 판단하면 그 판단은 잘못될 가능성이 크지요. 김성일의 정보를 근거로 전쟁 대비를 중단시켜 온 백성들이 고통을 겪게 한 선조의 결정처럼 말입니다.

조선시대 왕과 마찬가지로 지금도 나라의 중요한 결정을 하는 대통령, 시장·도지사, 국회의원 같은 사람들이 잘못된 선택을 하면 국민들이 고통을 받습니다. 특히 전쟁이나 감염병 등 큰 위협에 직면한 상황에서 위정자가 잘못된 결정을 내리면 모든 국민에게 치명타를 입힐 수 있습니다. 지금의 대통령은 중요한 결정을 내릴 때 조선시대 왕처럼 사신들의 보고만을 근거로 하지는 않습니다. 각종 통계와 동향에 관한 정보보고, 참모들의 의견, 전문가 분석, 여론 등 갖가지 정보를 종합적으로 고려해 판단하지요. 그만큼 정치 지도자의 결정은 무겁습니다.

그렇다면 한 개인의 선택은 어떨까요? 잘못된 정보가 잘못된 선택을 유발하는 것은 대통령이나 일개 시민이나 똑같습니다. 리뷰를 가장한 광고 글로 도배된 블로그를 믿고 식당을 찾아갔다가는 돈과 시간을 낭비하고 만족감을 느끼지 못할 수 있습니다. 몸이 아파 병원에 가야 하는데 근처 병원에 코로나 확진자가 다녀갔다는 가짜뉴스를 듣고 다른 병원을 찾아 헤매느라 괜한 고통을 겪을지도 모릅니다. 자칫 응급환자라면 목숨을 잃을 수 있겠지요. 잘못된 정보로 인한 잘못된 선택이 경제적 손실은 물론 건강과 생명까지 위협할 수 있는 것입니다.

대통령과 시장·도지사, 국회의원의 결정이 무겁다고 했지만 그들에게 그런 힘을 준 것도 사실은 개인들의 선택이 모인 결과입니다. 우리나라는 민주공화국이고, 이 나라의 주권자는 시민이니까요. 선거라는 정치적 의사 결정 과정에서 잘못된 정보를 근거로 잘못된 선택을 하고, 그런 오류들이 쌓이면 무능하고 이기적인 인물이 지도자로 뽑히게 됩니다. 투표는 우리 공동체를 어떻게 만들어 나갈 것인가를 선택하는 아주 중요한 결정입니다. 잘못된 정보는 결국 한 사회를 엉뚱한 방향으로 이끌어갈 수도 있습니다.

이처럼 사람들의 잘못된 선택이 모여 대다수 사람들이 엄청난 손해를 보는 상황이 벌어지면 또 누군가는 거기에서 '정치적 이익'을 얻습니다. 정치는 늘 그렇듯 이해관계를 달리하는 몇 개의 집단 사이의 대결이기 때문입니다. 더 심각한 문제는 허위조작정보에 한번 넘어가면 좀처럼 헤어 나올 수가 없기 때문에 한 번 저지른 잘못된 선택을 반복할 가능성이 크다는 점입니다. 내가 잘못된 선택을 했다는 사실을 깨닫기까지 상당한 시간이 걸릴 수도 있고요. 가짜뉴스를 만들어 퍼뜨리는 사람들은 이 점을 아주 잘 알고 있습니다. 그러니 선거철만 되면 가짜뉴스가 더욱 기승을 부리는 것이지요.

"보수코인 탈까요, 진보코인 탈까요?"

'정치·경제적 이익'이라는 가짜뉴스의 목적 중에 정치적 이익은 앞서 살펴본 대로입니다. 그러면 경제적 이익은 무엇일까요? 가짜뉴스를 퍼뜨리는 것이 어떻게 돈이 된다는 말일까요? 놀랍게도 가짜뉴스는 엄청난 돈벌이가 됩니다. 많은 사람들이 속아 넘어가는 잘 만든 가짜뉴스는 상당한 수익을 가져다주기 때문에 아예 직업 삼아, 또 조직적으로 가짜뉴스를 만들고 퍼뜨리는 사람들까지 생겨났습니다.

가짜뉴스가 선거판을 점령했던 2016년 제45대 미국 대선으로 다시 돌아가 보겠습니다. 당시 SNS에는 공화당 도널드 트럼프 후보를 띄우고 민주당 힐러리 클린턴 후보는 비방하는 가짜뉴스가 엄청나게 쏟아졌습니다. 앞서 살펴본 대로 교황이 트럼프 지지 선언을 하고 클린턴을 찍지 말라고 했다거나, 클린턴을 지지했던 유명인들이 지지를 철회하고 트럼프 쪽으로 마음을 돌렸다는 식의 자극적인 허위정보들이었지요. 이 소식들은 〈유니버스폴리틱스〉 〈프레시뉴스〉 등 이름도 생소한 신생 매체들이 처음 보도한 것이었습니다.

선거가 끝난 직후 영국의 유명 언론사 〈가디언〉 등은 이 뉴스들의 출처를 추적하기 시작했습니다. 몇 주간의 추적 끝에 미국 대선을 둘러싼 가짜뉴스들이 남유럽 마케도니아에 있는 벨레즈라는 소도시에서 처음 전파되었다는 사실이 밝혀졌습니다. 추적 결과, 무려 100개가 넘는 가짜뉴스 사이트들이 이 작은 도시에서 운영되고 있었으며 운영진 대부분은 그 지역에 사는 10~20대 젊은이들이었다고 합니다. 이 이국의 청소년들은 종일 카페에 앉아 미국의 극우 성향 블로그에 올라온 황당무계한 글들을 가짜뉴스로 재가공해 사이트로 올리고 있었습니다.

이들은 미국 대선과는 아무런 관계가 없는 사람들로, 당연히 트럼프 후보 지지자도 아니었습니다. 오직 사이트 방문자 수를 늘려 돈을 벌기 위해 그런 짓을 하고 있었던 것이지요. 당시 미국 〈NBC〉방송의 보도에 따르면 마케도니아에 살던 한 17세 소년은 반년 동안 미국 대선 관련 가짜뉴스를 만들어 6만 달러(약 7200만 원)의 수익을 냈다고 합니다. 우리나라 10대 청소년들이 할 수 있는 대부분의 아르바이트가 최저임금(2021년 기준 시급 8720원) 수준에 그친다는 현실과 비교해 보면 엄청난 액수지요.

우리나라 언론사는 대부분 뉴스를 무료로 제공하고 있습니다. 대신 광고 수입 등으로 회사를 운영합니다. 신문에는 지면 하단에 광고가 인쇄돼 있고 TV 방송 프로그램 사이에는 CF가 노출됩니다. 관심 가는 뉴스 링크를 타고 들어간 언론사 사이트에 덕지덕지 붙은 인터넷 광고를 본 적이 있지요? 인터넷 광고 수익을 결정하는 방식은 몇 가지가 있지만 대체로 방문자 수와 수입의 크기가 비례한다는 공식은 유효합니다. 가짜뉴스 사이트에도 당연히 이 공식은 적용됩니다. 사람들에게 제품이나 서비스를 많이 노출시키는 것이 목적인 광고주 입장에서는 그 사이트에 게재된 콘텐츠가 진짜인지 가짜인지는 상관할 바가 아닌 것이지요.

요즘은 인터넷 사이트를 따로 만들지 않고도 광고 수익을 낼 수 있는 방법들이 있습니다. 포털 사이트에서 손쉽게 만들 수 있는 블로그를 하나 개설하고 구글 애드센스 서비스에 가입하면 돈을 벌 준비가 끝납니다. 구글 애드센스는 구글이 만든 광고 프로그램으로, 블로그 등에 연결만 해 두면 구글과 계약을 맺은 광고주들의 광고를 띄워 주고 수익을 배분받을 수 있습니다. 유튜브도 마찬가지입니다. 채널을 개설하고 영상 콘텐츠를 올려 일정 수준의 구독자와 시청 시간을 확보하면 그다음부터는 조회수가 곧 수익이 됩니다. 많은 사람들의 클릭을 부르는 영상일수록 더 큰 돈벌이가 되는 것입니다.

많은 사람들의 클릭을 부르는, 그러면서 꾸준한 수요를 만들 수 있는 대표적인 콘텐츠로 가짜뉴스 생산자들이 특히 주목한 것이 정치·시사 콘텐츠입니다. 흔히 정치인을 비하하는 말로 '정치가 개그 프로그램보다 재미있다'고 하는데요. 실제로 조금만 관심을 가지면 정치는 분명 재미있는 영역입니다. 구경 중에는 불구경과 싸움구경이 으뜸이라 하였는데, 정치는 기본적으로 싸움이거든요. 정치인들은 국가의 미래를 고민해야 하는 지도자인 동시에, 자신이 대표하는 지역과 직능, 세대, 정치세력 등의 이익을 대변하는 역할도 합니다. 정치인들은 제한된 국가 자원을 자신이 대변하는 세력으로 더 끌어가기 위해 투쟁하지요.

가짜뉴스 제작자들은 이 싸움을 돈벌이에 활용합니다. 보수 유튜버 또는 진보 유튜버를 자처하고 각 성향의 지지자들을 위한 에코 체임버(반향실)를 제공하는 것입니다. 하지만 상당수의 경우 실상은 막말, 욕설, 비방 그리고 허위조작정보 유포를 업으로 하는 사람들이에요. 한 걸음만 물러나 생각해 보면 선거 조작설, 5·18광주민주화운동 북한군 개입설, 고(故) 노회찬 정의당 전 의원 타살설, JTBC 태블릿PC 조작설, 북한 김정은 사망설, 문재인 치매설 같은 가짜뉴스들은 보수 또는 진보의 가치 추구와는 전혀 무관합니다. 그저 자극적인 거짓말로 사람들을 현혹시키고 그 가운데 수입을 얻는 수작에 불과하다고 해도 과언이 아닙니다.

유튜브 한국 서버의 경우 콘텐츠 조회수 1회당 약 1원의 수익이 책정되는 것으로 알려져 있습니다. 예를 들어 기업 형태로 운영되는 한 보수 유튜브에 올라온 '특종/ 김여정, 마약 중독으로 실각!!!'이라는 영상은 1년 동안 109만 명이 클릭했습니다. 영상 하나로 대략 100만 원이 넘는 수입을 거둔 것입니다. 이 채널에는 이런 영상이 하루에만 몇 개씩 올라옵니다. 2020년 11월 현재 업로드 되어 있는 콘텐츠 수는 7000개가 넘습니다.

그런데 여러분, 혹시 '노란 딱지'라고 아시나요? 블로그나 유튜브는 언론이 아니기에 콘텐츠의 객관성과 공정성을 지닐 의무가 없습니다. 거기서 콘텐츠를 소비하는 사람들이나 이를 운영하는 네이버, 구글 측도 그런 기준으로 블로그나 유튜브 채널을 평가하진 않지요. 그렇다고 아무렇게나 콘텐츠를 올릴 수 있는 것은 아닙니다. 과도한 선정성, 폭력성을 띠거나 저작권 침해, 명예훼손 등 위법적인 내용을 담고 있거나 사회상규를 헤쳐 많은 사람들을 불편하게 하는 콘텐츠에는 노란 딱지를 붙여 아무리 많은 사람들이 조회를 해도 수익이 나지 않도록 합니다.

이런 이유로 콘텐츠들이 노란 딱지의 벽에 가로막히는 경우가 생기자 가짜뉴스 생산자들은 우회로를 찾아냈습니다. 영상을 보는 이용자들이 채널 운영자에게 콘텐츠 구매 요금 명목으로 후원금을 보내는 '슈퍼챗'이라는 유튜브 부가 기능입니다. 영상에 노란 딱지가 붙더라도 그 콘텐츠를 만든 유튜버에게 지지자들이 직접 후원금을 보내 주면 그것이 곧 수익이 되는 것입니다.

플레이보드라는 사이트에서 대한민국의 슈퍼챗 순위를 검색해 보면 1위가 〈가로세로연구소〉로, 2020년 10월까지 이 채널의 누적 후원금액은 10억 원이 넘습니다. 2019년 한 해 동안 후원금액 순위를 보면 1위 〈GZSS TV〉가 3억 5600여만 원, 2위 〈가로세로연구소〉가 3억 4600여만 원, 3위 〈딴지방송국〉이 2억 1200여만 원, 4위 〈시사타파TV〉가 1억 8200여만 원, 5위 〈신의한수〉가 1억 1400여만 원입니다. 우리나라 슈퍼챗 후원금 순위 1~5위가 모조리 정치·시사 콘텐츠를 다루는 채널인 것이지요. 이 중 몇몇은 상당히 문제적인 콘텐츠를 생산하는 곳이기도 합니다.

2017년 대한민국에는 '비트코인 투자 광풍'이 불었습니다. 특히 사회생활을 막 시작한 20대들이 '대박'을 꿈꾸며 이 암호화폐에 큰돈을 투자하면서 사회적 문제로 떠오르기까지 했지요. 근래 인터넷 공간에서는 '보수코인(우파코인)' '진보코인(좌파코인)' 같은 표현들이 쓰이고 있습니다. 비트코인의 꿈처럼, 보수 또는 진보 지지자들의 시선을 사로잡을 자극적 콘텐츠를 만들어 이른바 대박을 터뜨려 보겠다는 뜻입니다.

이들에게 보수코인과 진보코인은 이념의 문제가 아니라 돈벌이를 위한 일종의 옵션일 뿐입니다. 보수와 진보가 추구하는 가치가 무엇인지는 고려 대상이 아닙니다. 필요하면 '갈아타기'도 서슴지 않아요. 그저 한국 사회에 첨예한 보수와 진보의 대립에 편승해 자극적인 낚시성 허위조작정보로 최대한 많은 사람들을 낚아 더 많은 수익을 올리는 것만이 그들의 진짜 목표입니다. 그리고 그 목표대로 실제 수익을 얻는 사람들도 적지 않은 것이 현실입니다. 그저 사람들을 골탕 먹이고 혼자 웃는 것에 만족했던 양치기 소년이 보아도 통탄할 만한 일이지요.

암호화폐: 실생활에서 쓰는 지폐나 동전 같은 화폐가 아니라 컴퓨터 등에 정보의 형태로만 존재하는 실물 없는 전자화폐의 일종이다. 각 나라의 중앙은행에서 발행하는 화폐(원화, 달러, 엔화 등)의 안전성은 정부에서 보증하는 반면, 암호화폐는 인터넷 공간에서 다수 이용자가 참여하는 암호화 기술인 블록체인으로 안전성을 담보하는 형식이다. 대표적인 암호화폐가 비트코인이다.

소리 낼 힘조차 없는 사람들

2020년 코로나19가 대한민국 곳곳으로 퍼져 나가면서 국회에서도 확진자가 발생했습니다. 당직자와 출입기자 등이 확진을 받으면서 이들과 접촉했던 여야 지도부가 자택대기 상태에 들어가고 국회 본관과 소통관은 일시 폐쇄되었지요. 저는 다행히 아니었지만 여러 동료 기자들이 코로나 검사를 받고 자가격리 조치되었습니다.

한창 국회 폐쇄와 재개를 반복하던 즈음 국회 출입 기자들 사이에 '서울신문 여당팀 말진(제일 연차가 어린 기자라는 뜻의 은어) 오늘 확진 판정'이라는 찌라시가 돌았습니다. 순식간이었습니다. 타사 동료 기자들과 회사 선후배들로부터 사실 여부를 묻는 카카오톡이 몰려오기 시작했지요. 이 후배는 곧바로 '받은글) 서울신문 말진 아침 먹고 일하는 중. 확진 아님'이라며 찌라시 형태 해명 글을 만들어 돌렸습니다. 이 글 역시 빠른 속도로 기존에 찌라시가 돌았던 경로를 거슬러 올라가 퍼졌고, 얼마 지나지 않아 확진 여부를 묻는 문의도 칼로 무 자르듯 딱 끊겼습니다.

국회 앞에서 집회를 개최하고 있는 다양한 단체들의 모습.

만약 여러분이 가짜뉴스의 당사자가 되었다면 어떻게 하시겠어요? 우선 이 후배 기자처럼 해명 찌라시를 만들어 가짜뉴스가 돌고 있는 경로로 확산시켜 사람들이 가짜를 진짜로 믿지 않도록 막을 수 있을 것입니다. 학교나 회사, 동호회처럼 특정 집단에 한정해서 퍼진 가짜뉴스라면 해당 커뮤니티 멤버들에게 메일을 돌리거나 내부 게시판에 글을 올려 해명하는 방법도 있겠지요. 가짜뉴스가 걷잡을 수 없이 번져 아주 심각하게 명예가 훼손되었다면 경찰 사이버수사대에 신고하고, 범인을 잡아 그에게 손해배상 청구소송을 제기할 수도 있을 것입니다.

물론 가짜뉴스 피해는 이렇게 적극적으로 허위정보를 해명하고 확산 차단에 나선다고 해서 말끔히 구제되는 것이 아닙니다. 손이 닿지 않는 어딘가에서는 여전히 가짜뉴스가 복제되고 있을 것이고, 손해배상을 받는다고 이미 훼손된 명예가 고스란히 회복되는 것도 아니기 때문입니다. 그럼에도 이 같은 가짜뉴스 피해에 대한 개인 차원의 구호 조치는 상대적으로 해볼 만한 편에 속합니다. 피해 사실이 비교적 분명하며 개인의 인격권 훼손을 구제받을 법적 장치도 여럿 만들어져 있기 때문입니다.

반면 가짜뉴스의 공격이 한 개인이 아니라 어떤 집단을 향할 때는 적극적인 방어와 피해 회복을 위한 조치가 상당히 어려워집니다. 유튜버로 활발히 활동하고 있는 강용석 씨는 2010년 한나라당(현 국민의힘) 국회의원 시절, 전국 대학생 토론대회 후 저녁 식사 자리에서 '아나운서 비하 발언'을 해 물의를 일으켰습니다. 강씨는 이 때문에 당에서 쫓겨나고 아나운서들로부터 고소를 당했지요. 하지만 법원은 강씨에게 무죄를 선고했습니다. 아나운서라는 집단의 경계가 불분명해 비하 발언의 피해자가 특정되었다고 보기 어렵다는 이유였습니다.

개인이 아닌 집단에 대한 명예훼손은 이처럼 성립 요건이 까다롭습니다. 보통 집단 구성원은 한둘이 아니기 때문에 개별 구성원 한명 한명의 사회적 평가에 큰 영향을 미치지 못한다고 보기 때문입니다. 예외적으로 개별 구성원이 특정될 정도로 집단이 작고 경계가 분명한 경우에나 명예훼손이 성립됩니다. 누가 '서울신문 정치부 기자들'을 거론하며 명예훼손성 발언을 했다면 저를 포함한 부원들이 당장 고소장을 날릴 수 있다는 말입니다.

그런데 가짜뉴스의 공격은 정치인이나 고위 공직자, 유명 연예인, 언론인 등에게만 가해지는 것이 당연히 아닙니다. 이런 부류의 사람들은 가짜뉴스에 대해 스스로 해명할 수 있는 힘을 가지고 있으며, 법적 구제 절차를 진행하는 데에도 꺼릴 것이 없습니다. 이런저런 가짜뉴스에는 흔들리지 않을 정도의 사회적, 경제적 기반도 갖고 있습니다. 가짜뉴스 대응이 상대적으로 덜 힘든 사람들이지요.

문제는 이런 구호조치를 할 힘이 없거나 여건이 되지 않는 사람들입니다. 가짜뉴스의 공격이 아무렇지 않은 사람이 어디 있겠습니까만, 특히 이런 사회적 약자가 표적이 될 때 그 피해는 비교할 수 없을 정도로 심각해집니다. 방어하고 반박할 힘이 없는 사람들은 단 한 번의 공격만으로도 삶의 기반이 모조리 무너져 버리는 회복 불능 상태에 놓일 수 있기 때문입니다.

하지만 불행히도 가짜뉴스의 공격은 이런 집단을 향하는 경우가 상당히 많습니다. 인종, 종교, 출신 지역, 성별, 성적 지향, 장애, 질환 등을 이유로 특정 집단을 비하하고 차별하며 혐오를 유발하는 행위는 가짜뉴스가 가장 잘하는 일이자, 가짜뉴스가 하는 일 중 가장 나쁜 일입니다.

삶의 터전을 잃고 떠도는 난민들에 대한 가짜뉴스는 전 세계 어디에나 있습니다. 서구 기독교 사회에서는 무슬림 혐오를 조장하는 가짜뉴스가 흔하고(요즘은 대한민국도 그렇습니다), 반대로 무슬림 국가에서는 기독교 혐오를 조장하는 가짜뉴스가 퍼집니다. 여성혐오, 남성혐오를 조장하고, 특정 지역을 비하하는 가짜뉴스도 적지 않습니다. 대한민국 사회에서 뜨거운 이슈 중 하나인 성적 지향에 따른 차별에도 가짜뉴스는 큰 기여(?)를 하고 있습니다. 성적 소수자들에 대한 편견, 오해, 혐오를 키우는 허위조작정보들이 보수 기독교 단체 등 특정 집단을 중심으로 퍼지면서 이들은 자신의 정체성을 더욱 꽁꽁 숨겨야만 하는 상황에 내몰리고 있습니다. 그런 사람들에게 반박 기자회견이나 고소고발 같은 적극적인 대응은 꿈같은 이야기일 것입니다.

사실 사회적 약자들에 대한 혐오 발언을 공개적으로 하기는 쉽지 않습니다. 누군가에 대한 혐오, 비하, 차별 발언은 윤리적 문제와 결부되기 때문이지요. 그런 사회 윤리보다 더 강력한 어떤 신념, 예컨대 종교적 신념 정도가 있어야만 가능한 일입니다.

하지만 익명성이 보장되는 인터넷 공간은 다릅니다. 그곳에는 비윤리

2000년 퓰리처상을 받은 미국 워싱턴포스트 캐롤 구치 기자의 난민 문제를 다룬 보도사진
'코소보의 슬픔'이 워싱턴DC 뉴지엄에 전시되어 있다.

적인 말과 글이 넘칩니다. 그리고 가짜뉴스는 그 공간에 사회적 약자에
대한 비하와 차별, 혐오의 불꽃을 타오르게 할 땔감을 끊임없이 제공
합니다. 그 불길에 죽어가는 인격들에는 아랑곳하지 않고 말입니다.

양치기의 장난, 그 후

엄마가 느닷없이 카카오톡 메시지로 '바빠? 지금 급해서 그런데 10
만 원만 빌려줘, 이따 집에서 줄게'라며 생전 처음 보는 계좌번호를 보
냈습니다. 여러분은 어떻게 하시나요? 아무런 의심 없이 카카오톡에 찍

힌 계좌번호로 순순히 돈을 부치는 사람들은 그리 많지 않을 것입니다. 이럴 때는 엄마에게 전화를 걸어 확인하는 것이 이제는 상식이 되었습니다. 메신저피싱이나 보이스피싱은 우리의 일상이나 마찬가지니 말입니다.

이처럼 피싱은 단순히 남을 속여 몇 푼의 돈을 가로채는 것으로 끝나는 가벼운 범죄가 아닙니다. 이 범죄가 일상이 되면서 사람들이 생각하는 방식, 행동하는 방식도 달라졌습니다. 만나는 것보다 비대면 커뮤니케이션(문자, SNS, 통화)이 훨씬 더 활성화된 시대이지만 금전 요구가 등장하는 순간 우리는 지금 나와 대화하고 있는 이 사람은 내가 아는 그 사람이 맞는가를 의심해야 하는 상황에 처합니다. 저도 아내가 가끔 카카오톡으로 예민한 개인정보를 물어볼 때는 둘만 아는 다른 정보를 암호처럼 물어보기도 합니다. 피싱이란 범죄가 멀쩡한 사람들 사이의 소통에도 불신의 도화선을 심어 놓은 것입니다.

거짓말은 건전하고 안정적인 공동체 유지에 지극히 치명적인 행위입니다. 모세가 여호와 하나님으로부터 직접 받은 십계의 여덟 번째가 "네 이웃에 대하여 거짓 증거하지 말라"이지요. 불교에서는 불자라면 반드시 지켜야 할 다섯 가지 계율(오계)에 '불망어(不妄語)'가 들어 있습니다. 역시 거짓말하지 말라는 뜻입니다. 고대 그리스의 노예 아이소포스가 지은 이솝우화의 양치기 소년 이야기도 마찬가지입니다. 오래전부터 어느 문명권에서나 거짓말은 모두 커다란 죄악으로 여겨졌습니다. 거짓말은 사회 공동체의 신뢰를 무너뜨리기 때문입니다.

가짜뉴스는 개인이나 특정 집단의 정치·경제적 이익을 추구하고 또 누군가를 혐오, 차별, 비하할 목적으로 확산되는 과정에서 우리 사회 곳곳에 분열과 갈등을 촉진시킵니다. 이념과 지지 정당, 지역, 세대, 종교, 직업, 재산 수준, 교육 수준, 성별, 성 정체성 등 분야를 가리지 않습니다. 더구나 가짜뉴스를 통해 만들어진 왜곡된 인식틀은 쉽게 고쳐지지 않으니 갈등과 분열은 끝이 나질 않습니다.

가짜뉴스는 사회적 갈등을 해결하고 화합하는 공동체를 만들기 위한 각종 노력들을 한순간 거품처럼 꺼뜨려 버릴 수 있습니다. 이런 일이 반복되면 보람 없는 갈등 해결과 화합에 매달리는 사람보다는 분열과 갈등 가운데에서 이익을 보려는 사람들이 우리 사회의 주류가 될 것입니다.

가짜뉴스가 불러온 공동체 붕괴는 구성원들 사이 갈등과 분열뿐 아니라 시스템의 무력화라는 측면에서도 설명이 가능합니다. 양치기 소년이 "늑대가 나타났다"고 경보를 울리면 마을 사람들은 하던 일을 멈추고 달려와 늑대를 물리칩니다. 이것은 이 마을 사람들 사이 약속이자 일종의 시스템입니다. 그런데 반복된 양치기 소년의 거짓말에 이 '늑대 경보 시스템'은 완전히 무너졌습니다. 진짜로 늑대가 나타나 경보를 울렸지만 사람들은 달려오지 않았고 늑대는 양을 물고 유유히 사라졌습니다.

가짜뉴스는 우리 사회의 시스템, 특히 민주주의 사회의 필수 요소인 언론 시스템을 무너뜨리고 있습니다. 가짜뉴스라는 거짓말이 도처에 퍼지면서 사람들이 진짜 뉴스도 믿지 않는 지경에 이르렀기 때문입니다. 언론은 숭배의 대상이 아니니 당연히 맹신할 이유는 없지만 이를 덮어놓고 믿지 않는 것은 심각한 문제를 일으킵니다. 시민들이 신뢰하지 않는 언론은 없어도 그만인 소음 제조기일 뿐입니다. 그리고 제대로 된 언론이 없는 민주주의 공동체는 성립이 불가능합니다.

현장에 있는 기자들은 가짜뉴스를 일반 독자들이 생각하는 것보다 훨씬 더 심각한 문제로 인식하고 있습니다. 2019년 한국언론진흥재단이 전국 신문, 방송, 뉴스통신, 인터넷언론사 기자 1956명을 대상으로 진행한 '제14회 언론인 조사' 결과, 여러 가지 유형의 잘못된 정보 중 허위조작정보(가짜뉴스)가 심각한 문제라고 인식하는 비율이 가장 높았습니다. 응답자 66%는 가짜뉴스가 '매우 문제가 된다'고 했고, 16.3%는 '약간 문제가 된다'고 답했습니다.

가짜뉴스는 우물에 독을 퍼뜨리는 행위입니다. 미량의 독이라면 물을 마셔도 당장 죽지는 않겠지만 이 독은 조금씩 몸을 상하게 하고 결국은 물을 마시는 모두의 목숨을 앗아갑니다. 당장은 가짜뉴스로 이런저런 정치·경제적 이익을 얻을 수 있겠지만 그 결과가 쌓이면 결국 민주주의 시스템 자체가 무너집니다. 가짜뉴스를 만들고 퍼뜨리는 사람들도 이 공동체 안에 있는 한은 그 후과(後果·뒤에 나타나는 좋지 못한 결과)를 피해갈 수 없습니다. 누구도 물을 마시지 않고 살 수는 없으니까요.

청소년들에게 더욱 치명적인 가짜뉴스

지금까지 가짜뉴스 생산자들은 가짜뉴스를 왜 만드는지, 이렇게 만든 가짜뉴스가 우리 사회에 어떤 해악을 끼치는지 살펴보았습니다. 여기서 한 가지 더 짚고 갈 문제가 있습니다. 가짜뉴스가 나쁘다는 사실은 누구에게나 다를 바가 없지만 그 나쁜 정도는 사람마다 다를 수 있다는 점입니다. 특히 자라나는 청소년들에게 미치는 악영향은 특별합니다. 지금부터는 그 이야기를 하려고 합니다.

기자들은 회사에 지각을 한다 안 한다는 개념이 잘 없습니다. 출퇴근 시간이나 출퇴근 장소가 들쭉날쭉한 경우가 많아서 일반 회사원들처럼 근태 관리를 하기 힘든 면이 있기 때문입니다. 종종 오전 9시가 넘어 기자실로 출근하는 팀원들이 있지만 업무에 지장이 없다면 저도 별다른 말을 하지 않습니다. 퇴근은 제때 시켜주지도 않으면서 출근을 제때 안 했다고 야단을 치기에는 다소 민망한 구석도 있습니다.

아무튼 제가 지각을 밥 먹듯 하는 한 팀원을 불러 혼을 내고 있다고 칩시다. "오늘은 대체 왜 늦은 거야?"라고 물어 볼 수 있겠지요. 몇 가지 유형의 변명이 나올 것입니다. 늦잠을 잤다, 길이 막혔다, 지하철을 놓쳤다 등등. 그러면 저는 "내일부터는 좀 더 서둘러 와"라고 주의를 주고 상황을 정리할 것입니다. 만약 이 팀원이 색다른 변명을 한답시고 "출근길에 호랑이를 만났습니다"라고 말도 안 되는 거짓말을 하면 어떨까요? 금세 들통 날 거짓말이니 상황을 모면하기도 어려울 뿐더러 동료들 사이에 이상한 사람이라고 소문이 날 것입니다.

그런데 이런 상황을 한번 가정해 봅시다. 이 지각쟁이 팀원이 평소보다 늦게 퇴근하고 집에 돌아갔습니다. 집에는 세 살배기 아이가 아빠를 기다리고 있었지요. 왜 집에 늦게 돌아왔냐고 묻는 아이에게 아빠는 아주 진지하게 "퇴근길에 호랑이를 만났어"라고 똑같은 거짓말을 합니다. 아이의 반응은 어떨까요?

아이가 이 말을 곧이곧대로 믿을지는 알 수 없지만 분명히 같은 거짓말을 들었던 회사 팀장과는 꽤 다른 반응을 보일 것입니다. 이 팀원의 세 살배기 아이와 팀장 또는 동료들은 축적된 지식과 판단력, 팀원이자 아빠에 대한 신뢰 수준 등이 서로 완전히 다르기 때문입니다.

가짜뉴스를 접했을 때도 마찬가지입니다. 똑같은 허위조작정보를 전달받았을 때 시사 정보와 뉴스 유통에 대한 이해가 어느 정도 있는 성인들과 그렇지 않은 청소년들의 반응은 다를 수밖에 없습니다. 앞서 설명했던 스키마를 기억하시나요? 오랜 시간 교육을 받고 또 이런저런 삶의 경험을 한 성인들은 이미 스키마가 단단히 구축되어 있으며, 이를 통해 새로운 정보의 가치를 판단하고 수용 여부를 결정합니다. 기존에 가진 지식과 경험에 비춰 미덥지 않은 정보는 의심하고 따져 본 뒤 배척할 수 있는 힘이 어느 정도 있다는 말입니다.

그러나 아직 스키마가 단단하지 않고, 세상을 이해하는 인식의 틀을 조금씩 갖춰 가는 과정에 있는 청소년들은 사정이 다릅니다. 청소년들은 제대로 된 판단을 할 수 있다 없다의 문제가 아닙니다. 가짜뉴스는 한창 생각을 키워 가는 청소년들의 머릿속에 아주 그릇된 생각을 심어 넣을 수 있습니다. 그리고 이 그릇된 생각은 하나의 인식틀로 자리 잡아 성인이 된 뒤에도 잘못된 판단을 반복하도록 만들 것입니다.

가짜뉴스가 청소년들에게 미치는 영향을 분석한 최근 연구(안도헌, 「디지털 가짜뉴스에 대한 청소년의 확증 편향 연구」, 『언론과학연구』 제20권 1호, 2020.3.)에는 흥미로운 결과가 나와 있습니다. 평소 북한에 대한 지원을 긍정적으로 생각하던 청소년들과 부정적으로 생각하던 청소년들에게 북한을 부정적으로 묘사한 가짜뉴스를 보여주었습니다. '아동 영양결핍 해결을 위해 국제사회가 25년간 지원한 돈 20조 원을 아이들이 아니라 북한 체제 유지에 썼다는 사실을 유엔이 파악했다'는 내용의 가짜뉴스였습니다. 그러고 나서 북한에 대한 생각이 어떻게 바뀌는지 추적한 결과, 대북 지원에 부정적이었던 청소년들의 생각은 큰 변화가 없었지만 대북 지원을 긍정적으로 여겼던 청소년들 중 적지 않은 수는 생각이 정반대로 바뀌었다고 합니다.

이미 인식틀이 구축된 성인들과 달리 청소년들은 가짜뉴스 하나 때문에 생각이 완전히 바뀔 수도 있습니다. 가짜뉴스가 바꿔 놓은 생각이란 것이 청소년들의 창창한 미래나 그들이 이끌어 갈 우리 대한민국에 결코 도움이 되지 않으리란 사실은 따져보지 않아도 뻔합니다.

지금의 청소년들은 조간신문이나 9시 뉴스 같은 전통적인 뉴스 매체보다는 모바일을 통해 포털과 SNS에서 뉴스를 소비하는 쪽에 훨씬 더익숙합니다. 언제 어디서든 가짜뉴스에 노출될 수 있는 환경에서 세상을 읽고, 또 읽는 법을 배우고 있는 것입니다. 그럼에도 뉴스를 어떻게 소비해야 하는지에 대한 교육은 늘 부족합니다. 뉴스 보는 눈을 제대로 기르지 않고 반복적으로 가짜뉴스에 노출되다 보면 세상을 보는 시각도 왜곡될 수밖에 없습니다. 당연히 시민다운 시민의 탄생을 기대할 수 없게 되지요. 누구를 탓해야 할까요? 청소년들이 배우는 모든 교과서의 학습 목표가 '민주시민 양성'인데 말입니다.

6장

가짜뉴스를 어떻게 해결할까?

가깝고도 먼 옛날, 그러니까 인터넷이 없던 시절에는 신문사로 이런 저런 '팩트'를 확인하기 위한 전화들이 자주 걸려왔다고 합니다. 예를 들면 가수 김씨의 나이, 영화배우 이씨의 고향 같은 것들 말입니다. 상상하기 힘들겠지만 인터넷이 없던 시절이니 어떤 것이 궁금하다고 해도 이런 정보를 찾아볼 '검색창' 따위는 존재하지 않았습니다. 직접 도서관에 찾아가 가수 김씨, 배우 이씨를 다룬 신문·잡지의 기사를 찾아보거나, 아니면 이런 정보를 잘 정리해 두고 있는 신문사에 능청스럽게 전화를 걸어 물어보는 것이 전부였지요. 당시 대부분 언론사에는 인물이나 사건에 대한 데이터베이스(DB)를 관리하는 '조사부'라는 부서가 따로 있었습니다.

요즘도 편집국에 앉아 일을 하다 보면 자칭 '독자'들의 전화를 자주 받습니다. 소소한 팩트를 확인하려고 전화를 건 사람들은 거의 없습니다. 기사 내용이 맘에 안 든다고 욕을 하는 것이 대부분이지요. 공격적인 목소리로 다짜고짜 무슨 기사를 쓴 누구 기자의 연락처를 알려 달라고 합니다. "함부로 연락처를 알려 드리기 힘들다"고 하면 데스크를 바꾸라 하고, 그러면 저는 "지금은 자리에 아무도 없다"고 대거리를 합니다. 여기서 순순히 전화를 끊을 것이라면 몸소 언론사에 전화까지 걸지도 않았겠지요. "그럼 전화 받는 너는 누구냐, 기자 아니냐"고 따져 들면 저는 그냥 업무직 직원인 척하며 "메모를 남겨 드릴까요?"라고 기계적으로 응대합니다. 이 단계에서 열의 아홉은 전화를 끊지요.

저도 예전에 그랬지만 연차가 어린 후배 기자들은 이런 전화를 받으면 하나하나 기사 내용을 설명하며 자칭 독자의 주장이 어떤 점에서 사실과 다른지를 친절하게 짚어 주곤 합니다. 그렇게 하면 이 독자는 오해를 풀고 친절한 기자에게 감사 인사를 하며 통화를 끝낼까요? 그런 동화 같은 일은 벌어지지 않습니다. 설명은 반론을 낳고 반론에 반론은 논쟁이 되어 통화는 길어지고 결국 이 후배 기자는 소중한 마감 시간을 누군지도 모를 자칭 독자와 말싸움을 하며 허비하고 맙니다. 그제야 '아, 내가 이러고 있으면 안 되는구나' 하고 깨닫게 되지요.

편집국에 전화를 걸어 기사 내용을 왈가왈부하는 사람들 중 이해 당사자는 드뭅니다. 기사에 직접적인 연관이 있는 사람이라면 당연히 기사를 쓰기 전에 기자가 먼저 전화를 걸어 입장을 물었을 테죠. 기사를 쓴 기자의 휴대전화가 아니라 그저 쉽게 알아낼 수 있는 편집국 사무실 번호로 전화를 건 사람들은 대부분 '궁금한 게 있는 독자' '기사 보고 화가 난 사람' '누군가의 지지자' '나라를 사랑하는 사람' 같은 평범한 시민에 지나지 않습니다. 이 평범한 시민 중 적지 않은 수가 가짜뉴스를 근거로 진짜의 진위를 따지겠다는 허위조작정보의 추종자들이니 안타까울 따름이지요.

가짜뉴스의 에코 체임버에 갇혀 그 생각과 다른 기사를 쓴 기자는 가만두지 않겠다고 편집국에 전화를 거는 사람들의 인식을 초년생 기자가 바꿔 놓기란 쉽지 않을 것입니다. 물론 마감을 포기하고 아주 성심성의껏 최선을 다해 설명하고 설득한다면 어느 정도 생각이 바뀔지도 모르지요. 그러나 이런 식으로 한 명의 독자를 구제한다고 문제가 해결될까요? 근본적으로 우리 사회의 가짜뉴스 문제가 해결되지 않는 한 이런 사람들은 끝없이 양산될 것입니다. 그리고 이들의 전화를 응대하는 후배 기자들도 계속 같은 고통을 겪겠지요.

대한민국에서도 가짜뉴스가 화두로 떠오른 지 몇 년이 지났습니다. 그런데 왜 가짜뉴스 문제는 해결되지 않고 오히려 심각해지고만 있는 것일까요? 가짜뉴스를 해결하기 위해 정부나 언론, 정보통신업계는 어떤 노력을 해 왔을까요? 과연 가짜뉴스는 이런 노력으로 해결이 가능한 것인지, 또 우리는 어떤 노력을 해야 하는지 지금부터 하나하나 살펴보도록 하겠습니다.

언론보다 더 자유로운 가짜뉴스

가짜뉴스가 주로 유통되는 SNS나 유튜브 등은 언론이 아니기에 공정성과 객관성을 추구할 의무가 없지만 그렇다고 무법지대는 아닙니다. 현행법에 규정된 위법 행위를 할 경우에는 플랫폼 자체 제재인 노란 딱지를 넘어서 법적인 책임을 져야 하지요. 경찰 사이버수사대의 수사를 받아 재판에 넘겨지거나 가짜뉴스 피해자들에게 민사 소송을 당하는 경우 등입니다.

가짜뉴스를 처벌할 수 있는 가장 강력한 관련 근거는 명예훼손죄입니다. 공개적인 발언이나 글로 다른 사람의 인격에 대한 평가를 떨어뜨리는 범죄를 말하는데요. 청소년들은 "당신이 훼손당할 명예가 뭐가 있냐"는 식으로 명예훼손을 가벼이 여기는 경향이 있는 듯합니다. 형법 307조 2항에 '허위 사실 적시(摘示)에 의한 명예훼손'은 5년 이하 징역, 10년 이하의 자격정지 또는 1000만 원 이하의 벌금에 처한다고 규정되어 있습니다. 처벌 수위가 상당히 높지요?

게다가 우리나라 형법은 허위 사실뿐 아니라 사실을 지적하는 경우도 명예훼손죄를 적용합니다. 형법 307조 1항 '사실 적시에 의한 명예훼손'은 2년 이하 징역이나 금고 또는 500만 원 이하 벌금에 처한다고 되어 있습니다. 허위 사실에 의한 명예훼손보다 덜 하지만 이 역시 처벌 수위가 상당합니다. 이미 죽은 사람의 명예를 훼손(308조 사자의 명예 훼손)해도 비슷한 강도의 처벌을 받습니다. 산 자든 죽은 자든, 한 사람의 인격에 대한 평가라는 것은 한번 훼손되면 쉽게 복구하기 어렵기 때문에 명예훼손죄를 엄하게 다스리는 것입니다.

특히 인터넷 같은 정보통신망을 이용한 명예훼손은 따로 '정보통신망 이용촉진 및 정보보호 등에 관한 법률'에 처벌을 정해 두었습니다. 정보통신망으로 허위 사실을 유포해 누군가의 명예를 훼손하면 7년 이하 징역, 10년 이하의 자격정지 또는 5000만 원 이하의 벌금에 처합니다. 통상적인 명예훼손보다 처벌 강도가 더 세지요. 인터넷 공간에 한번 퍼진 허위 사실은 다시 주워 담기가 힘들다는 이유에서입니다. SNS나 유튜브를 통한 명예훼손도 여기 해당됩니다. 또 선거에 관련한 허위사실유포는 따로 공직선거법을 근거에 처벌합니다.

진짜 기자들은 명예훼손으로 인한 고소고발과 손해배상 청구 소송의 위험을 늘 머리에 이고 생활합니다. 정부에서 발표하지 않는 취재 기사를 쓸 경우 오보의 위험과 함께 이런 고소고발 등의 위험에도 자주 노출되지요. 저 역시 기사 하나 때문에 명예훼손 혐의로 검찰 수사를 받은 적도 있고, 언론중재위원회에도 수차례 불려가 보았습니다.

다만 기자들은 개인적 원한 관계나 이익을 위해서가 아니라 공공의 이익을 위해 기사를 썼다고 대부분 인정되기에 형식상 명예훼손이라도 실제로 죄가 되지는 않는다고 법은 규정하고 있습니다. 이를 어려운 말로는 위법성 조각(阻却) 사유라고 합니다.

그러나 가짜뉴스 유포는 언론 활동이 아니기 때문에 위법성 조각 사유에 해당하지 않습니다. 유명 정치·시사 유튜버들이 종종 수사를 받고 거액의 손해배상 청구소송을 당하는 것은 이런 이유 때문입니다. 자신의 개인사가 유튜버들의 입에 오르내리며 조롱의 대상이 되는 것을 참지 못하는 사람들이 유튜버들을 고소하고 훼손된 명예를 보상해 달라고 민사 소송을 거는 것이지요. 이른바 '정치코인'을 타고 있는 상당수 유튜버들은 이런 수사와 소송을 두려워하기는커녕 일종의 기회로 보는 듯합니다. 이들은 수사를 받았다는 사실조차 콘텐츠로 만들어 수익을 올리고, 또 지지자들에게 소송비용을 모금하기도 합니다.

모욕죄라는 것도 있습니다. 형법 311조는 '공연히 사람을 모욕한 자는 1년 이하 징역이나 금고 또는 200만 원 이하의 벌금에 처한다'고 되어 있습니다. 명예훼손과 모욕이 다른 점은 내용의 구체성 여부입니다. 예를 들어 사실이든 허위든 상관없이 "A씨는 사기 전과 3범입니다"라는 주장을 퍼뜨리면 명예훼손이 되지만, 여러 사람들 앞에서 A씨에게 그저 "야, 이 사기꾼아 놈아!"라고 욕을 하면 그건 모욕죄가 됩니다.

가짜뉴스로 특정인을 속여 돈을 얻어 내거나, 협박해 재물을 갈취하거나, 주가를 조작한다거나 하는 식으로 가짜뉴스를 도구로 활용한 범죄는 당연히 그 혐의대로 관련 법령에 따라 처벌을 받습니다. 하지만

언론중재위원회: 'Press Arbitration Commission(약칭: PAC)'는 언론보도로 인한 분쟁의 조정 및 중재, 언론피해와 관련한 법률상담, 불공정 선거기사 심의 등의 업무를 수행하기 위하여 설립된 합의제 기관이다. 언론 침해에 대한 일종의 구제제도로서 1916년 스웨덴의 내셔널 프레스클럽이 신문평의회를 설치한 것을 효시로 간주한다.

위법성 조각 사유: 형식적으로는 범죄 행위나 불법 행위로서의 조건을 갖추고 있어도 실질적으로는 위법이 아니라고 인정할 만한 특별한 사유를 말한다. 형법에서는 정당행위, 정당방위, 긴급 피난 따위를 규정하고 있다.

가짜뉴스 유포 행위 자체에 대해서 처벌할 수 있는 근거는 위의 명예훼손죄, 모욕죄 정도뿐이라고 해도 과언이 아닙니다. 그게 아닌 한은 웬만큼 허무맹랑한 소리로 사회적 혼란을 일으켜도 가짜뉴스를 처벌할 수 있는 근거는 희박합니다.

이는 기존에 언론이 받고 있는 규제와는 비교할 수 없을 정도로 약한 수준입니다. 언론은 명예훼손에 관한 법률 외에 언론중재법도 적용받습니다. 사실이 아닌 언론보도로 피해를 입은 사람은 언론사에 정정보도, 반론보도를 청구할 수 있습니다. 언론중재위원회가 설립된 1981년 언론보도 조정 청구 건수는 44건에 불과했지만 2019년에는 3544건으로 38년 만에 80배로 늘었습니다. 단순히 개인의 피해가 아니라 공익을 해쳤다면 위원회가 시정 권고(잘못된 것을 바로잡도록 권하는 것)를 할 수도 있습니다.

또 언론의 정치 보도는 공직선거법의 감시도 늘 받고 있습니다. 공직선거법은 보도의 공정성(8조), 허위보도 및 논평 금지(96조), 허위사실공표 금지(250조), 후보자 비방 금지(251조) 등 다양한 측면에서 언론이 지켜야 할 규칙을 정해 두었습니다. 그리고 중앙선거관리위원회는 언론이 이를 지키는지 안 지키는지 각종 심의위원회를 두고 모니터링하지요.

이런 제도들은 언론을 통해 유포되는 가짜뉴스에 대해서는 어느 정도 차단 효과를 거둘 수 있습니다. 하지만 언론 시스템 바깥에서 만들어지고 유통되는 대부분의 가짜뉴스를 막는 데는 무용지물입니다.

명예훼손죄와 관련된 법률 조항들

〈형법〉

제307조(명예훼손) ①공연히 사실을 적시하여 사람의 명예를 훼손한 자는 2년 이하의 징역이나 금고 또는 500만 원 이하의 벌금에 처한다.

②공연히 허위의 사실을 적시하여 사람의 명예를 훼손한 자는 5년 이하의 징역, 10년 이하의 자격정지 또는 1000만 원 이하의 벌금에 처한다.

제308조(사자의 명예훼손) 공연히 허위의 사실을 적시하여 사자의 명예를 훼손한 자는 2년 이하의 징역이나 금고 또는 500만 원 이하의 벌금에 처한다.

제309조(출판물 등에 의한 명예훼손) ①사람을 비방할 목적으로 신문, 잡지 또는 라디오 기타 출판물에 의하여 제307조 제1항의 죄를 범한 자는 3년 이하의 징역이나 금고 또는 700만 원 이하의 벌금에 처한다.

②제1항의 방법으로 제307조 제2항의 죄를 범한 자는 7년 이하의 징역, 10년 이하의 자격정지 또는 1500만 원 이하의 벌금에 처한다.

제310조(위법성의 조각) 제307조제1항의 행위가 진실한 사실로서 오로지 공공의 이익에 관한 때에는 처벌하지 아니한다.

〈정보통신망 이용촉진 및 정보보호 등에 관한 법률〉

제44조(정보통신망에서의 권리보호) ① 이용자는 사생활 침해 또는 명예훼손 등 타인의 권리를 침해하는 정보를 정보통신망에 유통시켜서는 아니 된다.

제70조(벌칙) ① 사람을 비방할 목적으로 정보통신망을 통하여 공공연하게 사실을 드러내어 다른 사람의 명예를 훼손한 자는 3년 이하의 징역 또는 3000만 원 이하의 벌금에 처한다.

② 사람을 비방할 목적으로 정보통신망을 통하여 공공연하게 거짓의 사실을 드러내어 다른 사람의 명예를 훼손한 자는 7년 이하의 징역, 10년 이하의 자격정지 또는 5000만 원 이하의 벌금에 처한다.

〈공직선거법〉

제250조(허위사실공표죄) ②당선되지 못하게 할 목적으로 연설·방송·신문·통신·잡지·벽보·선전문서 기타의 방법으로 후보자에게 불리하도록 후보자, 그의 배우자 또는 직계 존·비속이나 형제자매에 관하여 허위의 사실을 공표하거나 공표하게 한 자와 허위의 사실을 게재한 선전문서를 배포할 목적으로 소지한 자는 7년 이하의 징역 또는 500만 원 이상 3000만 원 이하의 벌금에 처한다.

제251조(후보자비방죄) 당선되거나 되게 하거나 되지 못하게 할 목적으로 연설·방송·신문·통신·잡지·벽보·선전문서 기타의 방법으로 공연히 사실을 적시하여 후보자(후보자가 되고자 하는 자를 포함한다), 그의 배우자 또는 직계 존·비속이나 형제자매를 비방한 자는 3년 이하의 징역 또는 500만 원 이하의 벌금에 처한다. 다만 진실한 사실로서 공공의 이익에 관한 때에는 처벌하지 아니한다.

명예훼손죄 성립 요건

-대상: 개인 또는 법인(기업이나 단체 등), 일반인과 경계가 명백히 구별되는 집단, 다만 정부 및 국가기관은 제외

-행위: 사회통념상 대상의 사회적 평가를 떨어뜨리는 사실의 전파

-공연성 여부: 불특정 다수에게 전파될 가능성이 있어야 처벌

-사실 여부: 사실 적시, 허위 사실 유포 모두 처벌 대상

-소추(기소) 조건: 일반 명예훼손죄는 피해자가 처벌을 원치 않으면 재판에 넘기지 않는 반의사불법죄, 사자명예훼손죄는 피해자 유가족이 고발을 해야만 재판에 넘기는 친고죄.

-위법성 조각: 오로지 공공 이익을 위해 사실을 적시한 경우에 한해 범죄 불성립

언론중재위원회.

SNS나 유튜브는 언론이 아니기 때문에 언론이 지키라고 만들어 둔 기존의 언론중재법과 공직선거법의 적용을 받지 않습니다. 당연히 그 같은 플랫폼에서 유통되는 가짜뉴스도 이 그물에는 걸리지 않습니다.

그렇다면 인터넷상에서 활개 치는 가짜뉴스를 그저 바라만 봐야 할까요? 당연히 그럴 수는 없습니다. 가짜뉴스가 심각한 사회 문제로 떠오른 이후 기존 언론에 대한 규제와 별개로 가짜뉴스를 척결하기 위한 노력들은 계속 이어지고 있습니다. 국회와 정부는 나름대로 가짜뉴스를 막는 법과 제도 도입을 추진하고, 또 가짜뉴스가 유통되는 플랫폼은 플랫폼대로, 그리고 기자들은 기자들대로 대응책을 마련해 시행하고 있습니다.

가짜뉴스 방지법, 어렵다 어려워

우리나라에서는 1994년부터 인터넷 서비스가 상용화되어 일반인들도 쓰기 시작했습니다. 인터넷을 통한 허위조작정보의 확산 역시 이때 함께 시작되었다고 해도 무리가 아닐 것입니다. 하지만 인터넷상에서 벌어지는 허위사실 유포가 무엇인지에 대한 진지한 법률적 검토는 2008년 이른바 '미네르바 사건'이 일어난 뒤에야 이뤄지지요.

미네르바라는 필명의 서른 살 청년 박대성 씨는 2008년 포털 다음 아고라에 세계금융위기의 추이를 분석하고 대한민국의 위기를 진단한 글로 엄청난 주목을 받았습니다. 미네르바의 영향력이 커지자 급기야 검찰은 전기통신기본법 47조 1항에 근거하여 '공익을 해칠 목적으로 허위사실을 유포한 혐의'로 그를 체포·구속했습니다. 하지만 법원은 무죄를 선고합니다. 그리고 박씨는 자신을 옭아맸던 전기통신기본법 47조 1항에 대한 헌법소원심판을 청구해 위헌판결을 받아냈고, 이 법 조항은 삭제됩니다.

당시 이 사건은 우리 사회에 허위사실이란 무엇이고, 이를 어디까지 어떻게 처벌할 것인가에 대한 상당한 고민을 던져 주었습니다. 그 고민의 결과가 제도로 남은 것은 전기통신기본법 47조 1항의 삭제뿐이었습니다. 하지만 당시 공론장을 통해 이뤄졌던 고민들은 10년이 지난 지금, 가짜뉴스를 막는 법을 어떻게 만들어야 하는가에 적지 않은 영향을 미치고 있습니다.

2016년 이후 우리나라에서도 가짜뉴스가 심각한 사회 문제로 대두되자 정치권에서는 이른바 '가짜뉴스 방지법'을 쏟아내기 시작합니다. 지난 20대 국회(2016~2020)에서 발의된 가짜뉴스와 직간접적 관련이 있는 법안은 20건이 넘습니다. 대부분 인터넷을 통해 허위사실을 유포할 경우 처벌을 강화하는 방향의 정보통신망법 개정안이었습니다.

대표적으로 국민의힘 김성태 의원 등 110인이 발의한 정보통신망법 개정안은 가짜뉴스 유통을 막기 위해 정보통신서비스업체에 가짜뉴스 유통 방지 책임자를 두고 이용자의 가짜뉴스 삭제 요청에 대응하도록 하며, 가짜뉴스 모니터링 등 의무를 이행하지 않을 경우 영업정지나 폐쇄조치를 할 수 있도록 한다는 내용입니다. 더불어민주당 김관영 의원 등 25인이 발의한 개정안도 취지는 비슷한데 다만 처벌 규정이 '3000만 원 이하 과태료 부과'로 국민의힘 안보다 약합니다.

또 국민의힘 이장우 의원 등은 '본인 또는 제3자의 정치·경제적 이익을 위해 고의로 거짓의 사실 또는 왜곡된 사실을 언론보도로 오인하게 하는 내용의 정보를 정보통신망에 유통'시킬 경우 1년 이하 징역 또는 1000만 원 이하 벌금에 부과하는 정보통신망법 개정안을 내기도 했습니다. 가짜뉴스 생산자를 직접 겨냥한 법이지요.

더불어민주당 가짜뉴스대책특별위원장인 박광온 의원은 가짜뉴스의 정의를 상당히 구체화하고, 대책을 종합해 새롭게 '가짜정보 유통 방지에 관한 법률안'을 만들자고 제안했습니다. 언론인 출신인 박광온 의원은 가짜정보를 '정정보도, 언론중재, 법원 판결, 중앙선거관리위원회 판단 등을 통해 명백히 사실이 아니라고 정부기관 등이 판단한 정보'라고 정의했습니다. 그리고 정부기관은 가짜정보 방지 계획을 수립하고 가짜정보 여부를 사람들이 알 수 있도록 공고하며, 정보통신사업자는 가짜정보 삭제 절차를 마련하고, 가짜정보를 퍼뜨린 자는 5년 이하 징역 또는 5000만 원 이하 벌금에 처한다는 등 정치권에서 논의된 거의 모든 가짜뉴스 방지 대책을 종합했습니다.

하지만 박광온 의원안을 포함해 20대 국회에서 제출된 이 법안들은 모두 임기만료로 폐기되었습니다. 의원들 나름대로 상당한 고민을 해서 법안을 만들었지만 국회의원 임기가 끝날 때까지 제대로 논의를 하지 못해 결국 진짜 법이 되지 못하고 사라진 것이지요.

21대 국회가 출범하고 나서도 비슷한 법안들은 다시 제출되었습니다. 언론인 출신인 더불어민주당 윤영찬 의원은 인터넷에서 의도적인 거짓·불법 정보로 명예훼손 등 손해를 입은 경우 '징벌적 손해배상'을 청구할 수 있도록 하는 내용의 정보통신망법 개정안을 대표 발의했습니다. 징벌적 손해배상이란 강력한 처벌의 뜻을 담아서 실제로 입은 손해의 몇 배 이상 배상을 받는 것을 의미합니다. 역시 언론인 출신인 더불어민주당 정필모 의원은 정부가 앞장서서 허위조작정보 유통 방지, 이용자 보호와 관련된 시책을 마련하도록 하는 국가정보화 기본법 개정안을 발의하기도 했습니다.

그러나 21대 국회에서도 임기 첫해가 지나도록 가짜뉴스 방지법에 대한 논의는 본격적으로 이뤄지지 않았습니다. 다수의 의원들이 이처럼 열심히 가짜뉴스 방지법을 발의하는데 왜 대체 이 법은 제대로 논의되지 않는 것일까요? 여야를 가리지 않고 모두들 가짜뉴스를 척결해야 한다고 공감하고 있으니 논의만 시작하면 금세 법이 만들어질 것도 같은데 말입니다.

국회에서 법안은 쏟아지지만 사실 가짜뉴스 방지법을 입법하기 위해서는 난관이 상당히 많습니다. 우선 대한민국 사회에서는 아직 분명하게 약속된 가짜뉴스의 개념이 없습니다. 이 책에서는 가짜뉴스를 협의의 개념과 광의의 개념으로 나눠 설명했지만 앞서 지적한 대로 우리는 일상생활에서 협의와 광의의 가짜뉴스 개념을 섞어 쓰고 있는 실정입니다.

여야 의원들이 발의한 법안도 자세히 살펴보면 협의의 가짜뉴스를 전제로 한 것, 광의의 가짜뉴스를 전제로 한 것, 박광온 의원안처럼 가

국회의사당 전경.

218

짜뉴스의 범위를 일일이 정한 것 등 정의가 다양합니다. 가짜뉴스의 개념이 분명하게 통일되지 않으면 당연히 이를 방지하는 법을 만들 수도 없습니다.

규제하는 대상이 모호하면 그 법은 법으로서 기능을 충실히 할 수 없습니다. 오히려 혼란만 일으키지요. 우리 헌법은 법을 만들 때 '명확성의 원칙'을 요구합니다. 무엇이 죄인지 분명하지 않으면 국민들은 이를 지키기가 어렵고, 검사와 판사가 뜻대로 해석할 수 있는 여지가 너무 커져 결국 국민의 기본권을 침해할 수 있기 때문입니다. 미네르바 사건 당시 헌법재판소가 전기통신기본법 47조 1항을 위헌으로 판단한 것도 이 법조항이 명확성의 원칙을 위반한다고 보았기 때문입니다. 이 조항의 '공익을 해칠 목적'이란 문구에서 공익의 개념이 무엇인지, 그것을 해치는 행위가 무엇인지가 너무 추상적이라는 이유였지요.

한편으로 가짜뉴스 방지법에 대한 정보통신업계의 반발도 만만치가 않습니다. 위에 사례를 든 법안들을 보면 정보통신사업자에게 가짜뉴스의 유통 방지와 삭제 조치 등 의무를 부과하는 내용이 많습니다. 하루에 수도 없이 생산되는 포털 사이트 내 콘텐츠를 포털 운영 업체가 일일이 모니터링 하기는 현실적으로 불가능합니다. 게다가 인터넷 세계에는 국경이 없지만 국내법은 우리나라 사업자에게만 적용이 됩니다. 그러니 실효성도 떨어질 뿐더러, 전 세계 IT기업들은 놔두고 이들과 경쟁하는 국내 업체에만 족쇄를 채운다는 비난도 피할 수가 없습니다.

교도소를 늘리면 가짜뉴스가 사라질까?

우리나라에 코로나19가 점차 확산되기 시작한 2020년 1월 30일, 문재인 대통령은 '신종 코로나바이러스 감염증 대책 종합점검 회의'에서 철저한 방역을 당부하면서 이런 말을 덧붙입니다. 문 대통령은 "확산하는 신종 감염병에 맞서 범국가적 역량을 모아야 할 때 불신과 불안을 조장하는 가짜뉴스의 생산과 유포는 방역을 방해하고 국민의 안전을 저해하는 중대한 범죄행위"라며 "관계부처는 표현의 자유를 넘는 가짜뉴스에 대해 각별한 경각심을 갖고 단호하게 대처해 주기 바란다"고 지시했습니다.

이후 우리나라의 코로나19 확진자 수는 꾸준히 증가했고 문 대통령이 우려했던 것처럼 '방역을 방해하고 국민 안전을 저해하는' 가짜뉴스 역시 확산되었습니다. 감염병에 대한 잘못된 정보를 퍼뜨리는 가짜뉴스는 계속 생산·유포되었으며, 정부와 각계의 우려에도 불구하고 일부 극우 단체들은 '집회와 코로나 확산과는 무관하다'며 지침을 어기고 대규모 반정부 집회를 강행하기도 했지요.

그런데 문재인 대통령의 발언 중 우리가 주목할 부분은 뒤쪽에 있는 '표현의 자유를 넘는 가짜뉴스' 부분입니다. 문 대통령은 가짜뉴스에 대한 단호한 대처를 주문하면서도 그 대상을 '표현의 자유를 넘는' 것으로 제한했습니다. 표현의 자유를 넘는…… 이 얼마나 어려운 말인지요.

표현의 자유는 어느 나라 할 것 없이 역사 속에서 시민들이 피를 흘려 쟁취한 결과물입니다. 한 공동체 내에서 표현의 자유라는 것은 '자기실현의 자유'이자 '공동체에 참여할 자유'를 의미합니다. 표현의 자유가 없다면 공동체의 현안에 대한 자기 의견을 낼 수가 없으며, 누군가 정하고 이끄는 대로 따라 가야만 합니다. 처음 민주주의가 실현되었다고 하는 고대 그리스 아테네에서도 시민들은 표현의 자유가 있었기에 누구나 공동체의 의사 결정에 대해 의견을 말할 수 있었지만 노예들은 그럴 수가 없었습니다. 현대 사회에서도 표현의 자유가 없다면 우리는 정치적 노예와 다를 바 없는 생활을 해야 합니다.

그러나 우리가 분명히 해야 할 점은 가짜뉴스는 표현의 자유 영역이 전혀 아니라는 점입니다. 표현의 자유는 아무렇게나 거짓말을 떠들고 다닐 자유가 아닙니다. 그것은 정치적 의사 표현을 이유로 억압받지 않을 권리를 보장한 것입니다. 특히 가짜뉴스처럼 다른 누군가의 인격권을 해친다면 표현의 자유도 당연히 제한됩니다. 사람은 누구나 자기 팔을 자기 뜻대로 휘두를 신체의 자유가 있지만, 그 자유는 다른 사람의 신체 앞에서 제한되어야 하는 것과 마찬가지입니다.

문제는 무엇이 표현의 자유이고 무엇이 가짜뉴스인지를 어떻게 판단하느냐 하는 점입니다. 분명한 가짜뉴스라면 단호히 대처해야 할 것이고, 표현의 자유라면 최대한 보장해 줘야 할 텐데 그 둘을 나누는 선을 선명하게 긋기는 쉬운 일이 아닙니다. 극단적으로 말해 보잘 것 없는 일개 인간이 진실과 거짓을 분명하게 가를 수 있는 것일까요? 갈릴레오

갈릴레이(Galileo Galilei, 1564~1642)가 활동했던 시절, '지구는 돈다'는 그의 주장은 가톨릭 세계를 강타한 아주 심각한 가짜뉴스였을 것입니다. 하지만 지금은 누구나 이를 과학적 사실로 받아들입니다.

이런 문제 때문에 가짜뉴스를 제한하는 법을 만들다 보면 어쩔 수 없이 표현의 자유를 제약하는 경우가 생깁니다.

2019년 10월 법무부의 보도 지침이 논란이 된 적이 있었습니다. 오보를 낸 언론사는 법무부 출입을 금지시키겠다는 내부 훈령이었지요. 법무 정책에 혼란을 끼치는 오보를 적극적으로 방지하자는 취지였지만 출입기자단과 시민 사회의 엄청난 반발에 부딪혀 결국 백지화됩니다. 오보인지 아닌지를 정부가 판단하고 이를 근거로 언론의 취재를 원천 봉쇄한다면 과거 군사 정권 시절 언론 통제와 다를 바가 없기 때문입니다. 이 일은 정부 입장에서는 짧게 끝난 해프닝일지도 모르지만, 언론계에서는 문재인정부의 취약한 언론관이 노출된 상징적인 사건으로 회자되었습니다.

무엇인가를 규제하는 법을 만들 때는 항상 신중해야 합니다. 지금은 좋은 취지로 법을 만들더라도 언젠가 이 법을 악의적으로 해석하고 집행하는 폭군이 등장하지 않을 것이란 보장이 없습니다. 가짜뉴스 하나에 몇 년의 징역과 수천만 원의 벌금 또는 과태료를 물리는 법들은 자칫하면 정권에 순종하지 않는 언론을 길들이는 재갈과 채찍으로 활용될 수 있습니다. 또 정부에 불만을 쏟아내는 반정부 인사들, 집회에 나온 평범한 시민들을 옥죄는 게슈타포법이 될 수도 있습니다. 이런 점에서 법을 통한 규제는 시민들에게 양날의 칼이 됩니다.

이렇게 시민의 권리를 포기하고 법을 만든다고 해서 가짜뉴스가 근절될 것이란 보장도 없습니다. 지금도 살인과 강도, 강간, 폭력, 사기 등 강력범죄를 제재하는 법이 있지만 모든 범죄가 세상에서 사라지지는 않습니다. 법은 공동체의 안정과 안전을 위한 최소한의 테두리이지 근본적인 해결책이 될 수는 없습니다. 가짜뉴스 방지법에 대한 사회적 합의가 이뤄진다면 그 법은 법대로 만들어 가야 할 일이지만, 가짜뉴스를 효과적으로 근절하기 위해서는 다른 노력들이 병행되어야만 합니다.

네이버·페이스북 "우리도 노력하고 있다고!"

위에서 살펴본 국회의원들이 발의한 가짜뉴스 방지법안 중 상당수는 가짜뉴스가 주로 유통되는 플랫폼에 책임을 묻는 방식이었지요? 하지만 이런 법안이 발의되기 전부터 포털 사이트나 SNS, 유튜브 등 플랫폼을 운영하는 정보통신 기업들은 가짜뉴스를 걸러 내기 위한 자정 시스템을 두고 나름의 노력을 기울여 왔습니다.

페이스북은 2017년 1월, 최고경영자(CEO)인 마크 저커버그가 직접 나서 가짜뉴스 유통 방지 대책을 발표했습니다. 저커버그는 신고가 들어온 페이스북 게시물을 점검하고 필요한 조치를 하는 콘텐츠 매니저를 3000명 더 뽑아 총 7500명 규모로 운영하겠다고 했습니다. 또 언론인들과 협업해서 사실 여부를 판단할 수 없는 콘텐츠에는 '논란이 있음'이라는 표시와 함께 반대 내용의 기사를 노출시키는 조치를 하고, 가짜뉴스를 뉴스피드(새 소식 목록)의 우선순위에서 떨어뜨리는 알고리즘도 도입했다고 했습니다. 페이스북은 2020년에는 허위정보가 담긴 게시물에 '허위 게시물'이란 경고 라벨도 붙이겠다고 했지요.

역시 세계적인 IT기업인 구글은 몇몇 국가 서버에 자체적인 팩트체크 서비스를 도입했습니다. 뉴스 검색 결과에서 믿을 만한 출처가 있는 기사를 연결시켜 두는 식으로 독자가 균형감 있게 판단할 수 있도록 돕는 것입니다. 앞서 본 대로 구글 자회사인 유튜브는 노란 딱지 시스템을 운영하고 있습니다. 문제의 소지가 있는 콘텐츠에는 노란 딱지를 붙여 이용자들이 분명히 인식할 수 있도록 하고 수익도 배분하지 않아 더 이상 그런 콘텐츠가 생산되지 않도록 유도하는 것이지요.

우리나라 IT기업들도 자정 노력을 하고 있습니다. 한국에서는 네이버, 카카오, 뽐뿌, 클리앙, 인벤, 아프리카TV 등 유명 IT 기업들이 회원사로 가입돼 있는 한국인터넷자율정책기구(KISO)가 핵심 역할을 합니다. KISO는 정보통신사업자들이 '이용자 책임을 제고하고, 이용자 보호 등 사회적 책무'를 다하겠다며 스스로 만든 자율규제기구입니다.

이 KISO는 2018년 3월 '가짜뉴스에 관한 정책규정'을 만들었습니다. 언론사 명의나 직책 등을 사칭·도용해 기사 형태로 만들어진 게시물은 삭제 등 필요한 조치를 할 수 있다는 내용이었습니다. 예를 들어 블로그에 언론사 기사 형식을 베낀 가짜뉴스가 올라왔다면 수사나 소송이 진행되기 전에 포털 회사가 사업자 권한으로 '임시 삭제'할 수 있다는 것입니다. KISO는 구체적 정황이나 사실의 적시 없이 단정적이고 모욕적인 표현만 쓴 경우에도 임시 삭제가 가능하도록 규정을 만들었습니다. 앞서 봤던 명예훼손죄와 모욕죄의 차이가 기억나나요? KISO의 규정대로면 '후보 A씨는 사기 전과 5범으로, 202X년 X월 X일에도 지인 XXX를 속여 돈을 가로챘다'는 식의 명예훼손성 게시물뿐 아니라, '후보 A씨는 사기꾼, 나쁜 놈'이라고 모욕적 표현을 쓴 글도 삭제할 수 있다는 뜻입니다.

페이스북이나 유튜브, 네이버, 다음 등 플랫폼을 운영하는 정보통신 기업들의 자정 노력은 얼마나 큰 효과를 발휘하고 있을까요? 안타깝지만 이들 기업의 자체 노력들은 그렇게 실효성이 크다는 평가를 받지 못하고 있습니다. 그러니 정치권에서는 더욱 강도 높은 조치를 요구하고 있는 것이겠지요.

우선 페이스북의 콘텐츠 매니저 7500명은 엄청난 규모 같지만 전 세계 페이스북 이용자 수를 고려하면 지극히 미미한 숫자입니다. 저커버그가 위의 대책을 발표할 시점의 페이스북 이용자 수는 20억 명이었으니 매니저 1명당 26만 7000명을 담당해야 한다는 계산이 나옵니다. 2020년 1분기 페이스북 이용자 수는 26억 명이었습니다. 그리고 페이스북은 최근까지도 '게시글 삭제' 조치는 하지 않고 있습니다. 허위조작정보라 해도 운영진이 임의로 글을 삭제해 버리면 이용자가 불편을 겪을 것이란 우려 때문이지요.

유튜브의 노란 딱지도 허위조작정보 유통을 막는 데는 그다지 큰 효과를 발휘하지 못합니다. 노란 딱지 콘텐츠는 화면 구석에 자그마한 딱지가 붙고 수익이 배분되지 않을 뿐 이용자들이 소비하고 공유하는 데에는 아무 제한이 없습니다. 수익이 아닌 정치적 선전선동, 허위사실 유포가 목적이라면 노란 딱지를 두려워할 이유가 없는 것이지요.

KISO를 통한 국내 기업들의 자율규제도 상황은 크게 나을 것이 없습니다. 매 순간 생산되고 있는 게시물을 실시간으로 모니터링해 가짜뉴스 게시물을 걸러낸다는 것은 불가능에 가깝습니다. 신고가 들어오면 사후에 해당 글이 노출되지 않도록 말 그대로 '임시' 조치를 취하는 것뿐입니다. 게다가 기사 형식이 아닌 광의의 가짜뉴스는 그 조치마저 취할 근거가 없습니다.

콘텐츠 유통 플랫폼이나 SNS를 운영하는 IT기업에 가짜뉴스 방지를 맡기는 것은 분명한 한계가 있습니다. 이들 업체는 더 많은 콘텐츠를 더 많은 사람들이 소비하도록 만들고 플랫폼 안에서 더 많은 커뮤니케이션이 이루어지도록 만드는 것이 목표입니다. 그리고 거기에서 이윤을 얻습니다. 이용자 개인이 게시물을 올리고 공유하는 구조에서 그 게시물 내용의 객관성, 공정성, 사실 여부 등은 운영업체가 관심을 가지고 관리해야 할 핵심 사안이 아닌 것이지요.

그러니 기업 입장에서는 가짜뉴스 확산 방지를 위한 노력이 어떤 면에서는 스스로 돈과 시간, 인력을 들여 자사의 이윤을 깎아먹는 짓으로 보일 수 있습니다. 이것이 정보통신업체의 자율적 노력에 기대를 걸고

마냥 기다릴 수만은 없는 이유입니다.

가짜뉴스 vs 팩트체크, 팩트체크 vs 팩트체크

정치권이나 정부 당국, 정보통신 업체들이 가짜뉴스를 막기 위해 다양한 노력들을 하고 있지만 가짜뉴스와 전쟁의 최전선에서 싸우는 것은 바로 기자들입니다. 기자들에게 가짜뉴스의 확산은 생존 문제와 직결됩니다. 가짜뉴스 탓에 언론 환경이 심각하게 훼손되면서 급기야 기자들은 존재 자체가 위협받는 상황에 내몰리고 있으니, 누가 시키지 않아도 이 문제의 이해 당사자로서 해결책을 고민하고 적극 대처에 나서고 있는 셈이지요.

가짜뉴스에 맞선 기자들이 꺼내든 가장 강력한 무기가 팩트체크(Fact check)입니다. 팩트체크는 정보의 사실 여부를 추적해 밝혀내는 작업을 뜻합니다. 이는 사실 언론의 본질에 가까운, 그래서 기자들이 가장 잘하고 잘해야만 하는 기본적인 취재 활동입니다. 기자들은 가장 기자다운 방식으로 가짜뉴스와의 싸움에 임하고 있는 것입니다.

팩트체크는 우선 대상을 정한 뒤 객관성과 전문성을 가진 인물 인터뷰, 관련 기관의 공식 답변, 속기록 등 문서, 관련 논문 및 연구 보고서 등을 통해 사실 여부를 점검합니다. 대상과 이해관계가 없을 것, 공적 관심사만 대상으로 할 것, 실증적이고 공개 가능한 증거로 점검할 것

등 몇 가지 원칙도 있습니다. 보통 팩트체크 결과는 '전혀 사실 아님' '대체로 사실 아님' '절반의 사실' '대체로 사실' '사실' 등 5단계로 정리합니다. 당장 결론을 낼 수 없는 것은 '판단 유보', 기관마다 팩트체크 결과가 상이할 경우 '논쟁 중'이라고 표시하기도 하지요.

팩트체크는 정치인들의 정쟁용 발언 등을 놓고 사실 여부를 따지는 형태가 가장 흔합니다. 예를 들면 코로나19 확산을 우려해 정부가 '차량 집회'를 금지하자 국민의힘 민경욱 전 의원은 페이스북에 "차량 집회를 막는 독재국가는 없다"고 올렸습니다. 그런데 〈MBC〉의 팩트체크 결과 미국, 캐나다, 호주 등이 차량 집회를 규제하고 있고 유럽에서는 코로나19 확산을 막기 위해 아예 봉쇄령까지 내린 국가들이 적지 않다는 사실이 확인되었습니다.

코로나19 등 사회적 혼란을 일으킬 수 있는 감염병을 둘러싼 허위 정보에 대해서도 팩트체크는 큰 힘을 발휘합니다. 2020년 4월 서울대 SNU팩트체크센터와 국내 언론사들이 당시 회자되고 있던 코로나19 관련된 미확인 정보 136건을 팩트체크했더니 그중 111건(81.6%)이 거짓으로 드러났습니다.

언론학자들은 팩트체크가 1990년대 초에 처음 시작되었다고 설명합니다. 미국 대선이 출발이었습니다. 공화당과 민주당의 양당 체제인 미국의 선거 문화는 우리나라보다 훨씬 더 대립적이고 공격적이며 직설적입니다. 대통령 연임이 가능하기 때문에 현직 대통령과 상대 당 후보가 TV토론에 나와 거침없이 서로를 비방하는 모습도 자주 연출됩니다.

2020년에 치러진 제46대 미국 대통령 선거에서도 그런 모습을 볼 수 있었죠. 공화당 후보인 도널드 트럼프 대통령과 민주당 조 바이든 후보 간의 토론은 우리가 기대했던 점잖은 품격과 거리가 꽤 있었습니다.

미국은 1980년대부터 선거 운동에 TV광고를 활용하기 시작합니다. 1992년 대선을 앞두고 〈CNN〉 등 미국 대표 언론사들은 대립적인 선거 문화 속에서 이 TV광고가 상당한 부작용을 일으킬 것이라고 우려했고 이를 막기 위해 '정치 광고 바로잡기(AD Watch)'라는 서비스를 제공했습니다. TV광고에 나온 정치인의 발언과 공약 등에 대한 사실 관계를 점검하는, 지금의 팩트체크 방식과 같았습니다.

우리나라에서는 〈JTBC〉의 팩트체크 코너가 꽤 유명하지만 이 방송사 외에도 상당수 신문, 방송, 인터넷언론 등이 고정 코너를 만들어 팩트체크에 힘을 쏟고 있습니다. 한국언론진흥재단 같은 언론 관련 기관과 대학 연구소 등이 언론사의 팩트체크를 적극 지원하기도 합니다. 우리나라의 대표적인 팩트체크 기관인 SNU팩트체크센터(factcheck.snu.ac.kr)는 2017년 대선을 앞두고 서울대언론정보연구소가 설립한 것으로, 제가 있는 서울신문사를 포함해 서른 개 언론사가 이 센터와 협업하며 팩트체크 작업을 수행하고 있습니다.

지금쯤 누군가 언론학개론을 쓴다면 언론의 주요 기능에 팩트체크를 분명히 포함시켜야 할 것입니다. 팩트체크는 기자들의 강력한 무기임이 분명합니다. 어떤 가짜뉴스가 퍼지기 시작할 때 진짜 기자들이 최대한 빨리 팩트체크를 해 준다면 이 허위조작정보의 확산을 막는 데 큰 역할을 할 수 있을 것입니다. 가짜뉴스의 맹목적 추종자들은 진짜 팩트 따위는 신경 쓰지 않겠지만, 과연 사실이 무엇인지가 궁금한 선량한 시민들은 팩트체크를 통해 가짜뉴스의 늪에서 빠져나올 수 있겠지요.

하지만 언론의 팩트체크에도 역시 한계가 있습니다. 가짜뉴스를 물리치기 위한 팩트체크의 주체는 언론입니다. 만약 팩트체크를 수행하는 언론에 대한 사람들의 신뢰도가 낮다면 팩트체크도 파급력을 갖기 어렵습니다. 신뢰도가 떨어지는 언론사가 체크한 팩트를 어떻게 믿을 수 있겠어요? 팩트체크는 언론의 숙명이지만 이렇듯 언론의 성쇠와 함께하는 측면도 분명 있습니다.

또 다른 문제는 팩트체크 결과가 진짜 팩트인지를 누가 보증할 수 있느냐는 점입니다. 언론이 겉으로는 객관적 형식을 취하는 기사에 특정한 의도를 숨길 수 있는 것처럼, 팩트체크도 기사의 한 종류라고 한다면 이를 쓴 기자, 또 팩트의 판단 주체로 등장한 권위 있는 정보원의 의도 역시 모두 신뢰도를 따져 봐야 합니다.

팩트체크의 팩트를 다시 체크하고, 그 체크된 팩트의 사실 여부를 또 점검하는 과정이 반복되다 보면 결국 팩트체크와 팩트체크가 충돌하는 경우도 나올 수 있습니다. 그럼 또 제3의 팩트체크가 있어야겠지요. 뫼비우스의 띠처럼 팩트체크가 끝나지 않는 상황이 벌어지는 것입니다. 결국 팩트체크도 우리가 비판적으로 읽어 내야 할 대상이라는 한계를 벗어날 수 없는 것이지요.

이런 한계에도 불구하고 아직 기자들은 스스로가 수행할 수 있는,

팩트체크보다 효과적인 가짜뉴스 해결법을 발견하지 못했습니다. 2020년 9월 한국프레스센터에서는 '제8회 세계기자대회'가 열렸습니다. 세계 60개국 100여 명 기자들이 참여한 이 대회의 주제는 '가짜뉴스에 대한 각국 사례와 대응 방안 그리고 언론의 미래'였습니다. 이 자리에서도 가짜뉴스를 막기 위해서는 언론의 팩트체크 노력과 독자들의 신뢰 회복이 급선무라는 결론이 강조되었습니다. 우리나라 기자들뿐 아니라 전 세계 기자들이 비슷한 고민을 하고 있는 것입니다.

가짜를 찾아내는 능력, 미디어 리터러시

우리의 헌법 정신은 사전검열을 거부합니다. 아무리 가짜뉴스 방지가 중요하다고 해도 생산되는 모든 콘텐츠를 필터링하는 것은 민주주의 정신에 부합하지 않습니다. 결국 콘텐츠 생산 단계에서 그 과정을 살피고 따져서 가짜뉴스를 막는 방식은 상당히 위험하다고 할 수 있지요. 그런데 앞서 보았듯 이미 생산된 가짜뉴스가 유통되는 단계에서 정보통신업체 등이 문제 있는 콘텐츠를 임시 조치 방식으로 삭제하고 기자들이 팩트체크를 하는 것도 물리적 한계가 있습니다. 그렇다면 다른 해법은 없는 것일까요?

남은 방법은 결국 소비 단계에서 가짜뉴스를 차단하는 것입니다. 간단합니다. 가짜뉴스가 아무리 많이 만들어져도 사람들이 이를 보고 들지 않으면 그만입니다. 아무도 보고 듣지 않으면 가짜뉴스의 효과는 떨어질 것이고 그러면 수단과 방법을 가리지 않고 정치·경제적 이익을 얻으려는 사람들에게 가짜뉴스의 매력도 사라질 것입니다. 콘텐츠 시장에서 결국 도태되는 것이지요. 이상적으로 들리겠지만 우리가 추구해야 할 모습은 바로 이것입니다.

물론 말처럼 쉬운 문제는 아닙니다. 가짜뉴스에 넘어가지 않으려면 하루 중 접하는 수많은 정보들 중 무엇이 허위조작인지를 스스로 가려낼 수 있어야 합니다. 사실 기자의 눈으로 보면 SNS를 통해 퍼지는 가짜뉴스 중에는 형식이나 내용이 너무 엉성해 헛웃음이 나오는 것들이 상당히 많습니다. 이런 기자의 분별력을 모든 시민들이 가질 수 있다면 어떨까요? 그러면 가짜뉴스가 발붙일 곳은 대한민국 어디에도 없을 것입니다. 이렇게 비판적 뉴스 읽기를 할 수 있는 뉴스 소비자들의 능력을 '미디어 리터러시', 또 그 힘을 길러주는 교육을 '미디어 리터러시 교육'이라고 합니다.

영단어 리터러시(literacy)는 우리말로 옮기면 문해력(文解力)입니다. 쉽게 말해 문맹(文盲)의 반의어로, 글을 읽고 이해할 수 있는 능력을 의미합니다. 곧 미디어 리터러시라고 함은 미디어를 통해 유통되는 정보를 읽고 이해하는 능력이라고 할 수 있지요. 미디어 리터러시가 갖추어져 있다면 뉴스는 물론 SNS, 유튜브 등을 통해 접하는 콘텐츠에 담긴 정보를 어떻게 받아들여야 할지 냉철하게 판단할 수 있을 테니 가짜뉴스에도 잘 속지 않을 것입니다.

비단 가짜뉴스의 문제가 아니라도 현대 사회에서 미디어 리터러시는 시민들이 갖춰야 할 필수 능력이며, 그 중요성은 점점 더 커지고 있습니다. 지금은 TV나 신문, 라디오 같은 전통 매체(시사 유튜버들은 이를 레거시 미디어Legacy media라고 자주 부릅니다)뿐 아니라 인터넷 기술에 기반을 둔 다양한 종류의 미디어들이 넘쳐납니다. 또 각 미디어마다 셀 수 없이 많은 정보들이 매순간 유통되고 있지요. 그 정보의 범람원 한가운데서 길을 잃지 않으려면 각 미디어의 생리와 그 안에서 유통되는 콘텐츠의 문법 등을 잘 알고 있어야 합니다. 그래야 정보의 옥석을 가릴 수 있습니다.

미디어 리터러시는 몇몇 소수만 지닐 수 있는 엄청난 능력이 아닙니다. 잘 알고 계시겠지만, 대한민국의 문맹률은 전 세계 어느 나라와 비교할 수 없을 정도로 낮습니다. 우리나라에서는 누구나 글을 읽고 이해할 수 있는 것처럼 미디어 리터러시도 누구나 갖출 수 있는 능력입니다.

오래전 과거에 비교한다면 지금 대한민국 국민들의 평균적인 매체 문해력은 상당히 높은 편입니다. 미취학 아동 정도가 아니라면 TV드라마나 영화 속 장면을 실제 상황으로 오인하는 사람은 아무도 없을 것입니다. 1930년대 라디오 드라마 화성 침공 사건 같은 일도 벌어지지 않습니다. 요즘 흔히 '예능으로 한 이야기를 다큐로 받아들이냐' 같은 말도 씁니다. 이 말은 예능과 다큐멘터리라는 장르에 대한 이해를 바탕으로 합니다. 예능 프로그램 속 연예인은 그저 즐거움을 주기 위해 일종의 연기를 하고 있으며, 다큐멘터리 속 장면은 논픽션이라는 사실을 대부분이 알고 있다는 것입니다. TV 프로그램 장면 속에 은근슬쩍 끼워 넣은 PPL(간접광고)을 단번에 포착하는 사람들도 많고, 홍보성 기사에 비판적인 댓글을 다는 독자들도 수두룩합니다. 이 정도면 거의 프로급 문해력을 갖췄다고 할 수 있습니다.

그러나 한 가지 아쉬운 점은 뉴스 역시 대중들이 일상적으로 소비하는 콘텐츠이지만, 이를 읽어 내는 사람들의 능력이 다른 것들에 비해 비교적 약한 듯하다는 것입니다. 뉴스가 재미없는 분야라 그럴까요? 뉴스 분야에 대한 미디어 리터러시 교육에 자발적인 관심을 쏟는 사람도 많지 않습니다. 그런 점에서 이 책은 그다지 훌륭할 것이 없지만 이 책을 읽고 있는 여러분은 대단히 훌륭한 일을 하고 있는 것입니다. 이런 재미없는 책을 읽는 것도 미디어 리터러시 교육의 일환이라 할 수 있으니까요.

정규 의무 교육 과정의 목적이 건전한 시민의식을 지닌 공동체의 구성원을 길러내는 것이라면 미디어 리터러시 교육은 '디지털 시민의식'을 함양시키는 교육입니다. 현대인의 삶은 온라인 세상을 빼놓고는 말할 수가 없으니 디지털 시민의식은 시민의 필수 자질이라고 해도 무리가 아니지요. 당연히 이 자질을 길러 주는 미디어 리터러시 교육도 필수가 되어야 합니다. 하지만 우리나라의 미디어 리터러시 교육은 아직 갈 길이 멉니다.

PPL(간접광고): 기업의 협찬을 대가로 영화나 드라마 장면 속에 해당 기업의 상품이나 브랜드 이미지를 슬쩍 끼워넣는 광고 기법. 빠르게 지나가는 화면 속 이미지를 통해 관객이나 시청자들의 무의식에 상품이나 브랜드 이미지를 심어 줄 수 있다. 다만 PPL이 너무 노골적일 경우 영화나 드라마의 흐름을 해치기 때문에 소비자들에게 거부감을 줄 수 있다.

미디어 리터러시 교육 사업을 주관하는 기관으로는 한국언론진흥재단과 시청자미디어재단이 있습니다. 두 기관은 모두 미디어 교육 프로그램을 개발해 운영하고, 미디어 취약 계층을 지원하며, 교육 전문성 강화를 위한 각종 정책을 추진합니다. 미디어 교육 전문가들을 각 학교에 파견하며 관련 소식지를 발간하기도 하지요. 두 기관의 차이가 있다면 한국언론진흥재단은 뉴스 매체에, 시청자미디어재단은 방송 전반에 좀 더 무게를 두고 있다는 정도입니다.

교육부는 2020년 4월에 초등학교 고학년을 대상으로 미디어 리터러시 역량을 높이기 위한 '슬기롭게 누리는 미디어 세상' 콘텐츠를 개발해 보급한다고 발표했습니다. 기존에 국어 교육 차원에서 이루어졌던 미디어 리터러시 교육을 본격화하겠다는 뜻입니다. 또 방송통신위원회와 문화체육관광부는 같은 해 8월 '디지털 미디어 소통역량 강화 종합계획'을 발표했습니다. 코로나19 확산 이후 가짜뉴스 문제가 심각해지자 허위조작정보 확산 방지 차원에서 미디어교육 기반 확대, 미디어 제작 및 정보 판별 역량 강화 등을 추진하겠다고 나선 것입니다.

이런 움직임들을 보면 미디어 리터러시 교육이 점차 활성화되고 있다는 점은 분명합니다. 그러나 우리나라에는 미디어 리터러시 교육 관련 정책을 종합적으로 수립·추진하는 전담 기관이 없습니다. 교육은 교육부, 신문은 문화체육관광부, 방송은 방송통신위원회, 인터넷 및 통신은 과학기술정보통신부가 맡고 있지요. 한국언론진흥재단이나 시청자미디어재단, 한국인터넷진흥원, 한국정보화진흥원 등 각 전문 기관에 흩

어져 있는 미디어 리터러시 관련 콘텐츠를 통합할 체계도 없습니다. 각자가 분명 노력은 하고 있지만 체계적, 효율적으로 미디어 리터러시 교육이 이루어지기 위해서는 아직 많은 노력이 필요한 상황인 것이지요.

지금 당장 써먹는 가짜뉴스 구분법

뉴스를 읽어 내는 능력은 그리 거창한 게 아닙니다. 뉴스는 우리가 일상적으로 접하는 콘텐츠이기에 매일 뉴스를 읽을 때마다 조금씩만 더 신경을 쓴다면 그 과정에서 자연스럽게 문해력을 기를 수 있습니다. 좋은 글을 꾸준히 찾아 읽다 보면 독해력이 좋아지는 것과 같은 이치죠.

특히 가짜뉴스를 걸러내는 팁은 이미 많은 언론 관련 기관에서 정리해 둔 것들이 있습니다. 이 간단한 원칙만 기억하고 있어도 웬만한 가짜뉴스에는 넘어가지 않을 것입니다. 몇 가지 구분법들을 살펴볼까요?

우선 유럽연합(EU)의 행정부 역할을 하는 유럽위원회와 언론 관련 단체인 퍼스트 드래프트가 정리한 '온라인 허위정보 대응 방법'입니다.

첫 번째가 정보의 출처 확인입니다. 가짜뉴스는 사람들이 착각하기 쉬운, 그럴듯한 이름의 기관을 정보 출처로 내세우는 경우가 많습니다. 예를 들면 코로나19 국면에서 집회 개최의 정당성을 선전하기 위해 "유엔보건위원회는 야외 공간에서 진행되는 집회 등은 코로나19 확산에 별다른 영향을 주지 않는다고 발표했다"는 허위조작정보를 퍼뜨릴 수 있습니다. 하지만 유엔보건위원회라는 기관은 실제로 존재하지 않습니다. 요즘은 공적 역할을 수행하는 모든 기관들은 공식 발표 내용을 자신들의 홈페이지에 보도자료 또는 보고서, 성명서 등 형식으로 공개해두었습니다. 의심나는 내용은 홈페이지에만 한번 들어가 봐도 금세 사실 여부를 확인할 수 있습니다.

두 번째는 콘텐츠를 만든 이가 누구인지 확인하는 것입니다. 모든 기사에는 기자의 이름과 소속, 이메일 주소 등 정보를 담은 바이라인이 붙어 있습니다. 지금은 포털 사이트에서 '기자 네임 카드' 서비스를 제공하고 있어 기자의 간단한 프로필과 함께 그가 지금까지 쓴 기사들을 일목요연하게 살펴볼 수도 있지요. 콘텐츠 생산자가 누구인지 불분명하다면 가짜뉴스가 아닐까 한 번쯤 의심해야 합니다.

세 번째는 내용 점검입니다. 일반 뉴스 소비자 입장에서 기사 내용이 진짜인지 가짜인지 가장 손쉽게 판단할 수 있는 방법은 다른 기사를 찾아보는 것입니다. 공신력 있는 기성 매체들은 한 곳도 다루지 않았고 정부기관 공식 발표에도 없는 내용이라면 당연히 의심해야 합니다. 가짜뉴스는 '단독' '특종' '속보' 같은 시선을 끄는 문패를 달고 나오는 경우가 많은데, 진짜 특종이라면 그 역시 다른 매체들에서도 사실 확인을 거친 뒤 후속 보도를 냈을 것입니다. 관련 보도가 하나도 없다면 그건 언론사의 게이트 키핑 시스템에서 걸러진 가짜뉴스일 가능성이 큽니다.

네 번째는 사진과 동영상 조작 여부 확인입니다. 앞서 살펴본 대로 지금은 사진은 물론 딥페이크 기술을 이용한 동영상 조작까지 가능한 세상입니다. 그런데 하나 더 잊지 말아야 할 것은 조작되지 않은 사진과 동영상이라고 해서 모두 진실은 아니라는 점입니다. 어떤 원본 사진과 동영상을 전혀 다른 맥락 속에 배치하는 것만으로도 심각한 허위조작정보를 만들어 낼 수 있습니다. 예를 들어 오래전에 발생했던 군용비행기 추락 사건의 영상을 바로 어제 극렬 무슬림 세력이 벌인 테러의 결과처럼 만들 수 있고, 뇌물수수 수사 소식을 전하면서 아무 상관없는 정치인의 사진을 붙여 두는 방법도 가능하겠지요. 구글은 텍스트 검색

뿐 아니라 '이미지 검색' 서비스를 제공합니다. 의심 가는 사진이 있다면 이미지 검색을 해 보세요. 금방 정체를 알아낼 수 있습니다.

다섯 번째는 뉴스 소비자의 반응에 관한 부분입니다. 기사를 읽거나 본 뒤 불같이 화가 난다면 그 순간 마음을 진정시키고 잠시 상황을 점검해 볼 필요가 있습니다. 물론 세상에는 상상도 할 수 없는 일이 종종 벌어지지만, 내 감정이 크게 흔들릴 때는 함정이 아닐까 의심해 보라는 것입니다. 가짜뉴스는 사람들로 하여금 분노뿐 아니라 정의감, 우월감, 패배감, 수치심, 동정심, 민족주의 등 다양한 감정을 부추깁니다. 모두 누군가의 정치·경제적 이익을 위해 사람들이 강하게 반응하도록 계산된 전략인 것이지요.

마지막은 가장 중요한 원칙입니다. 위 기준에 비춰 허위조작정보로 의심되는 콘텐츠는 바로 신고해야 합니다. 유튜브와 페이스북, 블로그 등 주요 콘텐츠 유통 플랫폼은 빠짐없이 불량 콘텐츠를 신고할 수 있는 시스템을 제공하고 있습니다. 지금 내가 발견한 가짜뉴스를 그냥 둘 경우 앞으로 얼마나 많은 사람들이 그것을 더 보게 될지 알 수 없습니다. 인터넷 공간의 특성을 생각하면 그 가짜뉴스는 복제된 형태로 어딘가 숨어서 기나긴 생명력을 유지하다가 내 아들딸과 손자손녀들을 속일 수도 있습니다.

국제도서관협회연맹(IFLA)이 제시한 '가짜뉴스 판별 가이드'도 내용은 크게 다르지 않습니다. IFLA는 ①정보 출처를 고려하라 ②기사 전체를 읽어라 ③글쓴이를 확인하라 ④근거자료를 확인하라 ⑤작성 날짜를 확인하라 ⑥풍자(패러디)가 아닌지 확인하라 ⑦자신의 선입견을 점검하라 ⑧전문가에게 물어라 등 판별법을 여덟 가지로 정리했습니다. 너무 이상할 정도로 말이 안 되는 가짜뉴스는 아예 작정하고 만든 풍자성 글일 수 있으니 이를 확인해 보라는 것과 전문가에게 물어보라는 조언이 추가되었습니다.

하나 더 소개하면, 연세대 바른ICT연구소의 '가짜뉴스 체크리스트'는 이보다 더 상세하지만 역시 큰 틀에서 원칙은 비슷합니다.

가짜뉴스 체크리스트

- 언론사명, 기자 이름, 작성일이 나와 있나
- 실체를 알 수 있는 전문가 의견이 실려 있나
- 믿을 만한 언론사에서 나온 기사인가
- 기사나 글을 처음 접한 곳이 어디인가
- 참고자료의 출처가 분명한가
- 예전에도 본 적이 있는 글인가
- 공유 수가 비정상적으로 많은가
- 상식에 어긋난 내용이 포함되어 있나
- 한쪽의 입장만 나와 있나
- 기사 제목이 자극적인가

(출처: 연세대 바른ICT연구소)

유럽위원회와 퍼스트 드래프트, 국제도서관협회연맹(IFLA), 연세대 바른ICT연구소 등이 제시하는 가짜뉴스 판별법은 모두 간단합니다. 조금만 신경을 쓴다면 금세 확인할 수 있는 것들이지요. 체크리스트의 길이는 기관에 따라 조금씩 다르지만, 이 가짜뉴스 판별법들이 공통적으로 요구하는 원칙은 하나로 요약이 가능합니다. 바로 어떤 정보를 접했을 때는 반드시 '의심하고 확인하라'는 점입니다. 그리고 가장 쉬운 팩트 확인법은 '크로스 체크', 즉 다른 기사와 비교해 보라는 것입니다.

신문이든 방송이든 아니면 SNS 등을 통해 접한 소식이든, 비판적인 시각으로 한 번만 더 의심하고 또 다양한 경로에서 얻을 수 있는 정보들을 비교해서 확인하는 습관을 들인다면 웬만한 가짜뉴스엔 속아 넘어가지 않을 것입니다. 더불어 뉴스를 보는 눈 역시 점점 더 밝아질 테지요.

7장

가짜뉴스를 넘어서

제가 어린 시절, 그러니까 30여 년 전쯤 기억을 더듬어 보면 저의 고향 시골마을에는 신문배달원이 따로 없었습니다. 신문의 영향력이 컸던 시절이지만 시골 마을 단위까지 신문보급소를 따로 두기는 어려웠나 봅니다. 그때 신문배달의 수고를 대신 맡은 사람들은 우체국 집배원이었습니다. 이메일도 없던 시절, 자전거나 오토바이를 타고 시골 마을까지 가가호호 방문하는 집배원의 손에 우편물처럼 신문이 들려 있었지요.

그런데 그 시절 길쭉한 모양으로 접혀 띠지에 감긴 채 배달되었던 신문은 오늘자가 아니라 어젯자, 때로는 이틀 전 조간이었습니다. 이것은 어린 제 눈에도 이상하게 보였던 터라 집배원이 신문을 가져다주면 신문과 벽에 걸린 달력을 번갈아 쳐다보곤 했던 기억이 납니다. 물류 시스템이 지금 같지 않았던 시절이니 서울에서 만든 신문이 분류 절차를 걸쳐 시골 마을 집배원의 손에 들려 개개인의 집까지 오는 데엔 하루 이틀이 더 걸렸겠지요.

그래도 그때는 하루 이틀 묵은 신문을 보아도 별 문제될 것이 없었습니다. 지금과 비교하면 정보가 만들어지고 소비되고 폐기되는 속도가 훨씬 느렸기 때문입니다. 그 시절에도 가짜뉴스는 있었겠지만 그것을 퍼뜨리는 것도 보통 일이 아니었을 것입니다. 특히 SNS은 물론이고 휴대전화와 인터넷이 없던 시절, 서울에서 만든 가짜뉴스를 시골 마을까지 전파하려면 어마어마한 시공의 벽을 넘어야 했을 것입니다.

인터넷, 모바일, SNS에 익숙해진 지금에 와서 돌아보면 30여 년 전저의 고향 시골 마을은 마치 전설 속에 나오는 동네처럼 느껴지기도 합니다. 30여 년 동안 뉴스를 비롯한 정보 유통 환경은 몰라보게 달라졌고, 더불어 가짜뉴스도 심각한 사회적 문제로 다루어지게 되었습니다. 이 같은 흐름대로라면 다음 세대에서는 정보의 확산 속도가 더욱 빨라질 것이고, 그에 따른 가짜뉴스의 심각성도 상상을 초월할 만큼 커질 것입니다.

지금의 혼란도 감당하기 힘든 수준인데, 이보다 더해진다고 하면 과연 그 미래에는 가치 있는 정보 생태계라는 것이 존재하긴 할 것인지 걱정스럽습니다. 더 무서운 것은 그 미래가 먼 훗날이 아니라 바로 몇 년 뒤 우리 앞에 펼쳐질 수도 있다는 점입니다. 그런 종말론적 미래를 맞이하지 않으려면 뉴스 유통과 관련된 모든 주체들이 지금 당장 책임 있는 역할을 해나가야 합니다.

이 책에서는 지금까지 가짜뉴스가 심각한 사회 문제로 떠오른 현실과 언론의 역할, 가짜뉴스의 정체, 작동 원리, 우리 사회에 미치는 악영향, 또 해법에 대해 살펴보았습니다. 마지막 장에서는 가짜뉴스 문제의 해법을 보완하는 측면에서 뉴스 보도를 둘러싼 책임 있는 주체들에게 필요한 자세와 역할에 대해 살짝만 짚었으면 합니다. 뉴스의 공급원이 되는 정치인 등 뉴스 메이커, 또 뉴스를 만들어 내는 기자들, 그리고 뉴스를 소비하는 소비자들은 지금 당장 가짜뉴스 문제를 해결하기 위해 무엇을 해야 할까요.

입맛 따라 달라지는 진짜와 가짜

이 책에서는 가짜뉴스를 협의와 광의, 두 가지 정의로 설명하며 일상에서는 이 둘을 혼용하고 있다고 설명했습니다. 그런데 이와 별개로 주목해야 할 중요한 가짜뉴스의 용법이 하나 더 있습니다. 바로 기사 내용을 폄훼하고 기자들을 비하할 때 쓰는 모욕적 표현으로서의 가짜뉴스입니다. 이 경우 가짜뉴스라는 단어는 허위조작정보에 대한 문제가 아닙니다.

미국 도널드 트럼프 대통령은 백악관 기자회견장에서 'Fake News'라는 표현을 즐겨 사용했습니다. 그는 〈CNN〉 같은 전통 있는 언론사의 기자들에게 "당신들은 가짜뉴스를 쓰고 있어" "그건 명백한 가짜뉴스야" 같은 모욕적 언사를 아끼지 않았습니다. 가짜뉴스의 힘으로 당선되었다는 평가를 받았던 대통령이 기성 언론들이 쓰는 기사를 오히려 가짜뉴스라고 몰아세운 것이지요.

우리나라에서도 비슷한 일은 일어납니다. 물론 도널드 트럼프 대통령처럼 권력의 정점에 선 대통령이 품격 없는 말로 언론을 비하하지는 않습니다. 속내는 알 수 없지만 그저 '언론 본연의 역할에 충실해 달라' 거나 '균형감 있는 보도를 부탁드린다' 정도의 수사로 불만을 표시하는 것이 전부이지요. 하지만 근래에 국회의원이나 정치인 출신 장관 등은 트럼프 대통령 못지않게 언론을 원색적으로 비난하는 경우가 잦아진 듯합니다. 자신 또는 자기 진영에 불편하거나 불리한 기사에는 아무렇지 않게 가짜뉴스 딱지를 붙입니다. 언론이 크로스 체크와 게이트 키핑 과정을 거쳐 정식 경로로 보도한 뉴스를 가짜라고 매도할 때면 기자들은 화가 치밀 수밖에 없습니다.

특히 우리나라에서 가짜뉴스라는 표현은 기레기 담론으로 자연스럽게 연결됩니다. 한때 일부에게 붙여졌던 기레기라는 오명은 이제 아주 광범위하게 쓰이고 있습니다. 특히 자신들의 입맛에 맞는 기사를 쓰면 '참기자', 불편한 기사를 쓰면 기레기로 불리는 것이 현실입니다.

2019년 9월 당시 더불어민주당 대변인이었던 이재정 의원은 '국회에서 (국회의원 신분이 아닌) 조국 법무부 장관 후보자가 기자간담회를 연 것은 국회 내규 위반 아니냐'고 묻는 한 방송사 기자의 질문에 "이러니 기레기 소리를 듣는 겁니다"라고 짜증스럽게 답했습니다. 당의 입장을 대변하는 대변인이자 현역 국회의원이 불편한 질문을 던지는 기자에게

백악관.

사실상 기레기라고 욕을 한 것입니다.

정치적 이익에 민감한 국회의원들 입장에서는 불편하고 불리한 뉴스를 부정하고 싶은 마음이 충분히 있을 수 있습니다. 그럴 때 복잡한 해명과 반대 논리를 제시하는 것보다 그저 가짜뉴스라는 딱지를 붙여 버리면 대응하기 쉽습니다. 정치적 이익을 같이하는 지지자들이 합심해 기자를 기레기로, 기사는 가짜뉴스로 몰아 버리면 그 순간의 위기는 넘길 수 있으니 말입니다.

그러나 이런 짓은 언론 제도, 나아가 민주주의에 대한 심각한 도전입니다. 정치인들이 자기 역할에 충실한 기자의 사실에 근거한 기사를 '기레기의 가짜뉴스'로 규정하고, 지지자들을 동원해 언론을 압박하는 행위를 반복하면 기자들도 위축될 수밖에 없습니다.

정은령 서울대 SNU 팩트체크센터장은 한국기자협회보에 쓴 '군중검열 시대의 기자와 공론장'(2020년 10월 7일)이라는 글에서 2020년 미국 대선 당시 공화당 후보인 도널드 트럼프 대통령의 지지자들이 어떤 식으로 기자들을 위협했는지를 소개했습니다. 정 센터장에 따르면 트럼프 지지자들은 '밧줄, 나무, 기자. 조립이 필요함'이라는 문구가 쓰인 티셔츠를 입고 다녔습니다. 곧 기자를 교수형에 처하겠다는 극단적이고 위협적인 내용이었지요. 이들은 기자에 대한 혐오발언도 즐겼다고 합니다. 언론을 늘 적으로 여겼던 트럼프 대통령과 꼭 닮지 않았나요?

2020년 10월, 윤석열 검찰총장과의 갈등으로 전 국민의 주목을 받았던 추미애 법무부 장관은 출근길 스케치를 위해 아파트 앞에서 기다리고 있던 사진기자의 얼굴을 찍어 자신의 페이스북에 공개했습니다. "기자 때문에 출근을 못 하겠다"는 메시지도 덧붙였지요. 그러자 여당의 극렬 지지자들은 기자 신상털이를 자행했습니다. 그 기자는 통신사 소속의 한 여성 기자였는데 SNS에는 온갖 성적 모욕감을 주는 비난성 댓글까지 난무했습니다. 국회의원으로 당대표까지 역임한 중진급 정치인이자 한 부처의 장관의 행동이라고는 도저히 믿을 수 없는 일이었습니다. 이 사건은 다른 기자들에게도 큰 충격을 주었습니다.

이런 압박이 가해질 때 역사 속 훌륭한 선배 언론인들처럼 지사(志士)의 결기를 보이는 기자들도 있을 것입니다. 하지만 적지 않은 경우는 스스로 이런 불편한 대결 상황을 더는 만들려 하지 않을 것입니다. 이왕이면 대통령에 대한 날선 비판을 피하고, 굳이 이른 아침부터 누군가를 기다려 불편한 질문을 던지지 않는 것이지요. 즉 자연스럽게 군중검열(mob censorship)이 이뤄지는 것입니다. 군중검열로 언론 활동은 위축되고 반대로 가짜뉴스는 아무렇지 않게 퍼져나가는 역설의 시대에 어떻게 제대로 된 민주주의가 작동할 수 있겠습니까?

미국뿐 아니라 이미 대한민국에서도 가짜뉴스라는 단어는 상당한 수준으로 오염되었습니다. 뉴스의 중심에 서 있는 권력자들이 자신의 정치적 이익을 위해 이 단어를 자의적으로 사용하는 일이 지속되면 점점 가짜뉴스와 가짜뉴스가 아닌 것을 구분하는 기준은 희미해져 버릴 것입니다. 자신을 향한 언론의 비판이 마음에 안 든다면 다른 식의 변명이나 반론이 얼마든지 가능합니다. 가짜뉴스라는 단어가 없을 때도 권력자들은 늘 그랬으니 말입니다.

다른 방법들도 많은데 굳이 우리의 언론 환경을 해치고 나아가 민주주의를 훼손하는 말을 골라 쓸 필요가 있을까요? 정치인들은 늘 역사에 죄를 짓는 직업이지만 이것은 진짜 심각한 죄입니다.

군중검열: 언론, 출판, 보도, 연극, 영화, 우편물 따위의 내용을 사전에 심사하여 그 발표를 통제하는 일을 검열이라 한다. 대개 독재 정부에서 언론을 장악하고 탄압할 때 사용하는 방식인데, 목적은 '정권에 비판적인 언론의 입을 다물게 하는 것'이다. 이 같은 고전적 의미의 검열이 위로부터 아래로 행해졌다면 군중검열은 아래로부터 위로 행해진다는 데서 차이가 난다. 군중검열의 주체는 일반 시민인데, 우호적인 평보다는 비판적인 의견들이 훨씬 많고 언론을 흑백논리로 대한다는 점에서 위험성을 내포한다. 또 하나, 군중검열은 상대에 대한 배려, 객관적 분석, 논리성 등 비판의 요소들을 갖춘 언론비평과 다르다.

'기레기'라 불러도 할 말이……

기자들은 가짜뉴스의 최대 피해자인 동시에 원인 제공자입니다. 언론이 주어진 책무에 충실하고 단단한 팩트와 균형감 있는 보도로 견고한 신뢰도를 쌓았다면, 늘 시민들의 요구에 부응하기 위해 노력해 왔다면, 우리 사회에 가짜뉴스가 틈입할 여지는 없었을 것입니다. 언론이 시민들의 요구에 부응하지 못하고 책임을 다하지 않은 결과, 언론 신뢰도는 곤두박질쳤고 지금은 가짜뉴스와 진실을 두고 경쟁해야 할 처지에까지 놓인 것입니다. 2019년 영국 로이터저널리즘연구소가 공개한 세계 38개 국가 언론신뢰도 조사에서 한국인들의 언론 신뢰도는 22%, 조사 대상 중 꼴찌였습니다.

기자들은 권력에 굴종했던 수치스러운 언론의 과거를 잘 알기에, 스스로 주어진 책임을 다하자는 자생적 노력을 꾸준히 해 오고 있습니다. 한국의 대표 언론 단체인 한국기자협회 홈페이지에 들어가 보면 기자 윤리강령 및 실천요강부터 자살보도 윤리강령, 인권보도준칙, 성폭력 범죄 보도 세부 권고 기준, 재난보도준칙, 선거여론조사 보도준칙, 평화통일과 남북 화해 협력을 위한 보도 제작 준칙 등 각종 종류의 강령과 보도 준칙이 공개돼 있습니다. 일상적인 취재 활동부터 특수한 상황에서의 보도까지 오직 공공의 이익을 위해 노력하겠다는 다짐들이지요. 하지만 안타깝게도 이를 일일이 지켜가며 일하는 기자는 거의 없습니다.

한국프레스센터 앞에 서 있는 언론자유를 상징하는 조형물 '굽히지 않는 펜'.

　지금의 기자들은 과거에 비해 처리해야 할 정보의 양은 많고 손은 늘 부족한 상태에 놓여 있습니다. 출입처에서 발생하는 일들에 쫓기다 보면 어느새 하루가 지나가 버립니다. 기자의 사명에 대해 고민하거나 기자로서 전문성을 쌓을 시간적 여유를 갖기는 힘듭니다. 경쟁에 치여 그렇게 기계처럼 기사를 쏟아내다 보니 팩트체크를 소홀히 하게 되고, 결국은 기자들이 가짜뉴스를 옮겨 나르는 일까지 벌어지게 되는 것입니다.

기자들의 열악한 업무 환경에 대해 말하자면 끝이 없습니다. 하지만 이것은 변명거리가 안 됩니다. 정확한 사실을 확인해 보도하는 것은 기자 일의 기본 중 기본입니다. 이것도 지키지 못하면서 다른 무엇을 논할 수 있을까요?

기자들은 변해 가는 정보 유통의 추세를 탓할 것이 아니라 언론 환경을 바꾸려는 노력을 스스로 해 나가야 합니다. 더 나은 세상을 위해 고민하고 참견하는 직업이 기자인 만큼 기자들 스스로 자신이 몸담고 있는 언론 환경을 바꾸지 못할 이유도 없습니다.

신문과 방송, 라디오 등 기성 미디어를 기반으로 하는 언론사들의 뉴스 생산 및 유통 시스템은 상당히 낡았습니다. 벌써 새로운 미디어 환경에 익숙해진 뉴스 소비자들의 요구를 충족시켜 주기에는 역부족입니다. 변화하지 않으면 도태될 수밖에요. 언론 개혁, 언론사의 편집국(보도국) 혁신은 이 책의 주제를 한참 벗어나기에 여기서는 가짜뉴스 문제와 관련해서만 몇 가지 변화가 필요한 지점을 짚고 넘어가겠습니다.

무의미한 속보 경쟁 버리기　뻔히 알려질 팩트를 가지고 수많은 언론사들이 초 단위 경쟁에 매달려 '시간차 단독'을 남발하는 온라인 속보 경쟁은 비생산적입니다. 대신 그 힘을 깊이 있는 기획이나 심층 취재, 또는 허위조작정보와 싸우는 데 써야 합니다. 그렇게 보도의 깊이를 더하고 정확도를 높이는 것이 언론의 신뢰를 회복하는 데 훨씬 도움이 될 것입니다.

언론사 간 광범위한 협력 방안 고민 언론사가 아무리 커도 모든 영역을 다 커버할 수는 없습니다. 그런데 대부분 언론사는 그 제한된 인력과 자원을 정치, 법조, 재벌기업, 금융 및 부동산 정책 등 한정된 범위에만 쏟아 넣고 있습니다. 수만 명 기자들이 있지만 기자들이 다루지 않는 사건과 사고, 불합리한 정책, 권력의 부조리, 소외된 사람들은 셀 수 없이 많습니다. 언론사 간 협업이 가능하다면 제한된 자원을 효율적으로 투입할 수 있을 것이며 허위조작정보를 거르는 능력도 한층 제고될 것입니다.

기자들의 반성적 사고 오보와 왜곡보도뿐 아니라 사실에 근거한 보도에서도 언론이 제시하는 프레임은 문제적일 경우가 종종 있습니다. 문제적이라는 것은 해당 보도가 제시한 프레임이 과연 언론 본연의 임무에 충실한 것인지 논란의 소지가 있다는 뜻입니다. 어떤 프레임들은 국민의 알권리 차원에서 사안에 대한 이해를 돕는다기보다 특정 정치세력, 광고주, 자사의 이익과 직간접적 관련성이 있는 경우가 적지 않습니다. 기자들은 이를 여론에 대한 영향력 확대라고 여기지만 그 결과는 사실 신뢰도 하락으로 나타나고 있습니다.

언론의 구조적 독립 언론이 국민 알권리보다 정치권력, 자본권력의 이익에 더 민감하게 반응하는 것은, 그것이 언론'사'의 생존에 유리하기 때문입니다. 이런 현상은 회사 규모가 작은 언론사일수록 더 심합니다. 대기업이 보도자료를 하나 내면 몇 분 안에 토씨 하나 다르지 않은 내용의 인터넷 기사 수십 건이 송고되는 것이 현실입니다. 이미 지역 언론은 아예 건설자본이 지분을 사들이는 식으로 대부분 장악 해버렸습니다. 언론 뒤에 숨은 건설사의 목소리가 마치 지역의 여론인 것처럼 포장되는 것이지요. 언론의 구조적 독립은 기자들만의 노력으로 되는 문제는 아닙니다. 민주주의 사회의 언론은 시민들을 위해 존재해야 하지만 사실 현재 주요 언론사들은 정부(KBS, MBC, YTN, 서울신문, 연합뉴스 등)나 기업(SBS, 한국일보), 족벌 언론사주(조선일보, 중앙일보, 동아일보)가 '소유'하고 있습니다. 생존을 위해서는 눈에 안 보이는 시민보다 눈앞에 있는 소유주의 눈치를 더 볼 수밖에 없는 상황인 것입니다. 결국 언론의 진짜 주인이자 존재 이유인 시민들의 어깨가 무겁다고 하겠습니다.

모두가 기자인 세상

프로슈머(prosumer)라는 말이 있습니다. 생산자(producer)와 소비자(consumer)를 합친 말로 생비자(生費者)라고 부르기도 합니다. 어떤 제품이나 서비스를 쓰면서 직접 생산과 판매에도 관여하는 적극적인 소비자를 뜻하지요. 지금은 소비자들이 제품과 서비스에 대한 자신의 의견을 개진할 수 있는 경로가 다양해졌기에 프로슈머는 그렇게 특별한 존재가 아닙니다. 누구나 의지만 있다면 제품과 서비스의 생산 및 판매에 크고 작은 영향을 미치는 프로슈머가 될 수 있습니다.

뉴스를 언론 산업의 핵심 제품이자 서비스라고 한다면 뉴스 프로슈머라는 개념도 가능할 것입니다. 실제로 지금의 뉴스 소비자들은 그 어떤 영역에서보다 적극적으로 생산(기사 작성)과 판매(기사 유통)에 큰 영향을 미치고 있습니다. 뉴스 소비자들은 댓글과 좋아요·싫어요, 추천, 기자 구독, 응원 등을 통해 기자와 기사를 평가합니다. 기자의 바이라인으로 의견을 보내는 한 단계 더 적극적인 프로슈머도 존재합니다.

지금의 온라인 환경에서는 뉴스 소비자들의 역할이 평가하고 영향력을 미치는 수준으로만 그치지 않습니다. SNS 등을 통해 자기가 원하는 뉴스를 직접 골라 집중적으로 확산시킬 수도 있어요. SNS 시대의 뉴스 전파력은 언론사의 신뢰도와 영향력이 아니라 SNS 이용자의 신뢰도와 네트워크로 대체되고 있으니 말입니다. 나의 트위터나 페이스북 네트워크가 넓다면 대형 뉴스 유통망을 가지고 있는 것과 다름없다는 뜻인데요. 뉴스 소비자들이 이제는 누구도 부정할 수 없는 중요한 뉴스 유통의 주체로 자리매김한 것입니다.

그런데 이 인터넷 뉴스 시대의 '새로운 뉴스 편집자'들은 기존 언론의 기사 가치 판단 기준을 따르지 않습니다. 그런 교육을 받은 적도, 받을 기회조차 없지요. 신문 1면에 어떤 기사를 실을지, 9시 뉴스 헤드라인에 어떤 소식을 전할지는 치열한 고민과 토론, 또 검증을 거치지만 SNS를 통한 뉴스 유통은 그저 내 마음에 들면 그뿐입니다. 그런 환경에서 때로는 진짜보다 가짜뉴스가 더 큰 매력을 어필하고 더 멀리까지 퍼져나가기도 합니다. 그런 사태가 벌어져도 이 뉴스 프로슈머들은 자신이 어떤 뉴스를 소비하고 또 유통시켰는지 모릅니다.

기자일의 가장 기본적인 구조도 결국은 보고 들은 것을 다른 사람들에게 잘 전달하는 것입니다. 여러분이 학교 오는 길에 목격한 교통사고나 행인들의 싸움을 옆자리 친구에게 이야기해 주는 것과 크게 다르지 않습니다. 다만 차이가 있다면 기자들이 보고 들은 것은 많은 사람에게 영향을 미치는 공적 영역의 소식들이며, 이를 한꺼번에 많은 사람에게 전파하기 위해 매스미디어의 힘을 빌린다는 정도입니다.

그런데 지금은 누구나 마음만 먹으면 과거에 비해 훨씬 더 자유롭게 공공 정보에 접근할 수 있습니다. 또 이를 가공해서 SNS를 통해 다중에게 전파할 수도 있습니다. 마음만 먹으면 기자들이 쓴 기사를 퍼 나르는 것을 넘어서, 직접 기사 형식으로 글을 써서 퍼뜨릴 수도 있지요. 심지어 기자들보다 더 나은 기사를 쓸 수도 있고, 진짜 기자들처럼 부조리한 세상을 바꾸는 일을 해 낼 수도 있습니다. 바야흐로 누구나 기자가 될 수 있는 세상이 된 것입니다. 뭔가 놀랍고도 짜릿하지 않나요?

다만 그 짜릿하고 놀라운 힘에는 엄청난 책임이 따릅니다. 기자와 다름없는 일을 할 수 있다는 것은, 곧 기자와 마찬가지로 반성하고 고민하지 않으면 우리 사회에 큰 해악을 끼칠 수 있다는 뜻입니다. 글을 쓰고 퍼뜨릴 수 있는 모두가 이제는 기자로서의 책임감을 가져야 하는 세상인 것이지요. 우리 모두가 책임감 있는 기자들이 하는 것처럼 정보를 치밀하게 검증한 뒤 유통시킨다면 우리 사회 어디에도 가짜뉴스가 발붙일 틈은 없을 것입니다. 불가능해 보이지만 충분히 할 수 있습니다.

　언론 환경을 바꾸는 것은 관련 법규의 정비, 포털 등 정보통신업계의 정책 변화, 기자들의 노력도 중요하지만 무엇보다 뉴스 프로슈머들의 인식 제고가 가장 큰 영향을 미칩니다. 한때 인터넷 뉴스 공간에서 '경악' '충격' '헉!' 같은 단어가 들어간 제목이 유행했던 적이 있습니다. 궁금증을 유발해 클릭을 유도하려는 질 낮은 술수였습니다. 하지만 뉴스 소비자들은 저널리즘의 본질과 거리가 먼 이런 낚시질을 거부했고, 지금은 인터넷 공간에서 이런 식의 제목을 붙인 기사들이 완전히 사라졌습니다. 더 이상 소비되지 않으니 기자들도 낯 뜨거운 짓을 애써 할 필요가 없는 선순환의 정화 시스템이 작동한 것이지요.

　기자들은 당연히 좋은 기사를 쓰고 싶어 합니다. 기자라면 누구나 그래요. 청운의 꿈을 품고 이 직업을 선택했을 때는 내가 쓴 기사로 우리가 사는 세상을 조금이라도 더 나은 곳으로 만들어 보겠다는 생각이었을 겁니다. 그런데 이런 기자들이 오랫동안 고민하고 발품을 들여 쓴 기사도 결국 소비되지 않으면 벽을 향한 웅변에 그칠 뿐입니다. 뉴스 프로슈머들이 이런 기사보다 허위조작정보를 높게 평가하고 열심히 유통시킨다면 좋은 기사를 쓰기 위해 노력하는 기자들은 점점 사라질 것입니다.

　저는 시민들도 당연히 양질의 뉴스를 원할 것이라 믿습니다. 높은 안목으로 의미 있는 기사를 더 널리 퍼뜨리고 허위조작정보를 비롯해 질

낮은 콘텐츠는 뉴스 유통 환경에서 퇴출시키는 가장 중요한 역할은 결국 시민들이 해야 합니다. 더 나은 언론환경을 만드는 강력하고도 가장 광범위한 힘을 가진 뉴스의 '마지막 게이트 키퍼'가 바로 뉴스를 읽는 시민들이기 때문입니다. 그런 노력들이 쌓일 때 우리 사회는 특정 세력의 정치·경제적 이익을 위해 허위조작정보가 널리 퍼지길 기대하는 '불온 시민'들이 아니라, 건전한 상식을 지닌 진짜 시민들의 공동체로 나아갈 것입니다.

민주 사회의 전령과 영웅

이 책에서 지금껏 우리는 가짜뉴스의 정체와 작동 원리, 문제점, 또 해법 등에 대해 살펴보았습니다. 뉴스 보도의 최일선에 있는 기자의 눈으로 볼 때 가짜뉴스는 지금 당장 해결에 총력을 기울여야 할 심각한 사회 문제입니다. 이 가짜뉴스와의 전쟁은 전선이 어디인지도 알 수 없는데 사방에서 적이 침투하고 있는 그야말로 난전(亂戰)입니다. 이대로 가다간 머지않아 가짜뉴스 탓에 언론을 포함한 정보 생태계 전체가 무너질지도 모릅니다. 그때는 우리의 공동체도 온전할 리 없습니다. 이런 다급한 마음만이라도 전달되었다면 이 책은 어느 정도 성과를 거둔 것이라 하겠습니다.

우리나라에 현대적 의미의 기자라는 직업이 생긴 지는 150년이 채되지 않았습니다. 최초의 민간 신문인 〈독립신문〉이 처음 발행된 날이 1896년 4월 7일(음력), 정부가 발행한 최초의 근대 신문인 〈한성순보〉가 나온 날이 1883년 10월 1일(음력)입니다. 신화시대의 헤르메스에서 그

독립신문 창간호. (출처 국립중앙도서관)

기원을 찾는다고는 하지만, 인류의 오랜 역사에서 기자라는 직업이 존재하고 있는 기간은 아주 짧은 순간에 지나지 않습니다.

우리는 익숙한 것들이 늘 존재할 것이라 생각하는 경향이 있지만, 인류의 시간표에서 기자가 아주 잠깐 존재했다가 사라지는 직업이 되지 않을 것이라는 장담은 누구도 할 수 없습니다. 사회의 필수요소라 여겼지만 어느새 사라지거나 모습을 바꾼 직업들은 셀 수 없이 많습니다. 현재 언론의 위기, 기자의 질적 저하 양상을 보면 이런 과장된 우려가 현실이 될 날도 그리 멀게만 느껴지지는 않습니다.

오래 전부터 기자들은 엄청난 변화를 요구받았으며 그 요구에 따라 변해 왔습니다. 공중전화로 불러준 기사를 원고지에 써서 넘기면 식자

공이 납 활자를 뽑아 판을 짜던 때가 고작 30년 전입니다. 제가 처음 신문사에 입사한 2008년만 해도 스마트폰 기반의 모바일 뉴스 유통이란 개념은 존재하지 않았습니다. 지금은 뉴스 소비자의 80% 이상이 모바일로 뉴스를 보고 있지요. 컴퓨터와 인터넷, 스마트폰은 기자들의 일하는 방식을 바꿨고, 지금은 존재 방식 자체의 변화를 종용하고 있습니다. 힘들지만, 이런 요구를 충족시키지 못하면 우리 사회에서 기자는 의미 있는 주체로 존재할 수가 없습니다.

기자라는 직업군에 속한 사람들이 앞으로 무엇을 할지, 언론이 어떻게 변해야 할지는 권력자의 요구나 자본의 압박, 사주의 결심에 따라 결정될 문제가 아닙니다. 그 결정은 오롯이 시민들의 몫입니다. 기자들의 사회적 위상은 물론 기자들의 존재 여부도 모두 시민들이 결정할 문제입니다. 시민들이 믿지 않고 찾지 않는 기자는 존중받을 수 없으며, 그런 언론은 존재할 이유가 없습니다. 기자가 필요 없다고 대다수 시민들이 판단하는 순간, 기자라는 직업은 도태되어 정말로 인류사의 짧은 기록으로만 남게 될 것입니다.

다만 저의 작은 바람은 시민들의 그런 판단이 다른 것이 아니라 가짜뉴스 따위에 근거하지는 않았으면 좋겠다는 점입니다. 이 책에서 여러 번 반성의 의미를 담아 지적했듯 언론 신뢰도가 지금처럼 바닥으로 떨어진 것은 우선 기자들의 잘못이 큽니다. 하지만 그것이 전부는 아닐 것입니다. 언론의 정당한 비판을 받아들이지 못하는 정치권력, 언론을 좌지우지하려는 자본권력에 책임을 물을 부분도 분명 있을 것입니다.

권력을 감시하고 비판하는 역할을 맡은 언론은, 그 역할 탓에 필연적으로 권력의 미움을 삽니다. 권력이 언론을 억압했던 사례가 우리의 근현대사 속에서 얼마나 많았던가요.

과거 시대의 권력은 무지막지한 '언론 통폐합'을 자행해 마음에 들지 않는 언론사는 보란 듯이 공중분해를 시켜 버렸습니다. 하지만 지금의 권력은 마음만 먹으면 자신들이 하고 싶은 말, 듣기 좋은 말만 하는 겉모습만 흉내 낸 언론사를 얼마든지 만들어 낼 수 있습니다. 굳이 언론사의 형태를 띨 필요도 없습니다. 유튜브나 페이스북, 트위터의 파급력은 언론 못지않으며, 권력자가 SNS에 뭔가를 올리기만 하면 수많은 인터넷 매체들은 그대로 '받아쓰기'를 합니다. 기자들이 시간과 노력을 들여 발굴해 낸 심층 기사도 보기에 불편하면 가짜뉴스라 딱지를 붙이면 그만입니다. 그렇게 만들어진 언론의 빈자리를 '진짜 가짜뉴스'들이 채워 갑니다.

이 글을 마무리하고 있는 시점에 언론계는 정부의 '징벌적 손해배상제' 추진이 이슈로 떠올랐습니다. 자기 이익을 위해 악의적, 반사회적 행위를 한 기업에 실제 손해액의 최대 5배에 달하는 배상 책임을 묻는 제도인데, 그 적용 대상에 언론사를 포함시키겠다고 한 것입니다. 표현의 자유, 언론 활동의 위축이 불 보듯 뻔한 제도이지요. 하지만 정부는 가짜뉴스 척결을 명분으로 이를 추진하고 있고, 안타깝고 또 민망하게도 언론의 자유를 위해 징벌적 손해배상제를 도입해서는 안 된다고 목소리를 내 주는 시민들은 그리 많지 않습니다.

2016년 서울광장에 모여 촛불을 들고 박근혜 대통령의 탄핵을 요구하는 시민들.

이 땅의 민주주의가 그렇듯, 언론의 자유도 우리 시민들이 싸워서 일구어 낸 투쟁의 결과물입니다. 우리가 앞 세대에게 이를 물려받았듯 우리 역시 이를 소중하게 지켜 다음 세대에게 물려주어야 할 것입니다. 우리가 이를 하찮게 여기고 버려둔다면 다음에 오는 세대들은 언론이 존재하지 않는, 가짜뉴스만 가득한 사회에서 살게 될지도 모릅니다. 우리 후손들에게 그런 죄를 지을 수는 없는 노릇입니다.

언론 활동의 최종 편익을 누리는 사람은 기자나 언론사주, 광고주나 권력자들이 아니라 시민입니다. 반대로 가짜뉴스 탓에 발생하는 사회적 비용을 감당해야 하는 것도 결국은 시민들이지요. 언론은 민주공화국의 주권자인 시민들이 제대로 주인 행세를 할 수 있도록 정보를 전달하고 시민들에게 권한을 위임받은 공복들이 일을 제대로 하는지 감시하며, 공동체가 바른 방향으로 갈 수 있게 주권자들이 고민해 봐야 할 문제들을 던집니다. 그러나 가짜뉴스는 정반대입니다. 주인이 제대로 주인 노릇을 못 하게 할 뿐 아니라 주인이 노예로 전락하게 만들 수도 있습니다.

그런 가짜뉴스를 거부하고 우리 곁에 숨어든 가짜뉴스를 걸러내 우리 사회를 스스로 원하는 모습으로 가꿔 갈 책임도 다름 아니라 시민들에게 있습니다. 우리 시민들에게는 그 책임의 무게만큼, 그 책임을 이행할 능력이 충분히 있다고 저는 믿습니다. 부족하다면 조금만 더 노력해서 힘을 기르면 그만입니다. 저를 포함한 기자들도 그 노력에 힘을 보탤 것입니다.

마지막으로 전령의 신 헤르메스를 다시 떠올리며 엉뚱한 상상을 하나 더 해 봅시다. 헤르메스는 왜 직접 메두사나 케르베로스를 잡지 않았을까요? 날개 달린 신발과 마력이 깃든 검, 거기다 신의 육체와 지혜를 가졌으니 어렵지 않게 괴물들을 물리칠 수도 있었을 텐데 말이지요. 그저 헤르메스는 영웅들에게 무기를 쥐어 주고 그들이 가야 할 길을 안내하며 용기와 지혜를 불어넣는 조연 역할에 만족했습니다.

언론의 역할도 이와 닮았습니다. 언론도 앞장서서 무도한 권력과 맞서 싸울 수 있지만 그 싸움이 강한 힘을 유지하며 의미 있는 변화를 이끌어 내기 위해서는 반드시 뭇 영웅들의 실천이 필요합니다. 역사를 추동하는 힘을 가진 민주공화국의 주인공, 바로 시민들의 실천이죠. 시민들이 행동하지 않으면 아무것도 바뀌지 않습니다. 언론은 그런 행동하는 시민들 사이를 부지런히 오가며 그저 지혜와 용기를 불어넣어 주는 일개 전령에 지나지 않습니다.

기자의 눈으로 뉴스 뜯어보기

가짜뉴스 뜯어보기 사례1

> "영국과 일본의 정치학자들.
> 한국의 비정상적인 탄핵운동과 시위현장 지적"

기사 작위를 하사받은 영국의 정치학자 아르토리아 펜드래건, 한국 하야 시위의 목표가 불분명한 점을 지적했다. "박근혜 하야, 타도 목적이 아닌 북한 이적 단체로 밝혀진 통진당의 간부를 석방하라고 요구하는 선동가들이 숨어 있다"라고 하면서 "시위를 가장한 이적단체의 선동을 제지하지 못한다면 자유 대한민국은 역사의 뒤안길로 사라질 것이고, 그때가 되면 진정한 애국자들은 나라를 재건하기 위해 성배의 힘에까지 의존할 수밖에 없을 것"이라고 지적했다.

그리고 해마다 기존 골수 정치학자들을 자극하는 신선하고 도발적인 정치학 이론을 제시해 정치학계에서 주목과 시기가 끊이질 않고 정치학 저서로 〈역시 내 나라인 일본의 정치는 잘못되어 있다〉 〈자민당, 폭발해라〉 등이 있는 히키가야 하치만(比企谷 八幡, 남, 35)은, 한국의 대통령 하야 운동을 지적하며 "대단히 이해 불가한 움직임"이라고 말했다.

"대통령이 다양한 국정 업적이 있고 지금까지 자유 대한민국을 잘 이끌어 왔음에도 불과하고, 깊은 지인 사이도 아닌 사람의 비리와 국정농단으로 대통령이 대신 사과하고 탄핵당하는 나라는 이해할 수 없다"라고 못을 박았다. 덧붙여서 그는 "자신들이 직접 뽑은 대통령을 이런 세계 정세가 급변하는 시기에 탄핵하다니 대한민국 국민들은 과연 정말로 나라 걱정을 하고 있는 것인지, 대통령이라는 직위를 너무 가볍게 보고 있다"고 지적했다.

언론의 끊임없는 의혹제기와 검찰의 행보에 대해서도 그는 지적했다. "불분명한 증거로 대통령 외에도 여러 유명인사들을 스캔들에 끌어들이는 언론에 브레이크를 가할 필요가 있고, 검찰은 민심을 얻기 위한 언론플레이가 아닌 정말 깨끗하고 착오 없는 수사를 해야 한다"라고 지적하며 끝을 맺었다. 언론사? 기자? 작성 일자?

박근혜 전 대통령이 국회에서 탄핵되기 직전인 2016년 12월초 보수 성향 인터넷 카페와 SNS 등을 통해 퍼졌던 가짜뉴스입니다. 해외의 권위 있는 정치학자들이 박 전 대통령 퇴진을 요구하는 촛불집회를 비판했다는 내용으로, 글의 구성이나 문체 등이 기사 형식을 흉내 내고 있습니다. 하지만 형식이나 내용 모두 상당히 엉성합니다.

우선 이 글은 언론사, 글쓴이(기자), 작성 일자 등 뉴스의 기본 정보조차 없습니다. 당연히 누가 어떤 과정으로 썼고 어떤 경로로 유통시킨 정보인지도 알 길이 없지요. 있는 것은 제목과 본문 몇 개 문단뿐인데요, 제목도 상당히 어색한 형식입니다. 흔히 언론 기사에서는 누군가를 주장을 제목으로 그대로 옮길 때 큰따옴표를 활용합니다. 이 글의 제목도 큰따옴표로 인용 처리가 되어 있지만 그 안에 있는 문장은 누군가의 발화가 아니라 설명의 형식입니다. 이 소식이 진짜였다면 기자들은 제목을 [英·日 정치학자들 "한국의 탄핵 운동은 비정상적"] 같은 식으로 붙였을 것입니다.

본문도 문제투성이입니다. 이 기사에 권위 있는 전문가로 등장하는 사람들은 모두 가상의 인물들입니다. 영국의 정치학자 '아르토리아 펜드래건'과 일본 정치학자 '히키가야 하치만'은 모두 실존 인물이 아니라 일본 애니메이션에 등장하는 캐릭터의 이름들입니다. 사람들이 정체를 알지 못하는, 그러나 왠지 그럴듯해 보이는 이름을 가져와 전문가라고 속인 것이지요. 당연히 저들이 했다는 말도 모두 거짓으로 지어낸 것들입니다.

기사체를 흉내 낸 문장도 허술합니다. 기사의 기본은 '5W1H'(육하원칙)입니다. 하지만 이 글은 저 가상의 전문가들이 언제(오늘인지 어제인지 지난달인지), 어디에서(학회 발표인지 기고인지 인터뷰인지) 저런 말을 했는지 불분명합니다. 문단 구성도 엉망진창이라 후반부의 발언들은 누가 한 것인지조차 헷갈리게 처리되어 있습니다.

일반 독자들이 쉽게 눈치챌 수 없지만 기자들이 보기에 허점투성이 표현들도 많습니다. 보통 언론 기사는 '통진당' 같은 줄임말을 처음부터는 쓰지 않습니다. '통합진보당'이라고 정식 명칭을 쓴 뒤 이후 반복 등장할 때 줄임말을 쓰는 식입니다. 두 번째 문단의 히키가야 하치만을 수식하는 길고 긴 문장도 절대 평범한 언론 기사에 등장할 수 없는 어색한 문장입니다. 그리고 이 짧은 글에서 '지적했다'는 동사가 몇 번 나왔는지 세어볼까요. 문단마다 빠지지 않고 총 여섯 번 등장합니다. 제대로 데스크를 거친 언론사 기사라면 어색하게 반복되는 '지적했다'라는 동사는 '말했다' '밝혔다' '비판했다' '분석했다' '평가했다' '제안했다' 같은 다채로운 단어로 대체되었을 것입니다.

한눈에 보아도 뭔가 이상한 이 글이 당시 박 전 대통령의 열혈 지지자들 모임인 '대한민국 박사모' 온라인 카페에 올라왔을 때, 회원들의 반응은 엄청나게 뜨거웠다고 합니다. 이 글을 옮겨 둔 게시물에는 "국내 언론들은 이런 내용을 거론도 안 한다" "외국인들이 보는 눈이 정확하다" 같은 댓글이 쏟아졌습니다. 무서운 속도로 SNS를 통해 퍼진 것은 물론입니다.

당시 대부분 국내 언론들은 매주 대통령 퇴진을 요구하는 촛불집회 현황을 보도하며 탄핵 가능성을 분석하고 있었으니 박사모(박근혜를 사랑하는 모임) 회원들의 답답함은 이루 말할 수 없는 지경이었겠지요. 그 마음을 파고들었던 이 가짜뉴스는 지금도 포털 사이트 곳곳에서 쉽게 만나볼 수 있습니다.

가짜뉴스 뜯어보기 사례2

반기문의 대통령출마는 UN법 위반

'UN 출마 제동 가능'

반기문 전 유엔(UN) 사무총장의 한국 대통령 출마가 유엔 결의를 위반한다는 지적이 나오고 있다.

반 전 총장의 후임으로 임기가 올 1월1일부터 시작된 구테흐스 UN 신임 사무총장은 원칙주의자로 알려져 있어 퇴임한 반 전 총장이 한국대통령에 출마한다면 UN 결의를 위반하는 것을 그대로 묵과하지 않을 수도 있어 관심이 모아지고 있다.

만약 반기문 전 총장이 〈UN 결의〉를 충실히 따르지 않고 한국 대통령 선거에 출마한다면 이는 UN회원국들이 북한에 대해서도 유엔 결의를 준수하라는 강제를 못하는 빌미를 제공하게 된다는 것이 유엔측의 입장인 것으로 알려졌다.

신임 '구테흐스 UN 사무총장'은 '남/북한'과 관련해 "그간 이루어진 '대북제재'에 대해서뿐 아니라, 퇴임하는 전임 사무총장의 진로에 대해서도 〈UN 결의〉를 충실히 따라야 한다" 입장인 것으로 알려지면서 반기문 전 사무총장이 한국 대통령 선거 출마할 경우 반대 입장을 밝힐 수도 있다는 것이다.

1946년 1월 24일 제1차 유엔 총회에서 채택된 결의안 '유엔 사무총장 지명에 관한 약정'에 따르면 "회원국은 사무총장의 퇴임 직후 사무총장 재임시의 비밀 정보로 다른 회원국이 당황할 수 있는 어떠한 정부 직위도 제안해서는 안 되며, 퇴임하는 사무총장도 제안을 받아들이는 것을 금해야 한다."고 규정하고 있다.

이에 따라 반 전 총장이 퇴임 직후에 바로 한국의 대통령 선거에 출마하게 되면 정면으로 위반하는 것이 되고, 그럴 경우 북한에 대한 대북제재들도

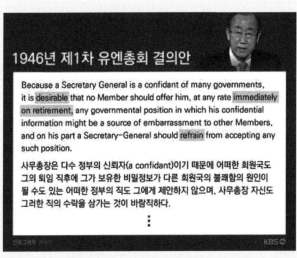

1946년 제1차 유엔총회 결의안

Because a Secretary General is a confidant of many governments, it is desirable that no Member should offer him, at any rate immediately on retirement, any governmental position in which his confidential information might be a source of embarrassment to other Members, and on his part a Secretary~General should refrain from accepting any such position.

사무총장은 다수 정부의 신뢰자(a confidant)이기 때문에 어떠한 회원국도 그의 퇴임 직후에 그가 보유한 비밀정보가 다른 회원국의 불쾌함의 원인이 될 수도 있는 어떠한 정부의 직도 그에게 제안하지 않으며, 사무총장 자신도 그러한 직의 수락을 삼가는 것이 바람직하다.

〈사진: KBS 뉴스 화면 캡쳐〉

북한에 대해 강제를 할 수 없다는 것이다.

이에 따라 구테흐스 사무총장에 이어 UN본부도 반기문 대선출마에 대해 〈유엔결의 준수〉을 요청할 수도 있어 반 전 총장의 향후 거취가 주목된다.

8대 총장 반기문 이전의 1~7대 총장 7명은 모두 '퇴임 직후 공직 제한'에 관한 이를 예외 없이 지켜 UN의 바람직한 전통을 이어왔는데, 하필 〈대북제재 UN 결의〉와도 직접 관련이 있는 한국 출신 반기문이 이 UN 전통을 깨면 안 된다는 것이다.

트뤼그베 리(1대), 다그 함마슐드(2대), 우 탄트(3대), 발트하임(4대), 케야르(5대), 갈리(6대), 코피 아난(7대) 등 이전 총장 7인은 앞의 준수자로 현재까지 명예를 유지하고 있는데, "역대 최악의 총장"이라는 평가를 받는 반기문 전 총장이 이를 무시하고 퇴임 직후에 한국 대통령 선거에 출마하면 그 불명예는 대한민국 국격 훼손으로도 연결될 수 있다는 지적이다.

유로저널 김세호 기자 eurojournal01@eknews.net

제19대 대통령 선거를 몇 달 앞둔 2017년 1월쯤 널리 퍼졌던 가짜뉴스입니다. 이 가짜뉴스는 앞서 다룬 사례와 비교하면 제법 잘 만든 작품입니다. 기사 형식도 어느 정도 갖추고 있으며 내용도 교묘하게 진짜 사이에 가짜를 하나둘 슬쩍 끼워 넣어 둔 식이라 다른 기사를 꼼꼼하게 비교해 보지 않았다면 깜빡 속아 넘어 갈 수 있습니다. 실제로 이 가짜뉴스는 당시 정치인들까지 인용하는 등 당시 상당한 파급력을 보였습니다.

이 기사는 〈유로저널〉이란 언론사 이름과 함께 기자명, 기자의 바이라인까지 표시되어 있습니다. 유로저널은 실제 홈페이지까지 갖추고 있으며 거기에는 각종 소식과 함께 자신들이 발행한다는 신문의 PDF 파일까지 공개해 두었습니다. 유럽에 거주하는 한인들을 위해 발행되는 주간신문이라고 소개되어 있지만 인지도가 낮으니 국내 독자들 입장에서는 정확한 정체를 알 방법이 없습니다.

이 기사도 보도 날짜는 확인되지 않습니다. 내용을 미뤄볼 때 반기문 유엔(UN) 전 사무총장의 퇴임 직후 정도로 추정됩니다. 이 뉴스가 한창 퍼졌던 시기에는 반 전 총장의 대선 출마 문제가 뜨거운 이슈였기 때문에 보도 날짜가 분명하지 않아도 맥락을 이해하는 데 큰 어려움이 없었을 것입니다. 하지만 당장 몇 년이 지난 뒤 글을 보면 보도 날짜가 없으니 대체 어떤 시기에 왜 보도된 뉴스인지 짐작하기가 어렵습니다. 정보로서 가치는 물론 신뢰도 역시 떨어지지요.

문장은 상당한 수준의 기사체를 구현했습니다. '~한다는 지적이 나오고 있다' '관심이 모아지고 있다' '알려졌다' '주목된다' 같은 표현들은 기사체에 흔히 쓰는 것들입니다. 중간 중간 문장의 흐름이 조금 부자연스러운 부분도 눈에 띄지만 훈련 받은 기자들의 문장도 완벽한 것은 아니기에 문장만으로 가짜뉴스라고 판별하기는 어렵습니다. 다만 안토니오 구테흐스 UN 사무총장과 전임 총장들의 이름을 제대로 표기하지 않은 점, 발언이 나온 시점이 분명히 제시되지 않은 점 등에서 이 글이 제대로 데스크를 거친 기사는 아님을 짐작할 수 있습니다.

이 글에는 팩트와 거짓이 섞여 있습니다. 여기서 언급한 1946년 '유엔 사무총장 지명에 관한 약정'은 실제로 존재하는 규정입니다. 유엔의 수장인 사무총장은 각국의 예민한 외교 기밀을 접할 수 있기 때문에 퇴임 후에 이를 다른 목적으로 쓰지 않도록 공직 진출을 제한한 것입니다. 당시 많은 기성 언론들도 이 규정을 근거로 반 전 총장의 대선 출마가 적절하냐를 문제 삼았습니다.

그러나 구테흐스 총장이 이 규정을 근거로 "퇴임한 총장이 UN 결의를 충실히 따라 한다"는 입장을 밝힌 적은 없습니다. 실제로 관련 논란이 커지자 유엔의 대변인은 "구테흐스 총장이 이 문제에 대해 지금까지 견해를 말한 적이 없다"고 분명히 설명하기도 했지요. 또 이 규정은 국내법과 같은 의무 조항이 아니라 일종의 권고입니다.

반 전 총장이 대선에 출마하는 것과 대북 제재도 전혀 무관한 문제입니다. 핵실험 등을 이유로 북한에 가해지던 국제사회의 제재를 아주 예민하게 여겼던 당시 국내 여론을 악의적으로 이용한 부분입니다. 역대 총장 7명이 모두 유엔 규정을 지켰다는 것도 사실과 다릅니다. 4대,

5대 총장들이 이미 퇴임 후 자국 대선에 출마한 적이 있습니다. 그런데도 이 글은 실제 있는 유엔 규정과 허위사실 등을 교묘하게 연결해 사람들에게 혼란을 주고 있습니다.

자신에 대한 여론이 우호적이지 않자 결국 반 전 총장은 얼마 지나지 않아 대선 불출마를 선언합니다. 기자회견 당시 그는 '인격살해에 가까운 음해, 각종 가짜뉴스'를 불출마 이유라고 설명하기도 했습니다. 물론 원로 공직자의 대선 불출마 선언에는 이 외에도 여러 가지 이유가 복합적으로 작용했을 것입니다. 하지만 당사자가 표면적인 이유로 제시할 만큼 가짜뉴스가 큰 영향을 미쳤다는 것은 부인하기 어렵습니다.

진짜 뉴스 뜯어보기

유력한 대권 주자 중 한 명인 이재명 경기지사의 인터뷰 기사입니다. 진짜 기사이므로 당연히 〈서울신문〉 홈페이지는 물론 네이버와 다음 등 주요 포털 사이트에서 찾아볼 수 있습니다. 기사를 위에서부터 보면 언론사(서울신문), 기사의 제목, 신문지면 정보(1면 1단), 작성일자, 부제목, 본문이 차례대로 나와 있습니다. 제목은 인터뷰 대상인 이재명 지사의 이름을 앞세웠고 이날 인터뷰에서 한 말 중 가장 파급력이 크다고 기자가 판단한 발언이 큰따옴표 안에 인용되어 있습니다. 아래 부제목은 그다음으로 중요한 내용과 발언 등을 요약했습니다.

전 부처 부동산 백지신탁 도입 주장
"추미애 윤석열 갈등 빨리 해결돼야"

이재명 경기지사

이재명 경기지사는 12일 "부동산 문제 해결을 위해서는 실수요자는 보호하되 투기성이 짙은 똘똘한 한 채나 갭투자도 통제해야 한다"며 "한 채는 왜 봐주나"고 밝혔다. 이 지사는 경기도청 종합상황실에서 진행한 인터뷰에서 "부동산 문제도 결국 정책 의지와 집행에 관한 것"이라면서 이렇게 말했다.

    본문을 보면 이 지사가 12일 인터뷰에서 이런 발언을 했다고 나와 있지요? 본문에는 '12일'이라고만 썼지만 상단에 있는 보도 날짜와 조합을 해보면 이 인터뷰가 2020년 11월 12일에 진행된 것이란 사실을 언제 보더라도 분명하게 알 수 있습니다. 경기도청 종합상황실이라는 장소도 명시되어 있습니다. 첫 번째 문단 하나에 누가(이 지사가), 언제(12일에), 어디서(경기도청에서), 무엇을(부동산 정책을), 어떻게(똘똘한 한 채도 통제해서), 왜(부동산 문제 해결을 위해)라는 육하원칙이 다 담겨 있는 것입니다. 그리고 본문의 끝에는 누가 이 기사를 썼는지 밝힌 바이라인이 붙어 있습니다.

이재명 "똘똘한 한 채도 통제해야 집값 잡아"

전 부처 부동산 백지신탁 도입 주장
"추미애·윤석열 갈등 빨리 해결돼야"

이재명(얼굴) 경기지사는 12일 "부동산 문제 해결을 위해서는 실수요자는 보호하되 투기성이 짙은 똘똘한 한 채나 갭투자도 통제해야 한다"며 "한 채는 왜 봐주나"고 밝혔다. 이 지사는 경기도청 종합상황실에서 진행한 인터뷰에서 "부동산 문제도 결국 정책 의지와 집행에 관한 것"이라면서 이렇게 말했다.

이 지사는 "대통령은 부동산 가격을 잡겠다는 의지가 있지만 그걸 실행하는 공무원들이 집을 2채, 3채 가지고 있다"며 전 부처 고위 공무원을 상대로 강력한 부동산백지신탁 제도 도입의 필요성을 밝혔다. "부동산으로 인재풀을 제한하면 적임자 찾기가 더 어려워지지 않느냐는 질문에는 "집 없는 젊은 사람을 쓰면 된다. 실력 검증을 해서 30~40대를 쓰면 되지, 왜 꼭 50~60대를 고위공직자로 써야하느냐"고답했다.

추미애 법무부 장관과 윤석열 검찰총장의 갈등에 대해선 "정부 구성원 간 갈등이라 어떻게든 빨리 해결되어야 한다"면서 "정치는 결국 결단과 의지의 문제"라고 말했다. 윤 총장이 최근 여론조사에서 지지율 1위에 오른데 대해서는 "문재인 정부에 불만이 있는 측에서 보면 (윤 총장이) 가장 강력하게 싸우는 존재로 보일 것"이라며 "야권 후보가 취약해서 생긴 일"이라고 했다. '문빠'로 불리는 문재인 대통령에 대한 맹목적 지지자들에 대해서는 "그들 역시 민주당의 한 '부분'으로, 커질 때도 있고 작아질 때도, 또 사라질 수도 있는 것"이라면서 "(이들의 의견이) 과대 대표되는 측면은 아쉽다"고 평가했다.

차기 대선의 시대정신을 묻는 질문에는 "지금 대한민국의 공정성에 절망하는 이들이 많다"면서 "하지만 국민들은 촛불혁명 경험으로 공정에 대한 희망을 놓지 않고 있고, 일부가 저 같은 사람에게 기대하고 있는 것 같다"고 말했다.

강병철 기자 bckang@seoul.co.kr
손지은 기자 sson@seoul.co.kr

▶관련기사8면

(13.1×15.3)cm

언론이 쓰는 기사의 종류는 제법 다양합니다. 이런 인터뷰 기사 외에 사실 전달에 초점을 맞춘 스트레이트 기사, 현장성을 강조하는 르포 기사, 이야기에 집중하는 내러티브 기사 등도 있지요. 각각 스타일은 제법 다르지만 기사라면 갖춰야 하는 기본 요소는 비슷합니다.

또 기자들은 소속 언론사가 달라도 누구나 이런 기본 요소를 지켜가며 기사를 쓰도록 훈련 받습니다. 기사가 신문이나 인터넷 공간에 게재되는 양식도 대체로 통일이 되어 있습니다. 진짜 기사들이 공유하는 이런 형식과 기본 요소에 대해서만 알고 있어도 인터넷 공간에 돌아다니는 정체모를 가짜뉴스에 속는 일은 줄어들 것입니다.

더 많은 정보가 필요하다면

언론 단체 및 기관들

· **한국언론진흥재단(https://www.kpf.or.kr)** 언론 발전을 도모하고 뉴스 읽기 문화를 확산시키는 일을 하는 공공기관이다. 언론 산업 실태, 언론인 의식, 언론 수요자 의식 등에 관한 다양한 조사와 연구를 진행한다. 각종 보고서 외에 해외미디어 동향, 미디어 리터러시 관련 자료도 얻을 수 있다.

· **한국기자협회(http://www.journalist.or.kr)** 우리나라 최대 언론인 단체로 전국의 신문, 방송, 통신사 소속 기자 1만여 명이 회원으로 가입해 활동하고 있다. 기자들이 자발적으로 만든 각종 윤리강령과 보도준칙, 취재 기준 등을 한눈에 볼 수 있다. 뛰어난 특종 및 기획 보도에 시상하는 이달의 기자상, 한국기자상 수상작들이 정리되어 있으며, 언론계의 각종 소식을 다룬 기자협회보도 볼 수 있다.

· SNU팩트체크센터(https://factcheck.snu.ac.kr)　서울대학교 언론정 보연구소와 30개 언론사가 합작해서 운영하는 팩트체크 서비스센터 다. 정치인의 발언, 대중 사이에 회자되는 소식, 경제나 과학 등 여러 분야에서 검증이 필요하다고 보이는 정보에 대한 여러 언론사들의 팩트체크 결과를 정리해 두었다. 원하는 팩트체크 대상을 제안하고 결과를 얻어 볼 수도 있다.

· 시청자미디어재단(https://kcmf.or.kr)　시청자의 방송 참여와 권익 증진 등을 위해 설립된 공공기관이다. 미디어 취약계층을 비롯한 전 세대를 대상으로 미디어 리터러시 교육을 실시하고 장애인 등 소외 계층의 미디어 접근권을 보장하는 일을 한다. 미디어 리터러시 교육 에 관한 자료, 소식지 등을 얻을 수 있다.

· 인터넷선거보도심의위원회(http://www.iendc.go.kr)　인터넷으로 유 통되는 불공정 선거 보도를 모니터링하는 중앙선거관리위원회 산하 의 심의 전문 위원회다. 선거와 관련된 언론 활동과 각종 관계 법령, 잘못된 언론보도의 유형 등에 관한 자료가 모여 있다. 선거에 관한 종합적인 정보가 필요하다면 중앙선거관리위원회 홈페이지(https:// www.nec.go.kr)를 방문하면 된다.

· 방송통신심의위원회(http://www.kocsc.or.kr)　방송 내용의 공공성

과 공정성을 모니터링하고 정보통신 발전을 도모하기 위해 방송통신위원회 산하에 설치한 위원회다. 부적절한 내용으로 징계 조치를 받은 방송 내역을 확인할 수 있다. 방송과 통신에 대한 불만 민원을 제기할 수 있으며, 인터넷 콘텐츠로 인해 명예훼손을 당했을 경우 분쟁조정도 여기서 신청할 수 있다.

· **한국인터넷자율정책기구(https://www.kiso.or.kr)**　네이버, 카카오, 뽐뿌, 클리앙 등 정보통신사업자들이 이용자 보호 및 책임 제고를 위해 설립한 기구다. 국내외 정보통신업계의 자율규제에 대한 소식을 얻을 수 있다. 또 가짜뉴스, 유해 게시물, 명예훼손 게시물 등을 신고하는 종합신고센터도 운영하고 있다.

한국기자협회 윤리강령

기자는 국민의 알 권리를 충족시키고, 진실을 알릴 의무를 가진 언론의 최일선 핵심존재로서 공정보도를 실천할 사명을 띠고 있으며, 이를 위해 국민으로부터 언론이 위임받은 편집-편성권을 공유할 권리를 갖는다. 기자는 자유로운 언론활동을 통해 나라의 민주화에 기여하고 국가발전을 위해 국민들을 올바르게 계도할 책임과 함께, 평화통일·민족화합·민족의 동질성 회복에 기여해야 할 시대적 소명을 안고 있다.

이와 같이 막중한 책임과 사명을 갖고 있는 기자에게는 다른 어떤 직종의 종사자들보다도 투철한 직업윤리가 요구된다. 이에 한국기자협회는 회원들이 지켜야 할 행동기준으로서 윤리강령과 그 실천요강을 제정하여 이의 준수와 실천을 선언한다.

언론자유 우리는 권력과 금력 등 언론의 자유를 위협하는 내·외부의 개인 또는 집단의 어떤 부당한 간섭이나 압력도 단호히 배격한다.

공정보도 우리는 뉴스를 보도함에 있어서 진실을 존중하여 정확한 정보만을 취사선택하며, 엄정한 객관성을 유지한다.

품위유지 우리는 취재 보도의 과정에서 기자의 신분을 이용해 부당이득을 취하지 않으며, 취재원으로부터 제공되는 사적인 특혜나 편의를 거절한다.

정당한 정보수집 우리는 취재과정에서 항상 정당한 방법으로 정보를 취득하며, 기록과 자료를 조작하지 않는다.

올바른 정보사용 우리는 취재활동 중에 취득한 정보를 보도의 목적에만 사용한다.

사생활 보호　우리는 개인의 명예를 해치는 사실무근한 정보를 보도하지 않으며, 보도대상의 사생활을 보호한다.

취재원 보호　우리는 어떠한 경우에도 취재원을 보호한다.

오보의 정정　우리는 잘못된 보도에 대해서는 솔직하게 시인하고, 신속하게 바로 잡는다.

갈등·차별 조장 금지　우리는 취재의 과정 및 보도의 내용에서 지역·계층·종교·성·집단간의 갈등을 유발하거나, 차별을 조장하지 않는다.

광고·판매활동의 제한　우리는 소속회사의 판매 및 광고문제와 관련, 기자로서의 품위를 손상하는 일체의 행동을 하지 않는다.

대한민국 헌법 제21조

대한민국 헌법 제21조는 언론·출판·집회·결사의 자유를 보장하는 대한민국 헌법의 조항이다. 내용은 다음과 같다.

① 모든 국민은 언론·출판의 자유와 집회·결사의 자유를 가진다.

② 언론·출판에 대한 허가나 검열과 집회·결사에 대한 허가는 인정되지 아니한다.

③ 통신·방송의 시설기준과 신문의 기능을 보장하기 위하여 필요한 사항은 법률로 정한다.

④ 언론·출판은 타인의 명예나 권리 또는 공중도덕이나 사회윤리를 침해하여서는 아니 된다. 언론·출판이 타인의 명예나 권리를 침해한 때에는 피해자는 이에 대한 피해의 배상을 청구할 수 있다.

세계인권선언(1948년 12월 10일 유엔총회 제정)전문

인류가족 모두의 존엄성과 양도할 수 없는 권리를 인정하는 것이 세계의 자유, 정의, 평화의 기초다. 인권을 무시하고 경멸하는 만행이 과연 어떤 결과를 초래했던가를 기억해 보라. 인류의 양심을 분노케 했던 야만적인 일들이 일어나지 않았던가? 그러므로 오늘날 보통사람들이 바라는 지고지순의 염원은 '이제 제발 모든 인간이 언론의 자유, 신념의 자유, 공포와 결핍으로부터의 자유를 누릴 수 있는 세상이 왔으면 좋겠다'는 것이리라.

유엔헌장은 이미 기본적 인권, 인간의 존엄과 가치, 남녀의 동등한 권리에 대한 신념을 재확인했고, 보다 폭넓은 자유 속에서 사회진보를 촉진하고 생활수준을 향상시키자고 다짐했었다. 그런데 이러한 약속을 제대로 실천하려면 도대체 인권이 무엇이고 자유가 무엇인지에 대해 모든 사람이 이해할 수 있도록 하는 것이 가장 중요하지 않겠는가?

유엔총회는 이제 모든 개인과 조직이 이 선언을 항상 마음속 깊이 간직하면서, 지속적인 국내적 국제적 조치를 통해 회원국 국민들의 보편적 자유와 권리신장을 위해 노력하도록, 모든 인류가 '다 함께 달성해야 할 하나의 공통기준'으로서 '세계인권선언'을 선포한다.

제1조 모든 사람은 태어날 때부터 자유롭고, 존엄하며, 평등하다. 모든 사람은 이성과 양심을 가지고 있으므로 서로에게 형제애의 정신으로 대해야 한다.

제2조 모든 사람은 인종, 피부색, 성, 언어, 종교 등 어떤 이유로도 차별받지 않으며, 이 선언에 나와 있는 모든 권리와 자유를 누릴 자격이 있다.

제3조 모든 사람은 자기 생명을 지킬 권리, 자유를 누릴 권리, 그리고 자신의 안전을 지킬 권리가 있다.

제4조 어느 누구도 노예가 되거나 타인에게 예속된 상태에 놓여서는 안된다. 노예제도와 노예매매는 어떤 형태로든 일절 금지한다.

제5조 어느 누구도 고문이나 잔인하고 비인도적인 모욕, 형벌을 받아서는 안 된다.

제6조 모든 사람은 법 앞에서 ' 한 사람의 인간'으로 인정받을 권리가 있다.

제7조 모든 사람은 법 앞에 평등하며, 차별 없이 법의 보호를 받을
수 있다.

제8조 모든 사람은 헌법과 법률이 보장하는 기본권을 침해당했을
때, 해당 국가 법원에 의해 효과적으로 구제받을 권리가 있다.

제9조 어느 누구도 자의적으로 체포, 구금, 추방을 당하지 않는다.

제10조 모든 사람은 자신의 행위가 범죄인지 아닌지를 판별받을 때,
독립적이고 공평한 법정에서 공평하고 공개적인 심문을 받을
권리가 있다.

제11조 범죄의 소추를 받은 사람은 자신을 변호하는 데 필요한 모든
것을 보장받아야 하고, 누구든지 공개재판을 통해 유죄가 입
증될 때까지 무죄로 추정될 권리가 있다.

제12조 개인의 프라이버시, 가족, 주택, 통신에 대해 타인이 함부로 간
섭해서는 안 되며, 어느 누구의 명예와 평판에 대해서도 타인
이 침해해서는 안 된다.

제13조 모든 사람은 자기 나라 영토 안에서 어디든 갈 수 있고, 어디
서든 살 수 있다. 또한 그 나라를 떠날 권리가 있고, 다시 돌아
올 권리도 있다.

제14조 모든 사람은 박해를 피해, 타국에 피난처를 구하고 그곳에 망
명할 권리가 있다.

제15조 누구나 국적을 가질 권리가 있다. 누구든지 정당한 근거 없이
국적을 빼앗기지 않으며, 자기 국적을 바꾸거나 다른 국적을

취득할 권리가 있다.

제16조 성년이 된 남녀는 인종, 국적, 종교의 제한을 받지 않고 결혼할
수 있으며, 가정을 이룰 권리가 있다. 결혼에 관한 모든 문제에
있어서 남녀는 똑같은 권리를 갖는다.

제17조 모든 사람은 단독으로 또는 타인과 공동하여 재산을 소유할
권리를 가진다. 누구나 자의적으로 자신의 재산을 빼앗기지
않는다.

제18조 모든 사람은 사상, 양심, 종교의 자유를 누릴 권리가 있다.

제19조 모든 사람은 의사표현의 자유를 누릴 권리가 있다.

제20조 모든 사람은 평화적인 집회 및 결사의 자유를 누릴 권리가 있다.

제21조 모든 사람은 직접 또는 자유롭게 선출된 대표자를 통해, 자국
의 정치에 참여할 권리가 있다. 모든 사람은 자기 나라의 공직
을 맡을 권리가 있다.

제22조 모든 사람은 사회의 일원으로서 사회보장을 받을 권리가 있다.

제23조 모든 사람은 일할 권리, 자유롭게 직업을 선택할 권리, 공정하
고 유리한 조건으로 일할 권리, 실업상태에서 보호받을 권리
가 있다. 모든 사람은 차별 없이 동일한 노동에 대해 동일한 보
수를 받을 권리가 있다.

제24조 모든 사람은 노동시간의 합리적인 제한과 정기적 유급휴가를
포함하여, 휴식할 권리와 여가를 즐길 권리가 있다.

제25조 모든 사람은 먹을거리, 입을 옷, 주택, 의료, 사회서비스 등을

포함해 가족의 건강과 행복에 적합한 생활수준을 누릴 권리가 있다.

제26조 모든 사람은 교육받을 권리가 있다. 초등교육과 기초교육은 무상이어야 하며, 특히 초등교육은 의무적으로 실시해야 한다. 부모는 자기 자녀가 어떤 교육을 받을지 '우선적으로 선택할 권리'가 있다.

제27조 모든 사람은 자기가 속한 사회의 문화생활에 자유롭게 참여하고, 예술을 즐기며, 학문적 진보와 혜택을 공유할 권리가 있다.

제28조 모든 사람은 이 선언의 권리와 자유가 온전히 실현될 수 있는 체제에서 살아갈 자격이 있다.

제29조 모든 사람은 자신이 속한 공동체에 대해 한 인간으로서 의무를 진다.

제30조 이 선언에서 말한 어떤 권리와 자유도 다른 사람의 권리와 자유를 짓밟기 위해 사용될 수 없다. 어느 누구에게도 남의 권리를 파괴할 목적으로 자기 권리를 사용할 권리는 없다.

푸른들녘 인문·교양 시리즈

인문·교양의 다양한 주제들을 폭넓고 섬세하게 바라보는 〈푸른들녘 인문·교양〉 시리즈. 일상에서 만나는 다양한 주제들을 통해 사람의 이야기를 들여다본다. '앎이 녹아든 삶'을 지향하는 이 시리즈는 주변의 구체적인 사물과 현상에서 출발하여 문화·정치·경제·철학·사회·예술·역사 등 다방면의 영역으로 생각을 확대할 수 있도록 구성되었다. 독특하고 풍미 넘치는 인문·교양의 향연으로 여러분을 초대한다.

001 옷장에서 나온 인문학

이민정 지음 | 240쪽

옷장 속에는 우리가 미처 눈치 채지 못한 인문학과 사회학적
지식이 가득 들어 있다. 옷은 세계 곳곳에서 벌어지는 사건과
사람의 이야기를 담은 이 세상의 축소판이다. 패스트패션, 명
품, 부르카, 모피 등등 다양한 옷을 통해 인문학을 만나자.

002 집에 들어온 인문학

서윤영 지음 | 248쪽

집은 사회의 흐름을 은밀하게 주도하는 보이지 않는 손이다.
단독주택과 아파트, 원룸과 고시원까지, 겉으로 드러나지 않
는 집의 속사정을 꼼꼼히 들여다보면 어느덧 우리 옆에 와 있
는 인문학의 세계에 성큼 들어서게 될 것이다.

003 책상을 떠난 철학

이현영 · 장기혁 · 신아연 지음 | 256쪽

철학은 거창한 게 아니다. 책을 통해서만 즐길 수 있는 박제된
사상도 아니다. 언제 어디서나 부딪힐 수 있는 다양한 고민에
질문을 던지고, 이에 대한 답을 스스로 찾아가는 과정이 바로
철학이다. 이 책은 그 여정에 함께할 믿음직한 나침반이다.

2015 세종우수도서

004 우리말 밭다리걸기

나윤정 · 김주동 지음 | 240쪽

우리말을 정확하게 사용하는 사람은 얼마나 될까? 이 책은 일상에서 실수하기 쉬운 잘못들을 꼭 집어내어 바른 쓰임과 연결해주고, 까다로운 어법과 맞춤법을 깨알 같은 재미로 분석해주는 대한민국 사람을 위한 교양 필독서다.

2014 한국출판문화산업진흥원 청소년 권장도서

005 내 친구 톨스토이

박홍규 지음 | 344쪽

톨스토이는 누구보다 삐딱한 반항아였고, 솔직하고 인간적이며 자유로웠던 사람이다. 자유·자연·자치의 삶을 온몸으로 추구했던 거인이다. 시대의 오류와 통념에 정면으로 맞선 반항아 톨스토이의 진짜 삶과 문학을 만나보자.

006 걸리버를 따라서, 스위프트를 찾아서

박홍규 지음 | 348쪽

인간과 문명 비판의 정수를 느끼고 싶다면 《걸리버 여행기》를 벗하라! 그러나 《걸리버 여행기》를 제대로 이해하고 싶다면 이 책을 읽어라! 18세기에 쓰인 《걸리버 여행기》가 21세기 오늘을 살아가는 우리에게 어떻게 적용되는지 따라가보자.

007 까칠한 정치, 우직한 법을 만나다

승지홍 지음 | 440쪽

"법과 정치에 관련된 여러 내용들이 어떤 식으로 연결망을
이루는지, 일상과 어떻게 관계를 맺고 있는지 알려주는 교양
서! 정치 기사와 뉴스가 쉽게 이해되고, 법정 드라마 감상이
만만해지는 인문 교양 지식의 종합선물세트!

008/009 청년을 위한 세계사 강의 1, 2

모지현 지음 | 각 권 450쪽 내외

역사는 인류가 지금까지 움직여온 법칙을 보여주고 흘러갈
방향을 예측하게 해주는 지혜의 보고(寶庫)다. 인류 문명의
시원 서아시아에서 시작하여 분쟁 지역 현대 서아시아로 돌
아오는 신개념 한 바퀴 세계사를 읽는다.

010 망치를 든 철학자 니체
vs. 불꽃을 품은 철학자 포이어바흐

강대석 지음 | 184쪽

유물론의 아버지 포이어바흐와 실존주의 선구자 니체가 한
판 붙는다면? 박제된 세상을 겨냥한 철학자들의 돌직구와
섹시한 그들의 뇌구조 커밍아웃! 무릉도원의 실제 무대인 중
국 장가계에서 펼쳐지는 까칠하고 직설적인 철학 공개토론에
참석해보자!

011 맨 처음 성性 인문학

박홍규 · 최재목 · 김경천 지음 | 328쪽

대학에서 인문학을 가르치는 교수와 현장에서 청소년 성 문제를 다루었던 변호사가 한마음으로 집필한 책. 동서양 사상사와 법률 이야기를 바탕으로 누구나 알지만 아무도 몰랐던 성 이야기를 흥미롭게 풀어낸 독보적인 책이다.

012 가거라 용감하게, 아들아!

박홍규 지음 | 384쪽

지식인의 초상 루쉰의 삶과 문학을 깊이 파보는 책. 문학 교과서에 소개된 루쉰, 중국사에 등장하는 루쉰의 모습은 반쪽에 불과하다. 지식인 루쉰의 삶과 작품을 온전히 이해하고 싶다면 이 책을 먼저 읽어라!!

013 태초에 행동이 있었다

박홍규 지음 | 400쪽

인생아 내가 간다, 길을 비켜라! 각자의 운명은 스스로 개척하는 것! 근대 소설의 효시, 머뭇거리는 청춘에게 거울이 되어줄 유쾌한 고전, 흔들리는 사회에 명쾌한 방향을 제시해줄 지혜로운 키잡이 세르반테스의 『돈키호테』를 함께 읽는다!

014 세상과 통하는 철학

이현영 · 장기혁 · 신아연 지음 | 256쪽

요즘 우리나라를 '헬 조선'이라 일컫고 청년들을 'N포 세대'라 부르는데, 어떻게 살아야 되는 걸까? 과학 기술이 발달하면 우리는 정말 더 행복한 삶을 살 수 있을까? 가장 실용적인 학문인 철학에 다가서는 즐거운 여정에 참여해보자.

015 명언 철학사

강대석 지음 | 400쪽

21세기를 살아갈 청년들이 반드시 읽어야 할 교양 철학사. 철학 고수가 엄선한 사상가 62명의 명언을 통해 서양 철학사의 흐름과 논점, 쟁점을 한눈에 꿰뚫어본다. 철학 및 인문학 초보자들에게 흥미롭고 유용한 인문학 나침반이 될 것이다.

016 청와대는 건물 이름이 아니다

정승원 지음 | 272쪽

재미와 쏠모를 동시에 잡은 기호학 입문서. 언어로 대표되는 기호는 직접적인 의미 외에 비유적이고 간접적인 의미를 내포한다. 따라서 기호가 사용되는 현상의 숨은 뜻과 상징성, 진의를 이해하려면 일상적으로 통용되는 기호의 참뜻을 알아야 한다.

017 내가 사랑한 수학자들

박형주 지음 | 208쪽

20세기에 활약했던 다양한 개성을 지닌 수학자들을 통해 '인간의 얼굴을 한 수학'을 그린 책. 그들이 수학을 기반으로 어떻게 과학기술을 발전시켰는지, 인류사의 흐름을 어떻게 긍정적으로 변화시켰는지 보여주는 교양 필독서다.

018 루소와 볼테르 인류의 진보적 혁명을 논하다

강대석 지음 | 232쪽

볼테르와 루소의 논쟁을 토대로 "무엇이 인류의 행복을 증진할까?", "인간의 불평등은 어디서 기원하는가?", "참된 신앙이란 무엇인가?", "교육의 본질은 무엇인가?", "역사를 연구하는 데 철학이 꼭 필요한가?" 등의 문제에 대한 답을 찾는다.

019 제우스는 죽었다 그리스로마 신화 파격적으로 읽기

박홍규 지음 | 416쪽

그리스 신화에 등장하는 시기와 질투, 폭력과 독재, 파괴와 침략, 지배와 피지배 구조, 이방의 존재들을 괴물로 치부하여 처단하는 행태에 의문을 품고 출발, 종래의 무분별한 수용을 비판하면서 신화에 담긴 3중 차별 구조를 들춰보는 새로운 시도.

020 존재의 제자리 찾기 청춘을 위한 현상학 강의

박영규 지음 | 200쪽

현상학은 세상의 존재에 대해 섬세히 들여다보는 학문이다. 어려운 용어로 가득한 것 같지만 실은 어떤 삶의 태도를 갖추고 어떻게 사유해야 할지 알려주는 학문이다. 이 책을 통해 존재에 다가서고 세상을 이해하는 길을 찾아보자.

2018 세종우수도서(교양부문)

021 코르셋과 고래뼈

이민정 지음 | 312쪽

한 시대를 특징 짓는 패션 아이템과 그에 얽힌 다양한 이야기를 풀어낸다. 생태와 인간, 사회 시스템의 변화, 신체 특정 부위의 노출, 미의 기준, 여성의 지위에 대한 인식, 인종 혹은 계급의 문제 등을 복식 아이템과 연결하여 흥미롭게 다뤘다.

2018 세종우수도서

022 불편한 인권

박홍규 지음 | 456쪽

저자가 성장 과정에서 겪었던 인권탄압 경험을 바탕으로 인류의 인권이 증진되어온 과정을 시대별로 살핀다. 대한민국의 헌법을 세세하게 들여다보며, 우리가 과연 제대로 된 인권을 보장받고 살아가고 있는지 탐구한다.

023 노트의 품격

이재영 지음 | 272쪽

'역사가 기억하는 위대함, 한 인간이 성취하는 비범함'이란 결국 '개인과 사회에 대한 깊은 성찰'에서 비롯된다는 것, 그리고 그 바탕에는 지속적이며 내밀한 글쓰기 있었음을 보여주는 책.

024 검은물잠자리는 사랑을 그린다

송국 지음, 장신희 그림 | 280쪽

곤충의 생태를 생태화와 생태시로 소개하고, '곤충의 일생'을 통해 곤충의 생태가 인간의 삶과 어떤 지점에서 비교되는지 탐색한다.

2019 한국출판문화산업진흥원 9월의 추천도서 | 2019 책따세 여름방학 추천도서

025 헌법수업 말랑하고 정의로운 영혼을 위한

신주영 지음 | 324쪽

'대중이 이해하기 쉬운 언어'로 법의 생태를 설명해온 가슴 따뜻한 20년차 변호사 신주영이 청소년들을 대상으로 헌법을 이야기한다. 우리에게 가장 중요한 권리, 즉 '인간을 인간으로서 살게 해주는 데, 인간을 인간답게 살게 해주는 데' 반드시 요구되는 인간의 존엄성과 기본권을 명시해놓은 '법 중의 법'으로서의 헌법을 강조한다.

026 **아동인권** 존중받고 존중하는 영혼을 위한

김희진 지음 | 240쪽

아동과 관련된 사회적 이슈를 아동 중심의 관점으로 접근하고 아동을 위한 방향성을 모색한다. 소년사법, 청소년 참정권 등 뜨거운 화두가 되고 있는 주제에 대해서도 '아동 최상의 이익'이라는 일관된 원칙에 입각하여 논지를 전개한 책.

027 **카뮈와 사르트르** 반항과 자유를 역설하다

강대석 지음 | 224쪽

카뮈와 사르트르는 공산주의자들과 협력하기도 했고 맑스주의를 비판하기도 했다. 그러므로 이들의 공통된 이념과 상반된 이념이 무엇이며 이들의 철학과 맑스주의가 어떤 관계에 있는가를 규명하는 것은 현대 철학을 이해하는 데 매우 중요한 열쇠가 될 것이다.

028 **스코 박사의 과학으로 읽는 역사유물 탐험기**

스코박사(권태균) 지음 | 272쪽

우리 역사 유물 열네 가지에 숨어 있는 과학의 비밀을 풀어낸 융합 교양서. 문화유산을 탄생시킨 과학적 원리에 대해 '왜?'라고 묻고 '어떻게?'를 탐구한 성과를 모은 이 책은 인문학의 창으로 탐구하던 역사를 과학이라는 정밀한 도구로 분석한 신선한 작업이다.

029 케미가 기가 막혀

이희나 지음 | 264쪽

실험 결과를 알기 쉽게 풀어 설명하고 왜 그런 현상이 일어나는지, 실생활에서 어떻게 활용할 수 있는지, 친밀한 예를 곁들여 화학 원리의 이해를 돕는다. 학생뿐 아니라 평소 과학에 관심이 많았던 독자들의 교양서로도 충분히 활용할 수 있다.

030 조기의 한국사

정명섭 지음 | 308쪽

크기도 맛도 평범했던 조기가 위로는 왕의 사랑을, 아래로는 백성의 애정을 듬뿍 받았던 이유를 밝히고, 바다 위에 장이 설 정도로 수확이 왕성했던 그때 그 시절의 이야기를 중심으로 조기에 얽힌 생태, 역사, 문화를 둘러본다.

031 스파이더맨 내게 화학을 알려줘

닥터 스코 지음 | 256쪽

현실 거미줄의 특성과 영화 속 스파이더맨 거미줄의 특성 비교, 현실 거미줄의 특장을 찾아내어 기능을 업그레이드한 특수 섬유 소개, 거미줄이 이슬방울에 녹지 않는 이유, 거미가 다리털을 문질러서 전기를 발생하여 먹이를 잡는 이야기 등 가능한 한 많은 의문을 던지고 그 해답을 찾아간다.

032 엑스맨 주식회사

과학자 닥터스코, 수의사 김덕근 지음 | 360쪽

마블 엑스맨 시리즈의 히어로 중 아홉 명을 골라 그들의 초능력에 얽힌 비밀, 혹은 그들의 능력에서 유추해볼 수 있는 과학적인 사실들을 파헤친다. 전자기를 지배하며 공중부양을 하는 매그니토, 타인의 마음이나 생각을 읽어내는 프로페서엑스(X), 뛰어난 피부 재생 능력과 괴력을 자랑하는 울버린, 은신과 변신으로 상대방을 혼란스럽게 만드는 미스틱 등의 히어로의 능력을 하나하나 살피다 보면 영화를 보면서 "에이 설마!" 했던 놀라운 무기들이 실은 과학 이론으로 설명 가능하다는 사실에 다시 한 번 감탄하게 될 것이다.

033 슬기로운 게임생활

조형근 지음 | 288쪽

게임에 푹 빠진 청소년, 게임 때문에 자녀와의 관계가 나빠진 부모, 지난 밤 게임의 흔적으로 엎드려 자는 학생을 보며 한숨 짓는 교사, 이 모두를 위한 디지털 시대의 게임×공부 지침서. 프로게이머로 활약했던 조형근 선수가 본인의 경험담을 바탕으로 10대 청소년들에게 게임과 학교공부를 동시에 정복할 수 있는 노하우를 들려준다. 모쪼록 이 책을 읽은 청소년들이 자기주도 게임법과 자기주도 학습법을 익혀 게임도 공부도 스스로 통제하게 되기를, 올바른 게임 이용 습관을 확립하여 균형 잡힌 학창생활을 보내게 되기를 바란다.